中国近代人物日记丛书

张廷银 刘应梅 整理

王伯祥日记

第十九册

中华书局

第十九册目录

1973 年

2 月 3 日^①（正月初一日　庚午）星期六

晴，寒。

晨九时后，即接到《参考消息》(《参考消息》予本是老订户，连

续十馀年未尝间断过,六九年忽须另盖新章始能续订,当时驻在我所之军工宣传队以为无须,竟中断多年。予亦不愿干求,不阅此一纸者,何关予之闭聪塞明乎？腊前,润儿归省,往所中询及之,竟出证续订,并通知新华社改发大字版,乃于去年除夕初由邮递员送到家门。今日春节,亦不停。送到者已大字版第二份矣。记以发笑),大都关于美越签定停战协定等事。

有顷,埙孙、丽华夫妇来。又有顷,潸儿、桂本、硕孙、仲英夫妇、小安、迎迎、熙熙及错孙、翠英夫妇、小红全来,偕严亥亦至。十一时许,准备聚餐,基孙最后至。遂分设两席于南北屋,予扶筇往南屋,与潸、润、浞三儿,外孙元错、昌硕、升埙及其妇丽华、升基、外孙婿张桂本、严亥共饮。久无此会,亦甚欣然。其馀儿妇琴珠、文修辈及诸孙等则皆在北屋。午后合谈,予以昨夕未好眠,至二时许,只得就榻小憩。大璐、振华伉俪携其子忻至,亦未之顾,竟获酣睡。及醒,已将五时,诸客俱去。浞儿、修媳则赴百万庄修之姨母家春宴矣。

夜饭后,浞等亦归,乃与润、浞、彩英及芬孙为接龙之戏,并看茂孙等在庭中燃放花炮。明日立春,咸享春回之乐。(七八年无此兴矣。)

十时就寝。是夕竟未大发喘咳,快矣哉！

2 月 4 日 (正月初二日　辛未　立春) 星期

晴,寒。

晨九时阅《参考消息》。平伯见访,出示近作一律,咏十日前遭遇。(有伪充市革人员探询疾苦,幸为与其同往之外孙女识破,报警密捕,始免上当云云。)世途岭险如此,(正为君子可欺以其方。)不图今日犹然,(伪员查系民族研究所少数民族干部,假名胡克明云。)读罢不胜嗟叹。谈至十一时许,辞去。午后小睡。三时半,道衡见访,遂起。有顷,小文至。(知其妇子都返京探亲,其姊秀丽或将来视。)未几,湜之妻兄嫂携其子小楠至,潘儿偕小安、茂孙亦来。(晨游天坛,午后游动物园,今同归。)道衡、小文先后去。

夜与湜、修、芳孙在北屋晚饭,盖湜家请客。(文豪、小娥、小楠一家及修表弟苏金星要予及芳孙作陪也。)故潘及小安就食于南屋润家。九时,豪等各归,潘亦与小安回小庄。予仍接龙数局,十时始寝。

傍晚,闻以旧友朱光暄来访润儿,未遇,过我谈片晌,灯火时去。真有阑珊光景也。

2 月 5 日 (正月初三日　壬申) 星期一

晴,寒。

七时半乃起。九时阅《参考消息》。刚主来访,携示新得冯登府《石经阁文初集》,盖乃乾旧藏之珍本。(版废已久,传世极罕。)意甚得,予却为之黯然。推知上年其外孙自天台来处理后事,时中华书局已将乃乾存放翠微路之书籍全部散之于厂甸中国书店矣。手长捷足之流已大有所得,此仅其一斑耳。聚散无常,固天壤恒理,因此触念老友则予衷瑳矣。十一时,刚主去。是日,彩英与芳、芬二孙随湜儿、修媳往右安门省文平,予遂午饭于润房,与琴媳、茂孙共餐。润则赴外孙元错之约,往饭小庄也。

午后小睡,四时起。润归。有顷,振甫来访,近至入暮乃行。芳孙等亦皆归矣。夜与彩英、芳孙共饭。饭后闲谈,十时始睡。湜、修乃自其外家归。

2月6日（正月初四日　癸酉）星期二

晴，寒。

晨八时起。九时阅《参考消息》。十时，潘儿携其外孙女小安来。有顷，昌预、桂本携其女迎迎来，午遂共饭。饭后小睡，四时乃起。夜仍与潘、预等共饭。予小睡时，芬孙偕小安往游故宫，五时归。晚饭后，看电视，科教片《人工培育鱼苗》及《捕象记》。又看芬孙等为小安、迎迎放花炮。少顷，潘等五人归去。十时就寝。寝后，湜儿、修媳访林邦钧家（下午即去）归，予已入睡。

2月7日（正月初五日　甲戌）星期三

晴，寒。窗结浮冰，日出始化。

八时起，知湜儿已出上班。（修仍以不适故，未往厂。其女友小朱来电询问修，亲接与话。）

九时，阅《参考消息》。原藏浙刻本《书目答问》，以频经翻检，钉线已将断，乃检得去年月历两三张，裁作封底，由彩英穿线重换新装。及成，手痒，颇思作一长跋，以志其事。午饭后未睡，草作书跋。彩英及芳孙出外，到前门外购物，近晚归。予跋亦完，但神思懒倦，无力再书矣。

是日为芳孙二十三岁初度之辰。夜与潘、润、湜两房合席共面。面后，邻居刘俊义来与润、湜闲谈良久，各言工作状况。予以未午睡，九时即就榻。伊等谈罢，予已入睡。

2月8日（正月初六日　乙亥）星期四

晴，寒。

晨八时起。九时，硕孙偕其同楼居住之袁君来访（敏宣之从弟），伊方从事书史之编撰。（或将膺北京大学图书馆系之邀请。）刚谈未久，圣陶、介泉相继至，老人交语，遂使硕等默听，袁君未得畅所欲言。十一时皆去。袁约过日再来云。

琴、修两媳及芬孙应潚之邀，往饭于小庄。予与润、茂共饭。（芳以同学来访未与。）饭后拟书跋于《书目答问》之后，倦莫能作，即就榻小睡。三时半起，彩英已归矣。四时半，裴进富以往车站接客过此小坐，略谈即行。阅《参考消息》后即写《书目答问》跋，写至一半，始觉误书在底页上，十分恼怒，自嗟耄及，搁笔晚饭。

饭前饮圣陶所赠剑南春一小杯。（上午，圣陶谈及此酒，今后又难买矣，以管事人发觉所进到之货俱由走后门者购去，堂内亦不供应。）湜儿将原钉书目拆去，新线补添新页于后，延长所写地位，重行线装，为予弥憾云。

九时半就寝。夜起溲两次，幸未大喘。

2 月 9 日（正月初七日　丙子）星期五

晴，寒。

晨八时起。九时，阅《参考消息》。十一时半乃续写《书目答问》跋，午后二时乃毕。遂就榻小睡。芬孙、小安昨晚同住，今晚仍同来同去。夜饭后，看电视。九时后即睡。起两次小溲，稍咳便止。

2 月 10 日（正月初八日　丁丑）星期六

晴，寒，晨略见雪花。

七时起，自穿袜裤，虽两膝曲时甚酸楚，以不甘动辄干人，努力勉为之，竟亦成功。八时半，《参考消息》即送来，遂披阅之。基辛格又将自河内来京，意者越美停火协定或将实行，中美建交及互派大使亦或即将实现也。

十一时许，晓先来，煮面享之。去岁市场年景异常，供不应求，春节竟无美餐可以享受，恃彩英排队所购之鱼肉等类，岁初三日供客罄尽，丁来仅具一面，颇歉。饭后，丁去，琴媳送之出禄米仓，微示意其女士秋之疾（麻风嫌疑）须慎防传染，婉劝少出走动，或此后可以少来乎？（其人亦实在不受欢迎。）二时小睡，四时起默坐，致浮思潮涌，入夜独以剑南春浇之，举杯又触美酿难继之感，益复无聊。殆所谓举酒浇愁愁更愁者非耶。

九时，服药就卧。

2 月 11 日（正月初九日　戊寅）星期

晴，寒。旋转阴，有雪意。

晨八时起。九时半，正欲看《参考消息》，而刚主来谈历史所领导班子尚在酝酿，仍在青黄不接之中。谈久之辞去。即以《冯柳东文集》及《金石拓片》等三册还之。

锴孙来，遂与润儿等共饭。午后二时，锴孙辞归小庄，明日一早挈眷返房山窦店云。茂孙升高中通知今日由校中送到。举家为之大慰。初中毕业后之分配问题久久不揭晓，未免令人悬悬，今乃大定，其父母亦可安心返干校待命矣。（在予心中，此事亦不能无虑也。）阅《图书集成·文学典》文学总部。

接埒孙黔中来书，代诸弟联名拜年。

夜九时半就寝。

夜，湜儿老同学管竞存偕其妇文征平来，湜招留夜饭。竞存改学物理,在邮局服务多年,近始得调回,年仅长湜一岁,多年不见,颇感老苍,风尘磨人乃然。

2 月 12 日（正月初十日　己卯）星期一

多云转晴,仍寒。

晨八时起。九时后,阅《参考消息》。午以馄饨代饭。午后仍小睡,四时起。夜饮剑南春一杯,芳孙陪坐,湜亦过沾予杯馀沥,家人怡怡,殊难多得矣。近十时寝。

2 月 13 日（正月十一日　庚辰）星期二

晨仍多云,近午晴,寒气稍缓矣。

八时起。九时,阅《参考消息》。仍看《文学典》总部。近午陈礼生来,以即饭,不肯留,略谈片刻即行。

午后仍小睡。琴媳偕彩英去小庄看潏儿,傍晚归。夜与润、芳、茂等晚饭。礼生来前,鸣时见访,承告近况。（只待政策落实,可望恢复生活费。）予但求其能实现耳。忘询其汉达家近况,至念。

八时许,湜、修先后归,一下班后看电影,一竟日在其母家也。近十时就寝。

2 月 14 日（正月十二日　辛巳）星期三

晴,寒。

晨八时起。潏儿挈其外孙女小安来,小安与芬孙盘桓竟日。夜饭后看电视,至九时乃去。看《参考消息》及《图书集成·文学典》。夜九时半就寝。

2月15日（正月十三日　壬午）星期四

晴，寒。午后转多云。入夜雾淞沾衣。

晨七时三刻起。九时后，阅《参考消息》。润儿一房五人同出照相。数年来团聚机会甚少。芳孙后天即返晋，琴媳、润儿亦不久即各返皖、鄂，实亦不能欠一举。予不良于行，不能同出，故力促之。予看宋牧仲（荦）《筠廊偶笔》。一时许小睡，三时许起，续看《偶笔》，夜饭久之乃毕。

四时，润等归，知去动物园游览，并拍照，即在展览馆餐厅午饭云。

文平来，为谋托儿事就商于文修。晚饭后，姊妹二人往看徐倚芬商量托介。七时半，湜归，修亦旋归，知晤徐，试代问之云。

夜看毕《偶笔》上卷。九时，洗足就寝。中宵咳作，含药糖，药屑哽喉。

2月16日（正月十四日　癸未）星期五

阴，细雨蒙茸。寒不甚烈。

七时半起。亟漱口，无所吐出，只得呷热茶吞下之，至不适。早食后，续看《筠廊偶笔》下卷，十时半毕之。十一时，彩英匆匆进食已，即往小庄潀儿家，俾十二时同小安往农展馆看电影。（小同取得之票，看日本电影。）予与润、茂等同食饺子当饭。

午后一时三刻小睡，四时半始起。阅报有感。（四川西部廿孜壮族自治州迈适强烈地震，震度为七·八，为害颇烈，连日世界各国不断有慰问电报揭登，顾我自己反无详细善后续报，似太默然，而基辛格之来访，则大书特书。）

接汉、漱鄂、沪信,知汉廿六号将去宁转沪再回京,滋、佩、铿已回当涂,元鉴将于月终乃返京云。至于干校措施则无可言,阅之殊甚闷闷。

夜与润、湜小饮即饭。饭后九时,彩英始归,盖日本电影本长,又连映三片,至直坐六小时云。偶翻旧帙,得说库本沈三白《浮生六记》,重温其《坎坷记愁》及《浪游记快》数则,为之酸鼻,为之惊喜,不自知其悲欣之何集也。十时就寝。

2 月 17 日（正月十五日　甲申　元夕）星期六

晴,寒。

七时半起。茂孙今日入校缴费,方定正式升高中之局。分配处置之日又得推迟两年。（能升大学固大幸,即作其它出处,亦在两年之后,乃始操心也。）亦一释念之事皆大欢喜。午后,翠英携小红来,盖汉儿函嘱返京检衣寄去也。二时小睡,四时起。五时,潜挈小安来。六时,昌硕来。今夜芳孙返晋,小安返鲁,又值元夕,乃全家团坐晚饮。先啖元宵（即汤圆）应景而已。夜饭后,孙辈看电视,九时许毕。潜、硕、翠、红先归小庄。九时半,润、琴、茂、芬四人送芳、安上车。芳十时四十分开车,直往太原,（嘱伊回原平即来信。）小安十一时一刻始开车,亦直往青岛。（潜儿有电报知会昌顯。）予十时就寝,俟至近十二时润等始归,告亲送上车,予乃入睡。

是夕幸未大发喘。下午小睡起后曾大喘,至入晚乃少定。

2 月 18 日（正月十六日　乙酉）星期

晴,寒。

　　晨七时四十分起。九时，湜、修往故宫陪修两表弟导游。有顷，中英与其女熙熙来，为与潶勃豁事诉屈，予等忝居长辈，只有婉劝相忍而已。午饭后，中英、小熙去。予乃小睡，四时起。

　　程韵启来，自去夏一别，已半载馀，询悉奉差出国，居南美圭亚那四阅月，办经援事。一月前始飞，由伦敦、巴黎、开罗、卡拉蚩、仰光直回北京汇报开会者，又经一月，故今始来探望云。与长谈。夜与润、湜两儿与共小饮。九时，韵启去，知渠明夜又须出差去广州也。近十时，予乃就寝。

2月19日（正月十七日　丙戌　雨水）星期一

　　晴，寒。

　　晨七时半起。闲翻《图书集成·铨衡典》官制部（与《官常典》须参看）。九时阅《参考消息》。是日，中小学正式开学，茂、芬皆挟书包上学，予心为之大定。午啖馄饨当餐。一时半小睡，三时即起。阅官制部，所载多史志（史原缺亦仍之），惟其时《明史》未成，所采《明会典》及《大政记》等难见之书补。有明一代亦下逮清顺、康两朝之置罢尚足参考耳。

　　夜饭后，润儿往朝阳医院晤昌预，了解勃豁所由，委婉调和之，十时归。予始就寝。

2月20日（正月十八日　丁亥）星期二

　　晴，春寒犹炽。

　　七时半起，喉干口燥，咳出痰液不少，觉稍好。然，鼻孔内端仍若有物梗塞也，大概晴燥过甚，体内上火耳。午后仍小睡。看说库本《闲处光阴》上、下卷。所载朝章国故及遗闻轶事至夥，尤多摘录经验医方,不谈鬼力乱神,真能善处闲居光阴者。署名抟沙拙老绎。其所记各条实为清南昌彭元瑞之从孙,名则待考,仕履亦不详,颇自憾固陋矣。(三日后重翻此书,自序前有光绪廿四年海宁许颂鼎序,称彭名邦鼎,字配堂,书盖其日记中语也。粗心如此实当自责。)

夜饭后,润儿亲往小庄为濬儿家释憾,良久乃归。目前自可相安一时。而濬已惯于享受,处今日恐终难如意耳。亦只能望其自求多福矣。十时就寝。

2 月 21 日(正月十九日 戊子 燕九日)星期三

晴,不甚寒。而檐际凌泽仍垂尺许。人之感觉与当时实际气温未必成正比例也。

晨八时起。九时,圣陶见过,谈有人新得曹雪芹生平材料,为《弃薮集》稿本。为日本一商人购去珍藏。其中谈薮八种,皆绝招,谓之弃者谦也。据圣陶所记忆者为治馔、为扎糊绘放风筝、为刻印、为刻竹。(伊云记五种,一种已忘,馀三种则名目亦不记。)云得此者亦仅抄得风筝一类,后来厂甸年市所售种种风筝大都源皆出于雪芹云。并云其人已作为一文,将于下一期《文物》上刊出。予极盼早见之。谈至十一时辞归。

午后仍小睡。是日,为芬孙十四岁初度之辰,晚与全家食面。

夜九时半就寝。两度起溲,未免着凉。

2 月 22 日(正月二十日 己丑)星期四

晴,有时多云。

晨八时起,形寒多嗽,勉坐沙发上,拥热水袋犹觉寒凛如疟。

接鉴孙无锡来信,亦无能悚动。(由润儿念诵给我听。)及午返热,两颊绯红,量体温为卅七度五分。晨仅饮牛乳一碗。午、晚皆仅啜稀粥半碗。四时,服四环素,夜卧便安,热亦退。是晚六时,琴媳辞返凤阳,润率茂、芬两孙送至车站,七时便归,报开车出发矣。润已定廿八日返咸宁文、教两部干校,大多已调回,人员不少,独润、汉、琴犹留校无下文,至恚。心情舒畅云何哉!

小援晚来,带上海物。

2月23日(正月廿一日　庚寅)星期五

晴,有风,仍寒。

晨八时起,已霍然。早餐后补记前两日事,并披览鉴孙之信,知须于廿六日左右始能返京云。

九时,看《参考消息》。(昨日此推迟至傍晚始来,且电话催询。)午与润及茂、芬同饭。盖自琴媳走后,茂等仍来北屋与我同餐也。午后小睡,润出看电影。三时半,予起。坐看彩英捏做黑洋酥(用生脂油拌捏黑芝麻屑而成)汤团(即石小援带来之水磨粉作皮,内裹黑洋酥作馅心)七十枚,犹有馀粉,则搓作小汤圆(即儿时所食穿街叫卖之汤水圆),垂暮乃毕。即夜饭。

饭后,坐至十时,湜儿归,亦下班后在红旗礼堂看电影也。有顷,润儿亦归。伊则在交道口影院,以时间长,映片多,故转见晚回耳。十时三刻乃就寝。

2月24日(正月廿二日　辛卯)星期六

晴,寒。北窗结冰花,午前后却暖。

晨七时四十分起。停止四环素。中午及晚俱照前服医院原配之药。早啖黑洋酥汤团五枚及小汤水圆廿馀粒,已不若前日之不思食,而馋欲又炽矣。但未敢多啖,勉自克制也。唇尖发泡,舌端亦疼,而下颚右边残牙之龈又肿痛,想系发烧后托出之故。

接汉儿信与润。十时,濬儿来。午与润、茂、芬、彩等共饭。饭后小睡。濬即归小庄。予五时始起。六时半即饭。予虽小饮,仍啜粥一碗如昨。

夜,孙辈看电视,予九时后就寝。

2 月 25 日（正月廿三日　壬辰）星期

晴,寒。

晨八时起。九时,阅《参考消息》。十时许,陈礼生来访,谈至午饭去(坚不肯吃饭)。下午小睡。三时许即起。移录再跋重装浙本《輶轩语》,并《书目答问》于《庋架偶识续编二》,及晚仅及半即辍书。

夜仍啜粥,未废小饮。孙辈仍看电视。九时半,服药就寝。

接元孙信,至已安抵。厂内加夜班赶装锯床,为原平县团代会献礼,始获得工具箱云。

2 月 26 日（正月廿四日　癸巳）星期一

晴,寒。

八时起,续钞未完之跋,至午乃毕。接琴媳凤阳信,知安抵干校。午饭后,润儿为予去医院取〈药〉,其干校同事曹君来访伊,予与谈久之。二时半,润始取药归,予乃就卧小休。四时半,次园来访,乃起接谈,抵暮乃去。带到代买降压灵及借我新出《红楼梦》四册。

夜饭时埔孙来,谓应召入城开会两天,(昨为体育,今为数学,俱关教学改进事宜。)明日即返延庆云。九时去。嘱令上车前到林家一探,林宜已否做产(以久无消息故)。十时就寝。

2月27日(正月廿五日　甲午)星期二

晴。寒威大降,亭午已感暖。

晨八时起。九时许,润接埔孙电话,谓已访林家,知林宜已于前天在院产一女孩,大小均安。现尚住院,顺请为此孩取名。

阅《参考消息》。午以面代餐。午后小睡,为邻家钉木箱声所扰,竟不能入寐。少顷即起。开始重看《红楼梦》。晚小饮即粥。

夜九时就寝。

2月28日(正月廿六日　乙未)星期三

多云转晴。不甚寒。

晨七时半起。早餐后写信,复元孙,附润儿信中发去。又至林磊庵,为其女外孙取名:朔。又代彩英写两信,分发吴县木渎及善桥。

阅《参考消息》一版。午后小睡,三时即起,续看完当日《参考消息》。仍看《红楼梦》至十五回。夜小饮。饭后,茂孙同学等来看电视,扰扰至十时始去。予乃服药就寝。

3月1日(正月廿七日　丙申)星期四

晴。积冻虽未尽消,而春意盎然矣。

晨七时半起。九时,看《参考消息》。十时,潜儿来,谓已将孙女熙熙送入托儿所云。午与潜、润、茂、芬、彩同饭。饭后小睡未宁,仍少顷即起。续阅《石头记》。傍晚,瀋辞归小庄。

夜仍小饮,与润等同饭。饭后,仍看《石头记》,至九时就寝,已看到廿六回。

3 月 2 日(正月廿八日　丁酉)**星期五**

多云转晴,暖感与昨同。已换却厚棉裤,改衬细毛线裤,外罩薄棉裤。

晨七时三刻起。九时,正阅《石头记》,刚主见过,承赠山西侯马特产大红枣一小袋,谓此尚非大者,据闻至大者接排七枚便达一尺云。闲谈至十时半乃行。适《参考消息》送到,遂于午前看毕。

午后小睡,四时半始起。昌预、桂本六时来看润,知大舅即将回咸宁,因同进晚餐。八时半,桂、预归去。予仍以其间看《石头记》。十时就寝,已看毕三十回。

3 月 3 日(正月廿九日　戊戌)**星期六**

晴间多云。外间仍有料峭之感。

晨七时半起。九时,看《参考消息》。仍续阅《红楼梦》。午睡后,邮递员送来一封书,原是人民文学出版社已将旧作《史记选》重印出版,送来样书十册。当时文苹在旁,要去一册。晚饭后,润儿去访李志国,亦带去一册。(因李先向润儿预要者。)不知所中送去否。

夜饭前饮剑南春一杯,自笑老古董居然在大风大浪后赶先重印出来也。夜仍续看《红楼梦》至三十七回,已将十时,即服药就寝。

3月4日（正月三十日　己亥）星期

今日九九，开始大有春融气象。晴窗烘暖，已不胜棉衣，惟室外仍大风吼之耳。

晨七时半起。九时，阅《参考消息》。潘儿来言，润走后，伊仍住小庄，因四月初即将去青岛云。

仍续看《红楼梦》，及午至四十回。中午合包饺子吃。正吃时，锴孙从窑店赶来，言接其母信，要伊进城办几件事，当天四时即须赶回，不但校课要紧，而且小红正发烧也。坐有顷即起去办事。予乃就榻小睡。三时起，锴适回来，略谈即行，往永定门赶火车也。

四时半，潘亦告归小庄。晚饭后仍看《石头记》至四十六回，已九时矣。乃洗脚易衣就寝。

3月5日（二月庚子朔）星期一

晴和。

晨七时起。九时，看《参考消息》。介泉见过，谈至十一时，去。午与潘、茂等共饭。午后小睡，不甚熟，三时许即起。仍看《石头记》至五十三回。夜九时半就寝，起溲一次。

接元孙上予及其父信，告厂中改革近况，信由润收去作复。

3月6日（二月初二日　辛丑　惊蛰）星期二

阴，有雪。气又转寒。

晨七时起。九时，正看《参考消息》，圣陶见过，谈至十时半去。午以面代饭。午后小睡，辗转不寐，倏起写信，一复漱儿，一责问滋儿，因何久不来信，着实动气。四时半写毕。接看《石头记》

止于五十六回。

夜饭时,昌硕来告商一事,有人劝其离厂就体育期刊美术编辑,因来请商示。予坚持不能离开原工人岗位,业馀学画真有成就将来亦决不致湮没,仍以不脱离工人队伍为是。润儿在旁亦持此见,并加补充,谈良久,似能接受。近九时乃去。

十时服药就寝。

3 月 7 日(二月初三日　壬寅)星期三

天气转晴,略还暖。

晨七时起。九时,接滋儿三月二号信,告去沪回皖情况。然则邮路耽搁,予昨信为多事矣。看《参考消息》。又看《石头记》,至午毕六十回。饭后小休,三时半起,仍看《石头记》,止于六十七回。

夜饭时,湜儿归,从颉刚处携回所跋湜手钞平伯题颉〈刚〉所藏《桐桥倚棹录》兼感吴下旧惊绝句十八章,并有起潜篆首,(据告,起潜自沈返沪过此只住五六天便行,未访一人云。)呈予阅览,亦可谓好事者矣。十时就寝。

3 月 8 日(二月初四日　癸卯)星期四

晴转阴。气温亦昼夜悬殊。

晨七时起。九时,看《参考消息》。潸儿来,午餐大家吃馄饨。午后小睡,三时三刻起。潸已行。夜小饮,饭后仍阅《石头记》,至十时寝,止于七十五回。

今日为三八妇女节,各界妇女初行绕城竞走,茂孙以红卫兵中学生被派在经过交道各口站岗,维持秩序。

3月9日（二月初五日　甲辰）星期五

雪飘竟日，堕地即溶。虽团絮飞舞，未见堆积，是春雪之特征欤？气温较昨略降。

七时半起。九时，看《参考消息》。作书寄复滋儿，释两信交臂之故。接清儿七号来书，知调城后工作紧张，春节未能来京。告已寄出鸭绒枕头一对，贺予生日（外孙女爱农做的新套子）。俟收到此物后再复之。

午饭后，陈礼生自沪来，送予葱油饼干一包，少坐即行。予亦就榻小憩，只是未能入寐，不及三时便起。续看《石头记》，止于八十六回。（八十一回后渐觉笔调与风格顿异于前，续貂顯然。以故事流传已久故为竟委计，仍阅下。）

夜啜咸菜虾米烂糊面，久不尝此，特佳。

茂孙同学及邻右来看电视，九时半散去。予乃服药就寝。

3月10日（二月初六日　丙午）星期六

阴晴兼施，寒暖交错，颇感不舒，古人发节气之说，实非虚谎也。

晨七时起。九时，看《参考消息》。接清儿所寄包裹单，午后即由润往东单邮局取回。潜儿饭后来，同见枕到，甚好。下午三时，潜儿归去。润友朱文治（原荣宝斋会计，亦在咸宁干校。）来访，略谈，仍过润屋去。

四时半次园来，购得新出版《史记选》见示。谓三八节，公开发行，伊在新华书店排队买到两册，并其次子原有旧本嘱为伊及二子题辞。昔有乞邻而与，今乃自购请题，颇难著笔，姑留待想得时再写。谈至六时始辞去。湜儿已下班归,亦晤及次园也。

夜与儿孙共饭,且小饮。有闲仍看《石头记》,止于九十五回。十时许就寝。一时许起溲,卧下幸未发喘,自无痰嗽。

3 月 11 日(二月初七日　丙午)星期

阴沉竟日,气郁难舒。

晨八时起。十时,濬儿来,携圆盒饼干,谓系昌预、桂本为予寿者。又出代予买肉为治理,备下面用。饭后三时,去。谓后日乃来。

予仍未午睡,看《参考消息》及《日报》。其间又看《石头记》,止于一百九回,衰飒之气逼人。

夜十时就卧,中宵野猫窃食,抓窗作声甚大,为惊醒久之,天将晓乃入睡。

午前曾写信复清儿,湜儿出门时带投邮筒。

3 月 12 日(二月初八日　丁未)星期一

晴,有风,气候仍未见调融。

晨八时起。九时,看《参考消息》及《日报》。午与润小饮。(市上又有黄酒出售,去岁病后,封饮,近虽少沾,亦白兰地与剑南春耳。为试沽尝之,尚可。明日有客即用此。)饭后,勉睡未熟,转侧至三时,起,续看《红楼梦》。

接汉儿前日来信,谓即请假准行。(昨日润接伊长途电话,知于昨日即赴汉,将乘舟去宁会滋儿,然后赴沪。)想此刻已在汉口待船下驶也。三时半,思原见过,谓春节前为骑车所撞,轻度脑震荡,卧床两月,近日始得稍稍走动。洵无妄之灾。谈次,接当日滋儿自当涂发来电报,祝予生日,润儿又恰自外购物归,晤及思原,三人长谈,至五时半,思原辞去。

夜与润、湜小饮。饭后,再看《红楼梦》,十时就寝,止于一百十七回。深夜二时起溲,旋仍入睡。

3 月 13 日（二月初九日　戊申）星期二

先晴,旋转阴。仍有风。

晨七时半起。九时,看《参考消息》,至午《日报》亦至。濬儿及昌预、迎迎十时来。午小饮,进面,盖今日为予八十四岁初度之辰,刚主约自来吃面,竟日未见来,大约忘之矣。

午后,接平伯书,摘录杨遇夫《积微居读书记》两则,关于《左传》者,与予所注有异同,谓杨言未必是,颇见右,且云迟将趋晤。则俟其来再面剖之。殊感良朋之关切也。

夜与濬、润、湜、修、彩、预、硕、申、迎、熙在南屋围坐,小饮进面。九时,濬、预等归去。予以久未行动,支掫在屋内往还已觉疲累,又不免饮食稍逾,人去就寝,竟大感不舒。终宵转侧,梦寐频扰,或《石头记》适于今日阅毕,枨触万方,乃致如此乎?因忆年前圣陶钞示朴初一律云:"老读《石头记》,方觉意义长。人情憎梦虎,世事厉怜王。洗耳鸳鸯骂,倾心焦大狂。稗官原是史,尽信亦无妨。"予谓读后感胥括于此四十字矣。

3 月 14 日（二月初十日　己酉）星期三

阴霾,偶间雨雪。

晨间不舒,觉左胯有核突起,左足背静脉亦陡壮,情绪低落,颇自感伤。八时强起木坐而已。九时,方看《参考消息》,友琴见过,正谈间,刚主来,携赠乳油糕饵,连称忘记云。于是,三人共谈,近午各辞去。予以体中不适,兼以无肴核可供,竟未留饭,至歉。饭后小睡片晌,未熟,未及三时,仍强起,补记昨日日记。

润写信寄芳孙,予乃于纸尾附言,并复心农云。

外孙女卢元鉴自无锡出差归来,五时来谒,携赠阳羡砂壶一事,(名写狮灯,盖仿古权制之新货,壶盖钮为踞狮形。)并食物数事,因共小饮。湜儿下班归,询悉刚主未饭,予乃命伊于晚饭后将制就蛋肉一碗送去,顺谒平伯,告昨信已到。逾时归。平伯嘱伊将新得吴恩裕近著《曹雪芹佚著及其传记材料的发现》打印稿一帖,借予阅览,日内或将来访云。

九时,元鉴归去。予略翻吴著打印稿即寝。是夕较昨日为安。

3 月 15 日(二月十一日　庚戌)星期四

晴,有时多云。气转温。

晨七时起。阅吴著打印稿毕。对曹雪芹之为人又得一新印象。(多才多艺,满怀侠义心肠,而又孤芳自赏,决不诡随世俗以自益者。)九时,圣陶来,谈至十时许,平伯来,共谈至十一时许,均去。为王羲之学书释文,特以《法帖大系》十一、十二两册假平伯。

润儿九时出访友,近午得其电话,谓为友所留饭,饭后即归。濬儿十一时半来。饭后小睡后,三时十分去。濬去未久,润即归。

夜仍小饮。粥后与儿辈畅话往事,九时半始服药就寝。

3 月 16 日(二月十二日　辛亥　花朝[俗传百花生日])星期五

晴,暖。室内已感炉火多馀矣。

晨七时起。九时,为陈次园及其长君抗(建东)、次君凯(格非）所藏《史记选》题辞,顺为漱儿、致仁及伟民、菊芳所有《史记选》题字。（后之本即检予所得样书中分赠之。）

接滋儿十三号来书,告近状。看《参考消息》。午后三时,正为滋、漱两儿复信,中华书局友人潘达人偕同事赵诚（原在调孚手下编文学书。杭州人,解放后南京大学毕业,新从咸宁干校调回,询系马茂元之女夫。）来访,询及乃乾经手影印《昭明文选》之底本,予无所知,属向中华书局图书馆及中国书店一询,乃乾遗书下落或可获有线索。因长谈久之,五时许乃去。予亦顺笔了结两复信。

元鉴来,出此次旅途所经之照片见呈。（上海、南翔、苏州、无锡、宜兴、镇江、泰山、济南之名胜殆收遍历,出差学习兼行,顺道游历,竟摄得景片不少云。）予与润儿、湜儿与共小酌,嘱伊分区注明地点,连缀说明,即成一绝好游记。（果能照办必有可观。）九时,乃辞归。

十时就寝,脚背红肿,微痛仍未消退,姑置之。

3 月 17 日（二月十三日　壬子）星期六

晴间多云,气温又略高于前昨。

晨七时起。九时半,尔松偕商务老友戴孝侯来访。（已退休返扬州,今来省亲看儿女。）十馀年未面,皤然一叟矣。谈至十时半,辞去。看《参考消息》及《日报》。十一时潏儿来,午啖烂糊面。

近日不大能午睡,只索坐着打一小盹。下午两次大便,俱有血,想系内痔发作,但自觉无妨,转虑左脚背肿痛或或有它故也。予惯用善琏毛笔,近竟断档,湜儿屡为予采购未之得,今日下午润儿去王府井,属往美术服务社专卖毛笔之部,仅见一种近似之（4号）毫水折笔尚为善琏笔厂所制,购两枝归。予即试写,此般尚能得心应手,拟再续买四枝留备应用。

　　夜,湜儿归,谓已访晤次园,业将《史记选》三本面交(属予题辞者)。晚饭后,与家人长谈,九时半就寝。脱袜见脚背红肿依然,躺平觉痛少减。二时起溲。

3 月 18 日 (二月十四日　癸丑)**星期**

　　晴,暖。

　　晨七时起。九时后,阅《参考消息》及《日报》。予生日前二天,润儿为予摄数影,俱伏案看书报或支头冥思者,日前取到,今检看报及支头者各一帧为题志岁月,备润书寄元孙。午后小睡片晌,未及三时即起,启楼取《图书集成·禽虫典》数册随手翻阅。湜、修夫妇晨偕赴外家。

　　随手抽架,得二年前手钞《南田画跋》读之,心旷神怡,品高格隽,有不期然而然者。自谓心印不浅也。

　　润儿干校木工排同事曹寿岱、李竹君等六人来访润,因在南屋聚饮。晚饭后过北屋谒予闲聊,一时,各散归。

　　九时,湜夫妇归来。接元孙来信(十四号写,十五号发),知工作近况,厂中用电亦稍加宽放(前扣发殊甚,每致停电)云。十时就寝,脚背红肿略减,而面积展开想已发散矣。

3 月 19 日 (二月十五日　甲寅)**星期一**

　　多云偶晴,有风而紧,又转感料峭矣。

　　晨七时起。续看《南田画跋》毕之。九时后,看《参考消息》及《日报》。午前润又为予续购折笔已剩三枝,择其二以归。近日物资较紧,即毛笔亦有多人抢购耶。

饭后小睡,转侧难寐,未及三时即起,出所钞盛大士《溪山卧游录》,施朱点阅焉。抵暮毕一二两卷。

下午,润儿出,为予在西单商场购得湖州善琏厂笋尖式四枝,苏州东方红笔厂707紫毫小楷四枝,(此上两段即苏笔所写。)均合用。恐将断档,拟再购几枝。

夜与润小饮。饭后,坐至九时,服药就寝。二时三十五分起溲,转侧难寐,至五时乃得入睡。

3月20日（二月十六日　乙卯）星期二

晴,仍有风,气则转温。

晨七时起。九时,阅《参考消息》。点阅盛大士《溪山卧游录》,至午完第三卷。潏儿来饭,饭后,与润大谈家常,予则续点《卧游录》第四卷,至暮全完。

夜饭后,潏归去。九时半,予就寝。十二时即起溲,天时变换,身体感受影响如此。

3月21日（二月十七日　丙辰　春分）星期三

晴温。

晨七时起。早餐后,拣乱纸截取衬痰盂用。九时,接十三日澄儿贵阳来信,告升埩已动身来京接其二嫂。并附升恺信。随看《参考消息》及《日报》。中午煮馄饨代餐,文修、彩英同裹,予为揭皮分授,亦一消遣也。午后,在炉旁沙发上小憩片晌。起读李义山《七绝》(《万首唐人绝句》)影印本,讹舛不少,刻书草率如是,宜为后人所诟矣。

润再为予在西单商场购笔,笋尖式已罄(前日尚存五枝)。遂购其它诸色以归。笔亦有人抢购,已奇,而各市场及公共车辆均有人满之。观熙熙攘攘,真是一片大好形势,古人云:人物浩穰,京师人海。信哉!

夜与润小酌,九时润为予拭身擦背,甚适。遂易衷衣就寝。一时起溲。

3 月 22 日(二月十八日　丁巳)星期四

阴,偶露阳光,反见鏖糟。

晨七时起。九时后,看《参考》及《日报》。午后略盹。阅《溪山卧游录》揭其劝学之语,为跋尾焉。

傍晚,昌预、桂本来,有顷,孟丽华来。夜饭时,为开所蓄西凤酒飨之。润儿主其事。九时,预、桂、丽同辞去。予亦服药就寝。二时许起溲,睡不甚贴。

3 月 23 日(二月十九日　戊午)星期五

晴,温,仍有风。

晨七时起。九时后,圣陶见过。有顷,子臧亦至。三人闲谈至十一时十分,乃偕行各归。

午后小盹。看《参考》及《日报》。与润儿谈家常。接汉儿上海来信,知已由宁晤滋、佩、铿后到沪,将去苏盘桓旬后,再自沪返京云。润亦接琴媳信,又接元孙信,即由润复出。(邮途交互往之而然。)

夜小饮剑南春一杯。九时,服药就寝。二时许起小溲,月明如昼。返榻大嗽不止,痰涕交作,叫起彩英为冲服西瓜膏乃少止。转侧至晓,反朦胧入睡。

3 月 24 日 (二月二十日　己未) 星期六

晴。

晨七时起。九时于维洛来访，还《太平广记》两册。(尚有一、五两册未还。)顺问若干事，知渠以心脏病卧院三个月，近始出院云。谈至十一时乃去。元鉴十时来。小孟却未至。(晨有电话来，谓购得电影票不来矣。与元鉴之约属转告云。)午与润、修、彩、鉴、茂、芬同饭。饭后，元鉴去上班，修去厂续假。予小盹片晌，起写《皮架偶识》一则。看《参考》及《日报》。

接升基信，谢为小耘赐名，并告升培即将来京，顺接林宜回渝。(其厂受诬之人，领导上已宣告湔雪，做法甚彻底。)

润儿下午往同事处探问车票，六时半才回，仍未购到，大约又须推迟若干日矣。

夜九时服药就寝。二时又起小溲，返榻后幸未大嗽。

3 月 25 日 (二月廿一日　庚申) 星期

晴，温。

晨七时起。九时，看《参考消息》及《日报》。十时，孟丽华偕其小叔升培来。(升培到京已多日，今由小孟自林家接来。)濬儿十一时来。午后，未及打盹，半为酬应，半为查注《唐人万首绝句》作者姓氏(注于板匡之外)见有错简，遂阁笔。

五时，韵启来。(出差至广州返沪省家，近日始回京。)夜与濬、润、启、培、丽、彩、茂、芬同饭。颇热闹。

湜、修上午同出，抵晚乃归。携返平伯为伊所题之件。予夜饭后，与韵启长谈，至九时始别去。濬则先已归去矣。九时半，丽华偕升培同去。约升培星六住来,俾茂孙可以乘休假陪伊同游云。

九时三刻,服药就寝。三时许起溲,返榻未大嗽,然梦扰殊甚,竟未得好睡也。

复初日记第一册终,凡历五十一天

3 月 26 日[①](二月廿二日　辛酉)星期一

晴间多云,有风不烈。

晨七时起。仍查注姓氏于《万首唐人绝句》之板匡边口。九时,看《参考消息》及《日报》。升培贻我君山茶,今日瀹啜之,果佳。润儿抽架偶得乙酉夏秒在沪捐助学金所获赠品《家医》一册,乃德医黄胜白编,为拜耳药厂作宣传者。而其叙述生理系统,敷陈治疗程序皆罗罗清疏,洵足为家庭卫生之顾问。当时卷头亦有识语,尤资纪念。积三十年尘封,一旦呈现,亦不可谓非是册之幸也。爰录入《庋架偶识》中。

午后小盹片晌,三时半,颉刚独自拄杖见过。畅谈移暑,其家来电话询问,乃于五时半属彩英伴送伊归家。故人扶病过存,至纫厚谊矣。

家蓄电视机失灵,送修已二十天,今日得修理处电话,谓已修好。润儿、茂孙因假得平板三轮自蹬前往东四取归。

夜九时服药就寝,润儿以购得电影票,出看电影,十一时乃返。予刚将入睡。是夕竟未起溲。

3 月 27 日(二月廿三日　壬戌)星期二

阴。

①底本为:"一九七三年三月二十六日至五月十二日,复初日记第二册"。

晨五时起溲，仍返榻仍俟至七时乃起。九时后放晴，旋又阴合，终日鏖糟，天气转变之际，对老年人更感不舒。

阅《参考》及《日报》。看插图本《石头记》（商务据同文石印摆版），卷首尤低徊于读花人论赞褒贬处俱有入木三分之快，垂老重读，益见亲切。

午后小盹即兴。五时许，润儿干校同事老梁（名振宗）送车票来，决于后天夜车返咸宁（四人同行）。于是，夜饭后，润出访友洽事。予久不亲电视，今晚始终其事，十时乃寝。润亦归矣。一时许起溲，返榻后幸未大嗽。

3月28日（二月廿四日　癸亥）星期三

晴。

晨六时半起。八时后天又转阴，忽又露日，乍寒乍暖，真最难将息矣。九时后，看《参考》及《日报》。午后，仍略一打盹。阅带评《石头记》，止于第八卷。

接平伯昨发书，更正前抄示曹雪芹诗之误字，并属转告圣陶，足征此老之认真可风已。

夜与润谈至九时许，乃服药就寝。一时半起溲。

3月29日（二月廿五日　甲子）星期四

晴。

晨七时起。八时后，天又乍阴乍阳。九时后，看《参考》及《日报》。十一时，潘儿来，晚饭后八时半乃归去。午后仍小盹即起。阅带评《石头记》，止于十七卷。茂孙喉痛，狂咳，明日将去医院诊疗，特为作假条请假一天。

夜与潗、润、湜同饭。潗行后,润亦打点起身,茂孙送至车站会梁振宗,四人同车赴鄂。以茂孙体不适,润即属归报,未及送上车也。润此次度假已逾两月,然,终以干校牵扯,仍须南行,不知何日才得结束也。

茂孙归,予遂就寝。十二时许及凌晨五时,两次起溲,幸未引起喘咳,而筋骸肢节百无一是。节气之影响身体至如是者,非老年人未易体会耳。

3 月 30 日 (二月廿六日　乙丑)星期五

晨六时三刻起。天阴沃塞,未几转晴,人之不舒仍同前两日。

九时后阅《参考》及《日报》。知我驻法大使黄镇奉调回国,殆将转任驻美联络处主任乎?十一时,潗儿来,夜饭后八时半去。续看带评《石头记》,止于二十七回。

夜九时,服药就寝。是夕起溲三次。是日午后写信复汉、漱,想此时汉当仍在上海,或能接阅及之。

3 月 31 日 (二月廿七日　丙寅)星期六

晴。

晨六时半起。听中央电台之广播黄镇果任命为驻美联络处主任,韩叙(外交部副部长)副之。

九时半,圣陶见过,畅谈至十一时归去。午后小盹即起。阅《参考》及《日报》。

接林宜电话,告升培已去延庆,要过日再来小雅宝云。仍看带评《石头记》,止于卅五回。接清儿廿九号信,内附致潗信,顺告山西省又在发动干部下放矣。

夜九时服药就寝。润送去修理楼式旧钟,今日由茂孙取回,费多时垫平四脚,乃始走动。以其历劫仅存,(丙寅八月,上海新新公司开幕,购此,是年十月,润儿生,屈指四十六年矣。其间迭遭之厄,始倭燹,及屡迁跋涉,此钟仍保存如此。)不得不倍珍之耳。卧醒时,仍能听其报时,似有一种特殊亲切之感也。四时起溲,返榻气促而又浑身不舒,拂晓始朦胧片刻。

4月1日(二月廿八日 丁卯)星期

七时起阴雨,乃悟昨夜浑身不舒之故,嗣后濛雨时作,近午亦顯昼,傍晚乃见夕阳。静坐觉料峭,甚幸剩有一炉未撤,仍拨火取暖,否则,殆已。

九时后,阅《参考》及《日报》。接滋儿三月三十号信,知曾到宁,晤及汉儿,近正为春耕著忙也。仍续看带评《石头记》,止于四十一回。陈礼生来访,谈至午,去。谓八号再来云。午后小盹。

夜九时就寝。十一时起溲,翌晨三时又起溲,因而又犯气促痰咳。

4月2日(二月廿九日 戊辰)星期一

阴转晴。气温自然有变化。

晨七时起。久坐平喘,乃得早餐。九时后,阅《参考》及《日报》。馀时仍续看带评《石头记》,止于五十一回。午后小盹片晌。接三月廿九号芳孙信,知曾返平地泉玩,受到老乡及同学亲切款待云。

夜九时就寝。十一时半起溲。翌晨四时又起溲。连日心头闷闷,殊感不舒。

4 月 3 日 (三月 己巳朔)星期二

晴。

七时起,喘作,坐久始渐平。早餐后,写两信,一复滋儿,一复元孙,其太原之信拟留待濬儿并复。(因清有信托伊办事。)九时后,阅《参考》及《日报》。十一时,濬儿自中山公园饱看玉兰来。午刻与彩、茂、芬同啖馄饨当餐。午后,仍打一小盹。濬旋去。午前后,涪生来谈,一时许便行,上中班工去也。续看带评《石头记》,止于五十七回。

夜九时就寝。

4 月 4 日 (三月初二日 庚午)星期三

晴。

五时起溲,仍返榻。六时半乃起。九时后,阅《参考》及《日报》。午前接润儿二号发信,知安抵后工作状况。午后,茂孙接其母三号发信,知工作依旧,分配仍无消息。(两个闷葫芦不知何时才得打开耳。)饭后略盹。元鉴来饭,午后偕彩英同出购物。三时半,小文来,据告,伊厂休仍改为星三,年下其妇子都由干校或工地返京,以是久延未能诣云。五时,彩英归,谓鉴已径返。有顷,小文辞去。

仍续看带评《石头记》,止于六十四回。夜九时洗足就寝。是夕起溲两次。

4 月 5 日 (三月初三日 辛未 清明)星期四

晴。

七时起。九时后,阅《参考》及《日报》。濬儿九时半自所中来,为予领到四月份工资,(润儿汇款亦到。)匆匆即行。谓后晚径从小庄出发,诣站登车去青岛,不再来辞云。接漱儿邻女周国珍信,为彩英寄照片来,告四月十五、六号将径返黑龙江泰康毛线厂工作。

午后小盹片晌。阅带评《石头记》,止于七十一回。夜饭后,看电视木偶演出及长春电影厂所摄科技新闻一至四号,最后为上海厂所摄西双版纳《捕象记》。十时就寝。

4月6日(三月初四日　壬申)星期五

五时起溲,仍返榻,七时起。天气多云,旋放晴。

八时后写信,一复润,告信款俱到。一寄漱,告将带物(并附复周国珍),正写间,介泉见访,长谈至十一时半,乃行。予即收结两封信即由芬孙投邮(适放饭归来)。午饭后,看《参考》及《日报》。小盹片晌,仍续看带评《石头记》,止于七十九回半。接汉、漱四号来信,知汉今日已在上海动身,乘22次直快车来京(十车厢九十三座)预计明日下午六时半可抵京站云。

夜九时服药就寝,起溲一次。

4月7日(三月初五日　癸酉)星期六

晴间多云,转暖。

晨七时起。九时许,正拄杖欲徐步庭中,刚出室门,见林宜、升培来候,乃返入,各坐。知升培往延庆住一周才返京。有顷,涪生至,又有顷,元鉴至,彩英适为予制生煎包子,宜、鉴帮同赶作。午间得其餐焉。(以备少享多,只得再煮面分酬之。)元孙之新同事王四荣来访,带到便条,并手表一件(待修)。接谈未久,见予等历乱,匆匆辞去,至歉。午后,林宜、元鉴皆去,升培随涪生出取当晚入场券,看日本相扑团表现。

予小盹片晌,起看《参考》及《日报》。仍看带评《石头记》,止于八十二回。五时半,茂、培两孙往车站接汉儿,七时许,汉同锴孙、小红及茂、培两孙自车站来,谓元鉴已带着东西径回小庄云。汉带到上海诸亲所送食物不少,一一发付了然后同进晚饭。茂、培则往工人体育馆看日本相扑。九时,汉、锴、红回小庄。

十时,予服药就卧。有顷,茂、培同归。

4 月 8 日(三月初六日　甲戌)星期

晴间多云(昨夜有雨即止),气乍冷乍暖。

九时后,汉儿、元锴夫妇、元鉴、小红、会来一行来,礼生亦至,因将应带之物(并芳手表)托礼生携交漱儿。(礼生见人多坚不肯留饭。)午后,汉等俱回小庄,独元锴另有事,未偕往。彩英则偕汉看电影。予略盹即起,看《参考》及《日报》。

韵启来。大璐挈小忻来。四时半元锴为其母购物归,遂偕璐等同回小庄。振甫见过,晤及元锴,近晚辞去。锴夫妇及小红即晚回瓦窑头。五时半,彩英归,六时半与韵启、升培及家人同晚饭。七时一刻看电视,转播日本相扑访华团表现,周总理、叶剑英等国家领导人出席观看,并与该团运动员同场摄影,表演略同蒙古之摔跤,虽云保存彼国古风,适足暴露蛮性之遗留而已。(气氛阴森,形象亦太不雅驯。)十时始终局,韵启乃去。予亦从容服药就卧。是夕,竟未起溲。

4 月 9 日(三月初七日　乙亥)星期一

晴间多云,较昨略暖。

　　七时起。八时许,刘家次媳及三子来辞,谓今日都动身分返湖南湘阴及黑龙江、牡丹江工次矣。接谈有顷。九时半,看《参考消息》。十时,汉儿携其孙会来来谈此次旅中情况,而会来甚淘气,汉被缠无片刻暇。午后三时,始哄之入睡,乃得谈下。谈次,有两客先后来访汉(皆系干校同学)。升培早七时半往孟家,约同升埙出游,下午五时同返我家。知已游香山卧佛寺(碧云寺在修理,未开放。)及颐和园矣。骑车往返,唯青年乃能胜任耳。

　　六时半,与汉等共进晚餐。八时,汉挈会来归小庄。升埙则谈至九时一刻始返孟家。埙行后,予亦就寝。

　　汉以往岁游庐山绝顶时购得丰城袁渡笔厂所制白鸡狼毫两枝呈予,试写日记,柔润得手,想袁渡制笔必负盛名者,今亦与浙江善琏笔厂同类组织也。

4 月 10 日(三月初八日　丙子)星期二

　　晴间多云。南风甚紧。

　　晨七时起。升培仍早出看升埙,偕同一游。下午四时许,埙来电话,谓今日培同宿孟家,备明日偕游十三陵云。午后一时,汉儿挈孙会来来,已挈之访友多处矣。十时后,予阅《参考》及《日报》。下午四时许,蔡甥顺林来,谈至五时半,携取汉从苏州带来之物(其母给伊塑料盆及虾米。)辞去。察其词色,其妇深不慊于姑使其为难也。是日,初腌鸭蛋三十馀枚,入夏佐餐有备矣。

　　仍续看带评《石头记》,止于九十四回。

　　汉挈孙于夜饭九时返小庄。有顷,予亦就卧。三时起溲,返床又咳。

4 月 11 日 (三月初九日　丁丑)星期三

晴,有风撼窗,日没后仍不免料峭之感。

七时起。八时半,圣陶见过,谈至十时半,汉儿从中山公园来,谓元鉴携会来在彼,午间偕会到家同饭。十一时,圣陶归去。十二时,鉴、来偕至,遂同饭。饭后略盹,即看《参考》及《日报》。(柬埔寨局势好转,西哈努克今天由河内来北京。)下午四时许,升自十三陵回来,告升埫已径回延庆矣。

夜与汉、湜、鉴等小饮,并与培、茂、芬等同饭。九时许,汉、鉴、来同返小庄。予小坐服药就卧。十二时即起溲,幸返床未大嗽,不久即入睡。

4 月 12 日 (三月初十日　戊寅)星期四

晴,仍有风。

七时起。八时半,升培辞往林宜家。接润十号晨复信,详告干校近况。看带评《石头记》,止于九十九回。又看《参考消息》。午后小盹。起看《人民日报》。再续看带评《石头记》,止于一百四回。

下午,接琴媳凤阳十号信,告已分配工作回北京参加新组人民教育出版社,十七、八号便可动身返来。又接芳孙七号晚写九号晚又写,十号寄出之信,详告工作情况,现正作一小结,抽身支农抗旱云。傍晚,汉儿挈会来来,升培亦归,遂同家人晚饭。

七时后,湜等围看电视,系奥国维也纳交响乐团在民族宫访问演出,电台转播,因而哄动。夜饭后,外孙元鉴及外孙媳林宜偕妹林满亦来参观。九时,汉、来及宜、满先后去。予亦服药就卧。

十时后始尽散。予十一时半起溲，黎明四时半又起溲，虽仍入睡，梦扰多矣。

4月13日（三月十一日　己卯）星期五

晴，暖。南风仍烈。

晨七时起。九时后，阅《参考消息》。午后小盹，起为元孙复信，告其母即将调回北京，并告买书、修表等事兼及林宜留京工作。（林宜为染化部借调留京，在所属研究机构整理资料，前已说及，今接伊电话，谓重庆厂已来信同意，只待部里通知便可上班。）接潏儿十号信知已安抵青岛。

午后小盹，起看带评《石头记》。四时半，《人民日报》始到，阅悉周总理设宴欢迎西哈努克，席上，邓小平以国务院副总理名义出现。（解放邓之消息工厂、学校均已传达，但未公开，今晨广播及此书面则未得露布也。报纸之迟出，必有斟酌耳。夜电视新闻亦映出矣。）

仍续阅《石头记》，止于一百十四回。升培夜与茂同学杨惠敏往太阳宫体育馆观游泳比赛。予亦在电视中看之，煞可观，尤以高台跳水表演为更精采，近十时毕。有顷，升培亦归。略坐各就寝。予服药就枕，十二时即起溲。

4月14日（三月十二日　庚辰）星期六

晨七时起。长天大日。九时后，裘进富来，汉儿挈会来来，同进午餐。午后，进富去。予略打盹，天色转阴。彩英二时出，购菜肴，为排队故，直至近六时乃归。时已有雨，且挟以风，似将雷阵，而汉急欲挈孙归小庄候其子媳。托带菜俟彩英一到即匆匆去。

（为润儿查告日本宽永钱流行中国时间,属汉带去复信附出。润为咸宁田中发见此钱,故来问。）

昌预、桂本挈迎迎来,遂同夜饭。升培出会同林宜,代家中购办应用物品,晚饭后始归。适预等都喜看电视,伊等乃围看朝鲜电影《轧钢工人》。九时后,桂本等归去。予就寝。

湜儿有票往西郊体育馆观看维也纳交响音乐演出,十时半乃归。是夕,起溲一次。

接漱儿复信,知书物俱已带到,手表亦交周家修治云。日间看《参考》及日报。仍续看带评《石头记》至一百十七回。不但文笔越来越失曹氏之真,而故事亦太索然无味矣,竟无法看下,只得掩卷。于维洛九时来访,问史事不少。携还《太平广记》首尾两册(全书毕归)。目录上用钢笔点污多处,甚且有墨汁染污。诚哉!书之不可随便假人也。奈何!

4 月 15 日(三月十三日 辛巳)星期

阴霾,午前曾一露阳光,暮后竟雨旋止。殊殆人也。

晨七时起。检点于海洋还来之《太平广记》三、四两册。竟油染书脊,渍污不堪,(假去时新若未触手,归来如此,心痛曷已。)至为忿忿。

十时后阅《参考》及《日报》。并撰跋语一通,书于带评本《石头记》之尾。午间,彩英又制荠肉包子,生煎之。予为连啖九枚。午后小盹后起,看改七芗绘《红楼梦》图并题咏(光绪刻本)。

四时许,韵启来,因辍观接谈。夜饭后八时四十分始去。升培去林宜家,晚饭时归,告林宜已准备赴染化部报到上班云。九时洗脚就寝。十一时,与翌晨五时,各起溲一次。天气转冷,拥衾犹觉料峭也。

4 月 16 日 (三月十四日　壬午) 星期一

晨七时起。早餐后,阅毕《红楼梦图咏》,亟收藏之,正不堪为人所知见也。天气由阴转晴。而南风紧,甚撼窗振户,想外间料峭难禁耳。阅故友吴湖帆《佞宋词痕》,其缠绵处凄心入骨,陡忆今日为予与先室珏人结缡六十二周年,抚今追昔,殊难自抑。今日《参考消息》及《人民日报》迟到,十二时始递来,想为世界乒乓赛结束斟酌发表评论也。

汉儿午前来,谓送元镨父子上车返窦店,故来饭。饭后,予小盹,汉出为干校同人送物,四时返。五时,汉往饮叶家,夜径归小庄云。

傍晚,盼升培不至,(伊晨出访林家。)即同家人进夜餐,餐次培至,遂同竟此餐。询悉饱游天文馆及动物园矣。

看电视转播上海舞剧团访问日本及廖承志率领友好访问团飞赴日本各节。十时就寝。十一时三刻及三时,各起溲一次。

4 月 17 日 (三月十五日　癸未) 星期二

晴间多云。南风仍紧。

晨七时起。九时半,看《参考消息》。(《人民日报》日暮未至,岂送报人疏忽送漏耶?然则荒唐甚矣。)十时半,汉儿来同饭。升培上午去林家。午后二时,彩英出购物。三时,汉儿往探林宜,未几,彩英归。四时许,汉新华同事崔、萧二君来访,即代为接谈,坐移时去。薄暮,汉偕培归来,因与家人同饭。是日,阅杭人吴昌绶所撰《吴郡通典》,(民初排印本,王式通序之。)凡十卷。例踵汪中

《广陵通典》,而详赡过之。读尽九卷,迄元末矣。

夜九时,汉偕培同返小庄。明日将携游故宫云。予亦就卧。十一时、三时三刻各起溲,引起咳喘,彩英为调西瓜膏饮,予稍稍宁定,然亦困甚矣。

4 月 18 日(三月十六日　甲申)星期三

晴,仍不见暖。

七时起。早餐后。赓阅《吴郡通典》十卷,毕之。迄明末而止。乡献而借重邻郡之人为之操觚,可为吴下叹无人也。滋惭!滋惭!(清献更难枚数,不知何日才见赓举。)九时后,《参考》及《日报》皆送到。(昨日《日报》竟为人拾去。)适次园在客座,客去乃看之。次园调教苏州教育学院事已告吹,只得在京候安排,据告,目下各机关纪律弛懈,惰容四见,绝无自奋之象。风气已成,殆难骤挽,是真可以殷忧者矣。近午辞去。

午后,汉儿偕升培、元鉴来,谓上午畅游故宫,即在康乐饭馆午餐。(康乐本在椿树胡同,今迁王府大街,品味仍克保原状云。)三时半,汉往前门刘家大院访同事,七时始归,与家人同饭。元鉴则四时即行。夜八时,汉归去。

九时,予就寝。十二时、三时仍起溲,幸未大喘。

接琴媳写与茂、芬两孙信,知行期将推迟半月,为在干校扫尾。茂孙为芳孙送书与王四荣,属明日归晋时带交之。

4 月 19 日(三月十七日　乙酉)星期四

晴。暖于昨。

七时起。九时后,看《参考消息》。为湜儿所钞俞平伯题顾颉刚藏顾铁卿《桐桥倚棹录》兼感吴下旧惊七绝书跋语。汉儿午前来。饭后小肫,三时,汉儿为予去医院取药。

接润十七号发复汉书,附交茂孙小钥匙一柄,属于破橱到时应办各项(知已将橱捆好,备作慢件交邮递京开单附钥,属茂预作准备,足征不久即作归计矣)。四时《人民日报》始到,载墨西哥总统来京,芬孙奉派作欢迎队,早知之矣。

是日,用朱笔点阅《吴郡通典》,垂暮及其半。

夜与汉小饮。九时,汉归小庄。予亦就卧。四时起溲,返榻后梦扰至晓。

升培在家看画册,竟日未出。

4 月 20 日(三月十八　丙戌　谷雨)星期五

晴间多云。南风扇,暖甚烈。

晨七时起。八时半,外孙卢元镇出差兼探亲自沪至,仆仆风尘,甫卸行装而汉儿适来,有顷,鸣时见访,与谈,至午乃去。午与汉、镇、培及茂、芬、彩英等同饭。裹馄饨充肠,殊醋㘰。午后,阅《参考》及《日报》。兼与镇等酬谈,竟未睡。漱儿购得暖杯一事,属镇带来,甚嘉其想得到也。

点毕《吴郡通典》。五时,元鉴来,同晚饮。夜九时,汉、镇、鉴归去。明晨,汉、镇且偕往房山瓦窑头探视元锴一家也。十时服药就卧。三时起溲。

4 月 21 日(三月十九　丁亥)星期六

晴间多云。感暖。

晨七时起。八时作书寄复漱儿。升培去林宜家。九时,阅《参考消息》。十二时,升培归,因共饭。午后小盹。升培仍出。予乃作《红楼梦版画集》及《吴郡通典》跋语各一则,随书之卷尾,并移著于《皮架偶识》中。傍晚,升培返。

夜饭后,看电视介绍墨西哥文化(电影名《沉默的哨兵》)。九时后,服药就卧。骤暖难任,出手衾外则感冷,贴被则鏖糟,殊不适。展侧久之,不能寐。宵深始勉强朦胧耳。

得昨日元孙来书,以为其母已归,顺告因工作疏忽致出事故,为师傅所批评,本人认识粗心害事,挫去骄风,亦大好云云。予亦谓然。青年任事若一帆风顺,听不到贬词,必酿它日巨患。生活历程中固不可缺磨练也。明日当去函敦勉之。

4 月 22 日(三月二十日　戊子)星期

晴暖。

晨七时起。八时,湜儿、升培、彩英协同拆除最后一个火炉,顺便大扫除,至十时而定。焕然易观,耳目为新,不能不说是近日一快也。复芳孙信,颇加箴勉。接滋儿复汉儿信。

看《参考消息》及《日报》。午前,汉儿偕镇孙自窦店返,镇即帮同扫除,并将窗帘除下洗涤重悬。饭后,汉、镇返小庄。升培亦去林家,傍晚归。

三时半有扬州人季姓来看汉儿,谓亦新华干校之同学。近正请求退休中。予为接谈久之,去后有顷,俞静霞至,询知来客为季敏生。(亦往访俞未值故来探询之云。)稍谈工作状况即去。

夜饭后,有山西人(元镇同事)来电话,询镇行止,允明晨遣人往转知。(此等麻烦实为电话所累至庞。)九时,拭身洗脚易衷衣,服药而后卧,竟日鏖糟为之一快。三时起溲。

4月23日(三月廿一日　己丑)星期一

多云蒙日，较昨为阴。

七时起。又接另一山西人车站来电话，属元镇往接，候无已，只得令升培往小庄转告。(昨代接山西长治汇款单，亦令带去。)镇孙旋来，谓已向车站接到，而昨晚见寻之人未得晤，打电话数回，乃自去访问。

九时后，看《参考消息》。(美国人艾尔索普访华观感，言颇中肯，是能了解中国者。)近午，升培来电话，谓随六姨往翠微路访丁家，不来午饭云。饭后略盹，二时半，元镇来，有顷，汉、培亦来，谓在宋家午饭，会云彬父女噪嘴，殊感尴尬云。

六时半即晚饭。八时，汉、镇回小庄。九时，予服药就寝。

4月24日(三月廿二日　庚寅)星期二

晴间多云。气较暖。

七时起。九时一刻，朱文治来访汉儿，予接谈移时，临行，以义利维福饼干两包见贻。文治行后，予阅《参考消息》。近午，汉儿至，(升培出游亦先伊归。)同饭，以打卤面为餐。饭后，汉往农展馆参观。予小盹。二时许，有王林吉者来访汉(新华同事，干校同学)，亦由予接谈，三时去。看《日报》已四时。予偶作跋语一则，书诸罗叔言校订《纪元编》后，并移录《皮架偶识》中。升培二时出，五时归。夜饭后，培、茂看电视，予则默坐至八时半，服药就卧。

4月25日(三月廿三日　辛卯)星期三

晴，暖。

晨七时起。九时后,阅《参考》及《日报》。十时,汉儿偕镇孙来,饭后小盹。三时,升培去林家拾掇东西,晚九时乃来。汉、镇晚八时半归小庄。《史记选》早售罄,予所得样书十册亦早为亲友所争取,无有存者,而见索者仍不绝,只得由汉托其新华同事俞静霞从栈房中购得五册,今天晚饭后,汉儿往俞家取回。堪笑已书迭次重版,不名一钱,转花钱购买以应亲朋之求。亦可谓多一累矣。夜九时就寝。三时起溲。

4 月 26 日（三月廿四日　壬辰）星期四

三时起溲后返床感凉,未入寐而喘作。晴,暖。

晨七时起。八时半,友琴见访。谈至九时半,去。知所中一切杂乱,一时难上工作正轨也。（久懈之后,骤望振作,当然困难。）汉儿十时来。

阅《参考》及《日报》。午饭后,予小盹片晌,汉与升培同往西华门内故慈宁宫参观出土文物。（主要为金缕玉衣及长信灯。）

三时,农祥来,知伊于五月一日起退休,亦秀亦有信或即可解决云。五时许,汉、培归来。有顷,元镇亦至。（伊陪其内表姊弟出游。）农祥乃去。

夜饭后,儿辈看电视。茂孙感冒发烧,喉痛,今天上午即自校返卧,下午未去,夜仍不听教,看电视,予因为作请假条托其同学明日带与校中老师。明天即令在家休养。九时,汉、镇归小庄。

十时许,予始服药就寝。二时起溲。

4 月 27 日（三月廿五日　癸巳）星期五

晴间多云。气暖,不能御棉。

晨七时起。八时,晓先电话告知,即将伴云彬来访。九时果到。十时,汉儿来。有顷,朱文治来访汉,晓先辞去。十一时半,文治亦去。午与云彬、汉儿小酌,以菜肉包为餐。饭后二时,汉送云彬归翠微路,予乃得小盹。盹后,看《参考》及《日报》。随阅《万首唐人绝句》,记作者姓氏于书栏外。傍晚,得汉电话,谓在丁家夜饭。饭后径归小庄云。

夜与彩英、文修、升培闲话,九时乃寝。茂孙热虽退,喉尚微痛,嘱就医坚不听,顽强无可教,只得任之。

4月28日(三月廿六日　甲午)星期六

晴,暖,南风柳絮飘入屋宇,拂之不去,足见暵干,宜乎农村大多抗旱也。

晨六时半起。九时,丽华来。有顷,汉儿、镇孙来。午间裹馄饨为餐。看《参考》及《日报》,并续读李义山七绝百馀首,仍依昨例记诗人名氏于《万首唐人绝句》书栏外。

汉儿、彩英同出买菜,四时归。傍晚,汉、镇归去。升培偕丽华出,晚饭后归。茂孙早出参加先农坛运动会,下午四时始归。据云,曾在场出鼻血,仍不肯休息,去邻院打乒乓,真令人无可奈何也。李妈来访,十年不见矣。仍在北大邓姓家佣工,留晚饭不肯留,稍坐即辞去。琴媳有信与茂孙,知三十号动身返京。如此能到家度五一节矣。昌硕、中英挈熙熙于下班后来省,询悉潜去青岛后,未有续讯。夜饭后去。文修晨去琉璃井母家,夜八时挈其侄儿楠楠归。盖楠之外祖母即将往天津探其父母,故暂寄顿云。

九时半就寝。起溲一次。

4 月 29 日（三月廿七日　乙未）星期

晨六时起溲，即自穿袜起，学甩手运动，三百度（新流行之简易运动，来自上海）。早粥后，天气多云，午后晴。十时，看《参考》及《日报》。仍阅《万首唐人绝句》记诗人名氏于板匡外。下午四时半，全部毕。

升培上午出外去林家寄出行李。午与茂、芬两孙及彩英共饭。近日难得如此清静也。饭后小盹。二时接琴媳蚌埠电报，知今日乘京沪特快 14 次行，明晨九时十分当到京。文修下午送楠返琉璃井，傍晚归。夜饭后，升培亦归。

九时半就寝。是夕起溲三次。

4 月 30 日（三月廿八日　丙申）星期一

阴。旋转晴，燥热。

晨五时三刻起。六时在院中甩手二百度。九时后看《参考》及《日报》。十时，汉、镇来，彩英、升培已从车站接得琴媳同返到家矣。（一去四载，终幸调回。茂、芬俱以课忙，未往接。）午以面代餐。

孝达夫妇挈其孙楠来省湜、修，午后四时，达夫人挈楠去天津，达留宿湜舍。下午遂酬接未得休。元鉴、丽华、林宜相继至，入暮升埳亦至，又开圆桌共饭。而家人且有未克入座者。夜饭后，茂孙、升培又往车站接元锴一家四众，八时乃到，再设馔享之。扰扰至九时，锴、埳、培送镇上车回长治。丽华、林宜、元鉴同出各归。九时半，锴自车站回，遂偕其母、妻、子女返小庄。

予稍稍宁定，乃服药就寝。十二时、三时两度起溲。

5月1日（三月廿九日　丁酉　国际劳动节）星期二

晴间多云。暖。

晨七时起。仍作甩手运动二百度。九时半后，阅《参考》及《日报》。十时，文平、涪生携其小女俊来省，因留饭。湜、修、培因下午参加园游先饭即行。饭后，与孝达略谈。小盹片晌。阅前所手钞张浦山（庚）《图画精意识》有所感，漫识其后。近暮，湜、修、培自中山公园归。桂本、昌预、迎迎来。遂与孝达、涪生、桂本等共饭，又设圆桌矣。

夜饭后，桂本等看电视。八时半，涪生、文平一家去。有顷，桂本、昌预一家去。十时，予乃就寝。十二时起溲。三时又起溲，引起大嗽气促，彩英为调西瓜膏饮，予始稍宁，拂晓反入睡。

5月2日（三月三十日　戊戌）星期三

阴。气又较凉于前昨。

晨七时起。茂孙昨日由桂本、升培协同下，在北屋改装日光灯两盏，甚见朗照，然未尽善，今日由其同学杨惠敏来协同修整，乃臻完善。群策群力之可贵，益足征取也。

十时，汉儿挈其孙惠来来，十一时，偕升培同往孟家午饭。濮小文来，谢刚主来，近午刚主去，小文留与共啖馄饨。午后，与小文谈至二时乃去。翠英挈其子先从孟家来，汉同事季敏生来。有顷，汉、培来，少坐即偕季同去医院探其同事疾。林宜、升埛、丽华、丽洁、锴孙、小红等先后来。汉亦归来。入夜，仍在南屋设圆桌，并邀孝达同饮。八时后，林宜、汉、锴、翠、红、来等归小庄。九时半，升培动身赴太原。升埛夫妇及丽洁送往车站。十时始就卧。

是日早晚作甩手运动,各二百度。看《参考消息》。《人民日报》竟未至(翌晨乃到)。

三时起溲又引起咳喘,幸不久即平。平明乃入睡。

5 月 3 日(四月初一己　亥朔)星期四

晨七时起。天气如昨。看昨日《人民日报》知园游名单安排费时,以致推迟出版。琴媳往人教社上班。(向新岗位报到开始工作。)其实,原地址原岗位耳。午在南屋与孝达、文修、彩英及茂、芬两孙同饭。以馒首代餐。以尽吃白粲米有所不给也。是日上午九时,予方在院中习步,圣陶见过。知伊方读予《史记选》重印本,谈注文中于虚字传神处,有未尽达者。故人教我不以些微见靳,可感也。十一时去。元鉴来约文修陪伊访医,午刻修归,谓鉴径归休息矣。午后小睡,三时起。起后读龚定厂《己亥杂诗》竟。文修送其父归琉璃井,盘桓三日,别时不免依依,(以视觉失常,竟致类盲,权索甚苦。)其家又欠照顾,为之惘然不安。五时,汉儿携其孙来,未几,又携之出。七时晚饭,汉等始归,遂共餐。夜饭后,汉、彩做汤圆备明晨用。(共做九十个,廿个由汉带去,馀七十个留家,每人十个。)

日来气候难测,不免又感冒。九时三刻就寝。前除常服之药外,加服羚翘解毒片两片。夜起两次小溲,未加咳,或羚翘片之效乎?是日,仍于晨夕各作甩手运动二百度。

5 月 4 日(四月初二日)庚子　中国青年节)星期五

晴,暖。

晨五时三刻起。作甩手运动二百度。九时接漱儿(二号发)、润儿(一号发)来信,知芳孙手表已在沪修好,润则已于上月卅号接到调令,仍回版本图书馆工作,五月十五号回京报到。因此大为高兴。正阅《参考消息》,尔松见过,询及潜、汉两儿,谈半小时辞去。乃毕看《参考》。十时半,汉儿挈其孙来,谓昨夜归途值火炬赛跑,车辆不通,挨至十一时半,才到小庄。奇窘。幸会来不曾睡着,否则更苦也。会逢其适,付之一叹可已。《人民日报》午前亦到,顺披阅之,不半时而毕。

午与汉、彩、茂、芬、来同饭。饭后小盹。三时,友琴见过,携还前借唐汝询《唐诗解》,有脱线处俱为补上,犹存老辈瓻借之风,后生鲜知之者矣。谈移时辞去。汉儿挈会来五时即归小庄,惩昨晚车挤,趁日光中遄返也。

闲翻麟见亭《鸿雪因缘图记》,倍感亲切,以童而习之之书故。九时,作甩手运动二百度,服药就卧。枕上看瞿兑之选注《汉魏六朝赋》。日间曾翻读古直《汪容甫文笺》,为跋其后。

夜十二时起溲。

5月5日(三〔四〕月初三日　辛丑　立夏)星期六

晴。

晨五时半起溲,遂穿衣起,作挥手运动二百度。九时半,汉儿、增祥来,已为予过文学所领得本月工资矣。十时,汉同事吉锦顺、何纪中来看汉,共谈久之,近午乃去。予看《参考》及《日报》。午饭,以馄饨代。午后小盹,起看《鸿雪因缘图记》,毕初集。六时半,与汉、琴等同进晚饭。(琴昨日晚八时半乃归云加班,今日无加班,故得早归,明日例假。)七时半,锴孙自窦店来,为再具餐。九时半,汉、锴、来同返小庄。予挥手二百度后服药就寝。

湜儿下班后，曾出城过荣宝斋为予购得钉本五册，画片两帖，笔一枝。（为善琏笔厂所制，兼毫，初看似羊毫，细阅刻名为披羊紫狼毫，实平生所初见，将来试用方知端的，可见知界无限，未知未见者正不可思议也。）

5月6日（四月初四日　壬寅）星期

多云。

晨五时起溲即便穿衣坐，旋作挥手三百度，然后盥洗早餐。接四日潘青岛信，润咸宁信。潘与汉报近状，或将带小安于暑假初返京。润则报道整治行装，七号或能动身来京也。九时半，汉、锴、来偕至。《参考消息》及《人民日报》亦先后递到。遂展阅之。午饭后小睡，汉、彩为予出购茶叶、信封等，阅时走归，仅买信封四十枚，馀物俱未能果愿，新茶尤一抢而光，颇见懊恼。

五时许，汉、锴、来又出，为予购得沙发用大毛巾两条，赭边黄地，猛虎踞石，竖尾回顾，作态望之凛凛，汉谓予及润皆肖虎，获此重寅，藉志润归侍之喜云。六时三刻夜饭。八时，汉、锴、来归小庄。少顷，雷电澍雨，灯火皆震。幸伊等当已到家，不致罹雨也。

湜、修四时往琉璃井探孝达夫妇，颇为麌虑。九时半，雨虽稍小，修乘车先归，尚未大濡。湜骑车继发路无避雨处，竟淋漓而返。

十时就卧，先挥手三百度，既乃服药，然后寝。雨竟夜未绝。

5月7日（四月初五日　癸卯）星期一

晨六时起，小雨未止，气又转凉，真酿病天也。挥手三百度，即早餐。餐后阅毕《鸿雪因缘图记》第二集。十时后，阅《参考》及《日报》。其时天宇启明，晴光照室矣。午后，汉儿挈孙来，为予在大栅栏张一元买到新龙井一两,碧螺春四钱(买剩之数仅此而已),已就近吃过午饭云。一时半小盹,不甚贴,起遗矢两次,大概又招凉矣。

四时接润儿咸宁十一时半发电报,知今日乘四十八次广京直快返京,计此时已将登车,明日下午一时半当能抵京,为之大慰。

六时半夜饭,饭后,汉、来回小庄。九时,挥手二百度,服药就卧,起溲一次。

5月8日(四月初六日　甲辰)星期二

多云间晴,仍感冷。

晨六时起。挥手二百度,听广播新闻,知前日之雨遍及华北及东北辽宁等地,真喜雨也。又悉柬埔寨元首西哈努克将旅游非洲及欧洲,周总理饯之,意者其将返国乎。

九时半,看《参考消息》。孟昭生来送电影票与汉儿,汉适有电话来,告今午应卢家陈氏表弟之招,过饭其家,乃由文修代收,昭生少坐即行。

午后一时,茂、芬两孙往车站接润,予适复漱一信,即交芬带出投邮。二时后,茂先携物回,谓其父已接得,再出迎候。有顷,润儿、茂孙偕归。芬孙已入校,茂孙旋亦赴校。润出就浴,下放垂四年,今始确定调归,于是,大、三两房俱依予居矣。四时许,汉挈其孙来,有顷,任汉民来访润,近晚去。

六时三刻,全家合坐进饭,予与汉、润、湜且小饮焉。夜饭后,润、茂去车站取行李。八时,汉及会来返小庄。九时半,挥手二百度,服药就寝。

5 月 9 日（四月初七日　乙巳）星期三

晴。仍御棉。

晨六时起，挥手二百度。九时，圣陶见访，告将去南方参观访问，为期一个半月，后日傍晚启行，六月下旬返京，特来辞行云。谈次，知前日在政协礼堂召开一会，分两组，共四十馀人，一组明日行，由沙千里、陈此生为正副组长，参加者多民革、民建成员，知者为梁漱溟、季方、郑洞国等。由京汉路至郑州，再往韶山井冈山、杭州、上海、南京等处返京。又一组后日行，参加者多民盟、民进、九三成员，由胡愈之、杨东莼任正副组长，知者除圣陶外，有吴研因、费孝通、周培源、葛志成、徐楚波等，由京沪路至南京，然后去上海、杭州、井岗山、韶山等地，径由广京路返京。谈至十时半，告归。圣陶甫行，汉儿挈其孙来小雅宝。

午饭后，予小盹，二时起，汉儿、湜儿、文修同往交道口看电影。（昨日孟昭生送来之票，系日本电影《山本五十六》、《海战》、《啊！海军》等三本连演。）三时开，晚九时乃止。湜儿为此请假（文修本病假在家），汉则将小孙托交彩英，皆扬长自去。看《参考消息》及《日报》。

夜与润、彩、茂、芬及会来共饭。饭后，会来寻其祖母，润、彩百般哄之始稍宁贴。九时半，予作挥手运动二百度，服药就寝。

十时半，湜儿先归。盖此番电影前后足达七小时云，汉与文修十一时乃归，会来已入睡矣。汉遂留宿焉。

5 月 10 日（四月初八日　丙午　浴佛日）星期四

晴，仍不甚暖，仍须御棉。

五时半起便即穿衣出室,在院中作挥手运动二百度。会来感冒,昨夜发烧,今起腹泻,亦骤然回冷所致也。湜儿今日参加涪生所在厂春游组织,五时即出,将往游房山石经山,迨予起床,伊已行矣。

九时后,看《参考》及《日报》。润儿受人之托,终日在外奔走送物。午饭后小盹,起后看范祥雍校注《洛阳伽蓝记》,尽三卷。午前,元鉴来,午后,毛之芬来,(之芬八九年未见,知曾去干校三年,近始调回,初令退休,继仍留用,并将已送馀姚之行李令人转运来京云云。)询年已六十三,谈锋犹昔,全无女子态,宜其驻颜也。移时辞去。

夜与汉、润、鉴及彩、茂、芬等饭。茂孙七时在西郊体育馆看体操表演(六时半即去)。润则出访旧友。八时半,湜儿饱游水云洞归。元鉴归去,汉儿偕惠来仍留宿,因惠来热未尽,不宜冒风也。

九时,作挥手运动三百度,然后服药就寝,汉儿为予洗足。润儿、茂孙之归,竟未之闻。三时起溲,返床仍睡。

5 月 11 日（四月初九日　丁未）星期五

晨五时三刻起。晴。在院中作挥手运动三百度,两膝酸楚,右膝尤甚,想系中夜数起小溲,历时稍久,受寒之故。保暖自解。看范校《伽蓝记》第四卷,毕。九时后,看《参考消息》及《日报》。午前阅《伽蓝》五卷毕。全书竟竟。杨衒之此作直堪与郦道元《水经注》比美,北朝巨手,自当尊视者也。午餐用菜饭。饭后,少休,汉儿挈其孙增祥回小庄,感冒已痊,亟返午睡也。予亦就床小睡,二时三刻起。

四时许,润儿干校同学夏善成(已调回美术印刷厂)来访,临行过辞修敬，予接谈焉。北人讲究礼貌，此风不废，则浇俗尚有救药之望也。南人轻脱，每以微节忽之，予南人，深愿共勉于敦厚耳。

夜与润小饮，晚饭时琴媳、浞儿俱返，无开会加班，得早归，难得之遇也。九时，挥手三百度，服药就寝。右膝仍酸楚。是夕起溲二次。

5 月 12 日（四月初十日　戊申）**星期六**

晴暖。

晨五时三刻起。六时在院中挥手三百度。九时后，看《参考》及《日报》。日将中，汉儿挈其孙来。午后小睡，三时许，王泗原见过，因起接谈。知人教社已召伊回社帮忙，与隋育楠及其他四人（各科俱有，伊与隋则专注文史）共占一室（大约为各科顾问），星六下午例得不上班，故来访予。长谈达暮，乃辞去。

六时半晚饭。饭已，浞儿、茂孙往车站接元锴，因托伊在乡购得白米百斤（用面粉票换），恐不胜重，故往接焉。八时回来，仅得卅斤耳。具饭享锴，锴云，以后有机会当可再购若干也。予家本不缺供，近以往来人多，乃受锴之请而为此，此后不拟再事斯矣。九时，汉、锴、来三代偕归小庄。

十时，予挥手三百度，服药就寝。起溲两次，睡不甚熟，天未明醒矣，亟起溲不复入睡。

复初日记第二册终。凡历四十八天。

5 月 13 日[①]（四月十一日　己酉）**星期**

晴，暖。

---

①底本为："一七九三年五月十三日至七月二十二日，复初日记第三册"。

晨五时半起,就庭中作挥手三百度。六时半,润儿、茂孙同出,买粢饭归,与予及家人共享之。餐已,予久蛰思出,即命润、茂侍予出行,拄杖徐步,出禄米仓,在史家胡同东口上廿四路公共汽车,到东单。浓荫夹道,气爽而鲜,为之大快。复缓步至王府井南口,坐阶石观新北京饭店施工,满拟乘小街车以归,乃站口无车,待移时无有见者,仍徐行返东单,乘廿四路车返禄米仓,然后步归,已将十一时。十二时午饭。饭后,润、湜、茂协同大扫除,将北屋东间之床移置南屋,中间之床移置东间,中间并设旧有小沙发两张,中设玻璃面几,回复客厅原式。书橱门窗俱加拂拭,顿觉焕然一新。七八年来无此陈设,宜契赏于心曲矣。

布置粗毕,就榻小憩,三时起。四时,昌预、桂本、迎迎来。有顷,大璐、小忻继至(候其四婶)。又有顷,昌硕为予负米二十斤至。俄而,中英挈其女熙熙亦至。惟汉儿不至,五时接汉电话,谓会来又发烧,元锴未能携去,皆留小庄不来矣。大璐闻此,立起辞行,坚留不获,任其扫兴而去。予亦无如何也。

是日上午十时,朱光暄来访,知在北京图书馆任职,惟其妻仍在皖未能调回耳。谈移时,去。晚六时三刻,在北屋设圆桌合进晚餐,且小饮焉。夜饭后,闲谈家常,桂本为予量血压与听心肺,血压稳定(八〇至一八〇),心脏正常,仅肺气肿未能多减,故仍易感累及喘咳。然则,予体气尚能支持,宜不能以衰老自馁也。

原小圆桌塑料毯已老化,不中用,今日湜儿为予购易新者,对客座布置不无增色。夜九时,昌预、桂本、昌硕、中英及迎迎、熙熙偕归小庄。越半小时,予亦作挥手运动三百度,服药就寝。是夕起溲一次。

5 月 14 日（四月十二日　庚戌）星期一

多云间晴。

晨五时半起。在庭中挥手三百度。九时，汉儿来，谓元锴已接会来返瓦窑头，昨电话有误会，增祥并未再发烧云云。少坐即为予补沙发，正拈针引线时，有咸宁干校同学徐焕如（悲鸿独子）率其三子来访，接谈至十一时一刻，辞去。元鉴适至。有顷，芬孙、茂孙先后放学归，遂共饭。饭后，礼生来，谓近来参加学习一个月，故多时未能诣访也。谈至二时半，去。润儿在干校所发之慢件行李，由广安门车站托运处送到，计十一件，汉一件，润三件，馀俱他人附托者，麄重须多人乃能卸，恰只有汉一人在，努力不胜，呼邻妪刘大妈协助，始强塞在门道中。润儿今日正式上班，予只得电话促归料理，分别解开收拾、分送。仅馀三特重件，系魏姓托带者，已通知其家，明日或来取去耳。

四时，元鉴去。六时半夜饭。饭后，润往王府大街中华书局看电影。汉、湜则往谒平伯家。（文修早出省其母，时尚未见归来。）予坐至九时，润即归，谓放映者为美国阿波罗卫星上月球，惜裁剪不相属，译语又不称，秩序亦欠佳，故早退。

予挥手三百度，服药就寝。十时，湜儿归，谓汉已径返小庄，携回平伯所订《昭和法帖》王羲之部分，释文舛误五纸，甚佩平翁精到也。起溲一次。

5 月 15 日（四月十三日　辛亥）星期二

多云间晴，气仍见暖。四时三刻起溲，天甫明，气逆不复能睡，只索披衣起坐，喘甚。彩英为调西瓜膏饮，予始渐平，仍坚持在院

中挥手三百度,并照常拂拭几案。八时,已从容早餐毕。得读昨晚
湜携归平伯之订文矣。今日无人来,午间彩英与文修裹馄饨为餐,
方端碗而元锴、翠英、小红、会来突临,谓傍晚翠英将去南京探其母
病,携同会来往。其时,芬孙已放饭归,茂孙犹未到也。乃匆遽具
食享之。食次,茂始归。予食已,漱洗就榻小休,未安枕而会来哭
闹不得不起,真轩然之波不期中得之耳。三时,汉始来,对此亦感
愕然,扰攘至五时,先开夜饭享锴等。六时,汉送翠、来上车赴宁,
然后与锴、红回小庄。茂孙以须往工人体育场参观国际足球赛,亦
早先进食而行。六时半,予乃与彩英、芬孙同饭。予且小饮一杯。
七时后,琴媳、润儿、湜儿先后下班归。

予偶思抹牌,乃出牙牌就中室圆桌上打五关,十数盘仅通四
盘。九时挥手三百度,服药就寝。是夕起溲两次。月色佳。

5 月 16 日（四月十四日　壬子）星期三

拂晓即醒,五时一刻起。日出后作挥手三百度。晴、暖,南风
颇紧。

九时后,汉儿来,予阅《参考》及《日报》。午饭后小盹,二时半
起,忽动出游之兴,乃由汉儿、彩英陪侍以出,在禄米仓西口乘廿四
路汽车北行,至朝内大街,转一路无轨电车西行,在民航大楼前下,
徐步往隆福寺人民市场,先在大门外冷饮部小坐,进纸杯冰激凌
一,以资休息,然后步入。市场新又翻修,颇为轩敞,购得冬用被面
一件,又买糖果少许,即离场作归计。就摩托小三轮站停有一辆,
询之,适逢下班,双辫小姑娘驾驶者谓即进厂,乃不得乘,借站头板
凳小休,以待其次,阅半小时,竟无继至者,而时已将届机关下班,
公共汽车更挤,遂仍步返华侨大厦前（即民航对过）,俟一路电车

东还南小街,再转廿四路还禄米仓,在药店买西瓜膏,又得借坐休息再步行,还家已五时半。六时半,与汉小饮,饮次,润、湜俱返,分酌之。

夜饭后汉返小庄,湜告予往谒颉刚,良久归,谓先过访默存,求书,留谈移时,不便再谒顾,乃返。

九时,予挥手一百度,以日间多走路,感乞力而止。有顷,服药就寝。起溲一次。

5 月 17 日（四月十五日　癸丑望）星期四

晨五时起溲即起,推窗见地湿,而濛雨如雾,不知刚下抑隔夜带来者。作挥手运动二百度。

早餐后看《图书集成·闺媛典》。九时半,平伯见访,出其曾祖曲园先生三十四岁时手札一通,属为题识,雨中过谈,倍形恳挚,六十年老友,现又在同一研究机构工作,不可谓非希有之遇矣。一时半,辞去。

阅《参考》及《日报》。近午顯昼,午后,乍阴乍阳,人又感凉。中午啖生煎包子十枚,彩英、文修所手制也。午后小休,二时半起。续看《闺媛典》。接周国珍十三号发信,知已由沪抵黑省泰康县杜尔伯特毛线厂矣。四时许,接汉儿中关村电话,谓上午阻雨未出,顷在顾公绪夫人处,坚留住宿,明日陪赴同仁医院找徐荫祥大夫诊咽喉,将自医院径返小雅宝云。

夜饭后,茂同学来看电视。予则在中间灯下打五关,以感累,未作捽手,九时服药就寝。十二时起溲。

5月18日（四月十六日　甲寅）星期五

晨五时即起大便。拂拭几案，摔手二百度，藉求自振。

晴间多云。南风如虎啸，绝对温度未大降，而人身感觉乃骤见形寒，真酿病天也。

午煮切面代餐。午后略休，二时即气急而起。看《参考》及《日报》，并予夙所写《碧庄随录》及《畸叟杂录钞》，颇可观览。五时许，元鉴来，汉儿迄未至，旋得电话，知径归小庄矣。夜小饮，饭后与家人聚谈，天南地北竟没着落，亦可喜也。

九时，元鉴归去。予挥手二百度，服药就卧。起溲两次。

5月19日（四月十七日　乙卯）星期六

晴间多云，仍有风。

晨五时即起。挥手仅一百度，觉累而止。九时，颉刚来访，由其次女洪陪侍，极感关注。谈至十时半，归去。予看《参考》及《日报》，并写信两封，分复元孙及国珍。十一时，汉儿来，因共饭。午后，略睡即起，翻阅年来手钞关于书画鉴赏之作，如《松壶画忆》及《图画精意识》等。傍晚，昌硕、中英挈熙熙来省，且为予负米十九斤，今日周末，儿辈下班较早，六时半即开饭，同进晚餐。是夕，电视转播朝鲜歌剧《卖花姑娘》，两孙同学及邻右多有就看者。东间竟如阵云压城。予乃独坐中间，持杯品茗，隔墙听乐，妙音环绕。方自得之，韵启偕其内侄女及夫婿突来访问，于是，汉、湜、彩英辈复集中间，共为笑谈。九时半，韵启等辞去，汉、硕等亦返小庄。而歌剧犹未完，东间仍挤满一屋也。至十时半，始散。予乃挥手三百度，服药就寝。十二时起溲一次。

下午接元孙寄润儿书,果与予去信又在邮途交臂而过矣。

5 月 20 日（四月十八日　丙辰）星期

晴。

晨四时三刻起便,旋遂穿衣起。伏案再跋张浦山《图画精意识》。然后作挥手运动三百度。九时半,阅《参考》及《日报》。十一时许,汉儿来,润干校同学三人来。午间,润等在南屋饭,予与汉、彩、湜、修在北屋饭。饭后,润同学去,予就床小休。二时许即起,整理手钞各书,并补书《庋架偶识》数则。盖午前湜儿为予裁毛边纸二十张,叠好备用也。四时,韵启至,入晚,留与汉、润共饮。夜饭后,闲谈至九时,韵启辞去。汉亦回小庄。予就卧前挥手二百度,仍依方服药。起溲一次。

5 月 21 日（四月十九日　丁巳　小满）星期一

晴间多云。气又转暖,南风仍大,傍晚更烈。

晨五时起便,旋即穿衣,作运动挥手二百度,执羽帚拭几案、书架,然后早餐。九时后,看《参考》及《日报》。昨整所钞诸书,发见《南田画跋》尚未加朱点断,今乃补作,竟日始毕。十一时半,汉儿来,遂共饭。饭后,予就榻小憩。二时许,咸宁干校同事濮子良、吉锦顺来访汉,乃起。三时,汉偕濮、吉出访友,予遂点讫恽跋。六时,汉归,乃共夜饭。饭后,在北屋与汉、润闲谈。

九时一刻,汉返小庄。予以感累,未作挥手,即服药就卧,枕上咳嗽颇剧,十一时起溲。

5 月 22 日（四月二十日　戊午）星期二

晴间多云。

五时即起，一如昨晨。九时后，阅《参考》及《日报》。十时，汉儿来，午后汉往历史博物馆礼堂听干校领导作报告。予则就榻小休，倚枕看范文澜《中国通史简编》，竟未入睡，二时半即起。钞俞曲园《缪悠词》十二首，即日前平伯携示者。四时半毕之。拟撰跋尾以缀之。六时半，汉归，告所听传达为督促干校在京干部即速各返原地待分配也。少坐即进晚饭。饭后，坐庭中，微有纳凉之意矣。曹寿岱来访汉、润，谓即日遣返咸宁云。八时半，曹辞去。汉亦旋归小庄。九时后，捽手二百度，服药就卧。

5 月 23 日（四月廿一日　己未）星期三

天气如昨。早四时三刻起溲，归床加毯再睡，六时起，仅拂拭几案，未及捽手。早餐已，偶检得旧藏光绪甲申仲夏上海同文书局石印袖珍本《萧选韵系》，字纤如蚊脚，而丝毫不紊，墨切纸而点画不浮，精美致足把赏，因亦细书志其跋。十时，阅《参考》及《日报》。十二时，汉儿来，已从文化部礼堂参加座谈而来，遂共饭。午后又大风，扬尘殊可压厌。每年春夏之交，必有此，亦北地之特色矣。一时小休，汉又往会所。二时半予起，少顷，汉亦归来，盖与会者都无话可说，与其痵坐，毋宁退密乎。六时，与汉、彩、茂、芬共饭。感躁热而不敢露坐，畏飞砂扬埃之风也。

八时，汉归去。九时，予亦捽手（勉持二百度），服药就寝。十二时、三时各起溲。

5 月 24 日（四月廿二日　庚申）星期四

晨六时半起晴。摔手二百度，拂拭书架几席，然后早餐。九时，阅《参考消息》，十时，阅《人民日报》。近午，风大作，气亦转热。午后小睡，二时即起，写小楷两纸。五时许，汉儿从同仁医院来，知已候得徐荫祥经诊无他，放心归。据告，连接翠英信，其母癌溃已逝世矣。

六时半夜饭。饭后，汉即返小庄。八时，润儿归，谓其同事谢祖荣今已施手术，坐实胃癌，且已流走，则其生命指日可尽，可伤已。

偶发简见《藏园遗稿》两册，为一九六二年广宗韩敏修，哀集其师江安傅增湘未刻之遗著，用端楷刻蜡印行者，上册仍赓已刻《群书题记》之名，下册则杂著、游记存焉。此书之来，大概由乃乾之介，出赀获之，抑径出乃乾之贻，已记不真切，老来瞆瞆，如此亦可哂已。竟一黄昏之力，读毕《群书题记》，讹夺亦所在多，有暇当一拾韩君之遗也。九时三刻，摔手二百度，服药就卧。十二时、三时俱起溲。

是日傍晚，接元孙书，审其原平验戳，为廿四日（书则廿三晚写），是当日即递到，何其速耶。阅书语知京原线已正式通车，是以朝发可以夕至耳。并悉其厂将组织工作参观团来京。元孙或能附骥同行乎？

5 月 25 日（四月廿三日　辛酉）星期五

晨五时半起。晴。摔手二百度，仍事拂拭。九时后，先后看《参考》及《日报》。汉儿十时来，午后小休，二时起，看《藏园遗稿》

杂著。彩英九时裹粽子,十二时半乃完,下午四时已煮熟。予为连
啖两只,糖油浇之,家乡所谓灰汤粽也。本日天气变幻殊甚,时而
阴翳,时而日出,近午及傍晚俱见雨,甫觉即止,非惟未能破块,抑
且地面不润,以是对予病体大非所宜,喘息增剧,大感不适。汉儿
未晚饭便归小庄。润儿乃下班较早,因归晚饭,遂与同饮一杯。夜
九时摔手二百度,服药就卧。十二时起溲。

5月26日（四月廿四日　壬戌）星期六

　　晨四时一刻起溲,便未能重睡。五时半起便旋,痔小发,有血。
穿衣后仍勉持摔手二百度。仍执羽帚拂拭几案,以喧气郁。

　　天气阴转多云,乃至晚晴,以我遇之,殊感不舒。

　　九时后,看《参考》及《日报》,知行严公开赴港,而庄则栋招唤
台胞来归参加亚非拉乒运,大氐收复台省不远矣。金瓯庶几无脱
中心为之预庆。十时,汉儿来。十一时半,锴孙挈小红自窦店来。
午后,予小休。汉、锴、红三代出购物。二时半起,正展砚写小楷,
而鉴孙至,汉、锴等旋亦见返。四时,汉挈其孙女小红先归小庄,
锴、鉴兄妹则留与谈。

　　夜饭后,家人聚话,陶然自得。至九时,锴、鉴归去。予少坐,
起作摔手运动二百度,服药就寝。十二时起溲。

5月27日（四月廿五日　癸亥）星期

　　晴。

　　六时起,摔手二百度,拂拭则未行也,微以气逆故。林宜本云
要来,故汉、锴、红十时便来,而林宜却未至。午饭后,予小休,二时
三刻起。汉等以林宜未来,即告归小庄。予看《参考》及《日报》

外,写字一张,字无寸进,而笔颖屡氅,可哂也。

四时,韵启来,润、茂父子正在收拾冬用烟筒,既竣事,乃与韵启共谈。六时半,留韵启共饭,且小饮焉。湜、修下午去琉璃井省视外家,夜八时三刻乃归。韵启九时廿分去。予捽手二百度,服药就寝。十二时起溲。

5 月 28 日 (四月廿六日 甲子)星期一

晴间多云,暖。

晨五时起便旋,穿衣径起。拂拭几案,捽手二百度。早餐后看明张之象刊本(中华原式照印)《史通》。九时后,阅《参考》及《日报》。

十时后,汉儿及鉴孙先后至,汉为予在西郊广东酒家购得肉粽、豆沙粽等,藉可应端阳之景矣。午后风大作,黄沙涨天。小休不宁,未几即起,仍看《史通》。四时半鉴孙归去。是日,湜儿以修病未上班。入暮,予与汉、湜共饮鲜啤。晚饭后,汉儿归小庄。九时后,捽手二百度,服药就寝。十二时起溲。

5 月 29 日 (四月廿七日 乙丑)星期二

晴。

晨五时起。捽手二百度,并拂拭几案。九时后,看《参考》及《日报》。十时半,汉儿来。

近午,涪生、文苹携其女隽来访文修。

午后小休,二时半起。读《史通》至晚,内外篇诸卷俱毕。此本刊印精整,而讹字缺画不免,可见书贵初刻,尤贵精校,不能以刻本较先便矜诩为宝也。下午五时,孝达夫人来,盖在锡拉胡同治牙患,闻修不适而来省视云。

入夜,予与汉、彩、茂、芬共饭。饭后,湜归。八时半,润、琴亦归。九时后,孝达夫人及涪、平等俱去。汉亦返小庄。予拭身洗足易衷衣,捽手二百,服药就寝。中宵起溲。

5 月 30 日（四月廿八日　丙寅）星期三

多云间晴。

晨五时三刻起。捽手二百度,仍拂拭几案。九时,看《参考消息》。十时许汉儿、鉴孙来,少选,即与彩英偕之出,四人步至小街,乘廿四路南行到东单,复步至栖凤楼,北转十一路无轨电车,北至灯市西口下,再步至王府井大街康乐餐馆,觅座已十时三刻。点菜小饮,啖过桥面、炒鳝丝、鱼片等,味尝不减往日,惟楼上只限外宾,并特客,否则不能登也。且较名贵之肴亦只限楼上供应云。未到十二时,来者云集,桌旁已立候多人,草草食已,躁热殊甚,匆匆出馆,颇觉累难举步,勉行至灯市西口,坐人家阶沿上待车,仍乘十一路返东单,在信托商行坐憩久之。仍步至廿四路站乘车返禄米仓西口,拄杖掖扶以归。到家未及一时,乃漱洗坐憩,饮酽茶始稍苏。二时就榻小卧。三时后,蕴庄来访汉儿。有顷,昌预亦至,予乃起共谈。傍晚桂本至。六时半,乃共饭。彩英为此大忙,食时居然供设如式。夜饭后,茂孙、桂本等在庭中打克朗棋,文修、元鉴、芬孙皆与。予独坐北屋转得略静。九时,汉、庄同出各归。又有顷,预、桂、鉴亦辞归。十时,予捽手二百度,服药就寝。

5 月 31 日（四月廿九日　丁卯）星期四

晴间多云。

早四时起便旋，因即穿衣，作捽手运动，居然数至三百度。仍执帚遍拭几案、书架。九时后，天阴，微有雨，须臾便止。依然沙涨弥天，汉儿未至，而其同事孟、王二人来访，小坐便行。十时，看《参考》及《日报》。午后，日出，予小休，三时乃起。看《世说新语》（中华书局影印宋绍兴刊本），并试湖州善琏笔厂所制披羊紫狼毫小楷，书小楷一纸。顺记此记，锋已不锐，毛锥子易钝如此乎？

茂孙明日一早即须参加拉练（易名为流动学习，去通县郊外公社一个半月），故整理行装，理发、沐浴，今日不上课。

六时半夜饭。饭后，忽动考求古来藏书故实之兴，暂置《世说新语》，发箧出吾乡叶鞠裳《藏书纪事诗》读之（宣统二年改定七卷刻本），乃如睹故人，不忍释手。九时半，捽手三百度，洗足、服药就寝。

今日天气骤凉，予又感不舒，脚冷气急，诚对我病体敲警钟也。二时起溲，添盖一被，乃再睡。

6 月 1 日（五月　戊辰朔）星期五

晴间多云。

四时，茂孙即背囊赴校，在窗外告行，予在睡中未之闻。六时起，彩英告之。起后，气逆甚，静坐以待平息，竟未能捽手、拂拭也。九时，看《参考消息》。十时半，汉儿、鉴孙偕来。接滋儿五月卅号信，知佩媳曾赴沪探昭孙（甚好）返。伊则忙于接管下乡知识青年，以是未能及时写信。皖省下放干部亦将重行分配，伊家或能定位在当涂城云。近午，汉同事邓姓、杜姓来访汉（大抵说令返鄂），送电影票一纸去。

是日始，润房亦独自起伙。午后小休，二时半起，看《日报》及

《藏书纪事诗》。

五时许，汉往半步桥看电影，看后径返小庄。鉴孙留此晚饭。八时半，鉴归去。九时，予摔手三百度，服药就卧。中宵仍起溲。

6月2日（五月初二日　己巳）星期六

晴间多云。

晨六时起，勉自拂拭，暂停摔手。九时，写信复滋儿。汉儿来，甫坐定，季、何二人来看汉，正谈顷，颉刚偕一张姓过我，云适自日坛公园来，张姓盖系地质学院校医，刚自江西干校调回者，有顷，季、何、顾、张先后去。午与汉儿、彩英共饭。昨晚及今午俱唉鲜蚕豆，甚美。

午后小休，二时三刻起。三时，汉归去。有顷，王稚圃偕其夫人来访，盖二十许年未见矣。年逾八十尚健，其夫人为继配，亦垂七十，白首扶将端赖互助（察其情况殊窘），谈移时辞去。

夜，湜、修过汉儿饭。九时半，予摔手三百，服药就寝。十时半，湜、修归。予已入睡。三时起溲，似有雨，自为添被焉。

6月3日（五月初三日　庚午）星期

阴，细雨，又转凉。午后又乍晴乍阴。

晨四时便旋，复返榻，六时半起，气复上逆，遂废摔手及拂拭。

早餐后，读《藏书纪事诗》。九时后，看《参考消息》及《日报》，并续阅《纪事诗》。午与彩英同饭。饭后小休，二时，尔松来访润儿，予乃起。尔松去，而韵启至。有顷，昌预、桂本、迎迎至。六时半共饭，汉儿又率元鉴、严亥、小红至，于是又顿见热闹。十馀人挤在一屋，虽说笑盈座，而老人转感逼侧矣。润儿为予检寄新出版

《史记选》两册与滋儿,应其请也。夜九时后,韵启、汉儿等皆去,予乃捋手二百,服药就寝。

6 月 4 日(五月初四日　辛未)星期一

破晓起便,旋仍返榻入睡。六时半起。天气似晴非晴,乃勉作捋手三百度,以祛之。气虽逆渐得平复。然后从容早餐,惟拂拭之事又搁置矣。九时后看《参考》及《日报》。农祥见过,持赠肉粽六枚,其女弟新从家乡来,为裹粽应景,特分享,此故人厚谊可感也。有顷,新华同人周姓来访汉儿,农祥遂去。十时半,汉儿偕锴孙挈小红至,乃与周晤。近午,周去。

午以馄饨当饭。午前,彩英亦自裹肉粽五十馀枚,午后煮之,四时许,香溢庭宇,因与汉、彩、锴、红各剥一枚尝之,甘腴适口,不虚此端阳节矣。五时,鉴孙至,谈到傍晚,从汉、锴等归去。各携粽子行。在家各人亦均分派之。下午,汉接昌硕电话,知潘儿将于明午返抵北京,离京倏已两月,宜其翩尔思返矣。

夜与彩英同饭。湜、修俱往琉璃井省孝达家,晚九时乃归。芬孙晚与同学往白石桥首都体育馆看羽毛球艺赛,十一时许返,予已睡矣。

临睡前,仍作捋手三百度,照例服药。十二时起溲。

6 月 5 日(五月初五日　壬申　端阳节)星期二

晴间多云。

六时半起,捋手三百,拂拭如常。早餐啖肉粽三,其中两枚彩英所裹,一则农祥馈予者。应节而兼庆体健也。九时后,阅《参考》及《日报》。写信寄澄儿一家复升培来信。十时,汉儿偕锴孙、小红至,遂共饭。十一时,昌预亦至,因同与焉。饭已,润儿归视,知潨儿即到京,遂偕同昌预、元锴同赴车站接之。予就枕小休,二时三刻起。锴孙自站返,告昌硕已先在,同接得潨及其外孙女潘延,由预、硕迎回小庄。润则径往版本图书馆上班矣。接六月三号漱复汉书,知静发已由组织上召回上海,亦一好消息也。

阅《世说新语》告一段落,因取己作《庋架偶识》随览,颇有得心应手之语,良用快怡,缅思启发之人,乃乾客死天台已多年,又不胜伊郁之至。

六时,锴、红先饭,去中山公园音乐堂看杂技,予与汉、彩七时夜饭。饭后,坐庭前久之,汉为予拭身易衣,然后去小庄家中。(锴、红当径归。)九时捽手三百,彩英为予洗足,乃服药就寝。

6月6日(五月初六日　癸酉　芒种)星期三

阴。

晨五时便旋。捽手、拂拭如常。续看《庋架偶识》,至九时半看毕。接看《参考消息》。十一时半,潨儿挈其外孙潘延来,盖昨日自青岛携回者。并知此次潨之返京,实与昌顯俱,顯过天津出差,三日后来京,然后接延同返青岛云。近午,汉儿至,谓已购得火车票,定八日动身回咸宁。午饭后,予小休片晌。二时起,看《日报》。五时,昌硕至,六时半,中英挈熙熙至。晚与潨、汉、硕等共饭。又顿见热闹。饭后,即在庭中纳凉,两孩活跃,言笑喧腾,直至九时许乃归小庄去。汉则饭罢即往看林宜家,亦径返小庄矣。

十时许,捽手三百,服药就寝。

6 月 7 日（五月初七日　甲戌）星期四

晴间多云。

晨五时起便旋。六时半起，捶手三百，仍拂拭几案。九时后看《参考》及《日报》。

十一时，汉儿来，为予在东风市场购得燻鱼头爿及片段，因与午饮（昨日湜儿为予购得本市酿酒厂新产灵芝酒一瓶，仿单所云盖能祛病益年也）。饭后小睡。二时半，濮、吉两君来访汉儿，盖知其即将返鄂，有所咨询，顺为话别耳。四时半乃去。

六时，仍与汉小饮。夜饭后，坐庭中纳凉，逗小白猫为乐。八时后，润、湜、琴等始返，汉亦归去。十时，在庭中捶手三百，服药就寝。闻雷雨至，但不久即止。

6 月 8 日（五月初八日　乙亥）星期五

多云。又转燥热。

六时起，气又逆，勉至庭中捶手三百，仍返室执帚拂拭。发箧出《合众图书馆丛书》随手翻帑。九时后，阅《参考》及《日报》。十时，汉儿来，整治行装，遂共午饮。饭后大热，小休片晌即起，挥扇不能已。四时，潜儿、昌预、迎迎、延延偕至，顿见热闹。有顷，林宜来，元鉴来，薄暮，桂本来。六时半，北屋共饭，复具十人餐。

夜饭后，坐庭中纳凉。小孩，小猫共嬉一庭，至八时半，潜、桂、预、迎、延、宜先行，都云送汉行者也。九时，汉行，润、湜送之上车。十时一刻，润、湜回，告火车已开，汉安乘而南矣。

时，予已捶手三百，服药就卧，而雷电交作，似有暴雨将至者。十一时许，大点雨打窗作声，有似飞雹，但未几即过，凉飚稍拂而已。

6月9日（五月初九日　丙子　入霉）星期六

阴，有阵雨，闷热依然。

晨六时便旋即起。气逆不舒，坐宁时许，乃得起立，摔手勉持三百度，拂拭则仅及自坐之几矣。九时半，正坐藤椅上喘息，刚主见过，颇有惊讶之色，及稍稍自振，接谈如故。十时三刻去，临行出所得全谢山《鲒埼亭集》十二册赠予，盖此为乃乾过录严修能校本，新从中国书店购来者，知予念逝心切，遂割爱见惠。予展阅数卷，朱墨烂然，悲欣交感，几致堕泪。谈次偶及《藏园遗稿》，遂启椟假之。

午与彩英同饭，似平静远胜热闹也。饭后小休片晌。起看《参考》及《日报》。并翻阅乃乾遗本谢山集。

六时小饮即饭。饭后坐庭前纳凉，有茂孙同学二人从通县看茂，来访告近状，谓伙食太差，它无所苦云。

九时半，摔手三百，服药就卧。十二时起溲。

6月10日（五月初十日　丁丑）星期

晨六时起。天色沉郁，气压甚低，影响呼吸，至为不舒，仍勉作摔手三百度，亦仅拂拭案头书砚而已。九时后，看《参考消息》并随翻《鲒埼亭集》。

午小酌，啖豆饭，润、湜等俱来凑兴，各携肴核共饭。时阴时雨，真黄梅景象。傍晚乃转晴。七时，墙头犹见夕阳也。晚饭后，小坐庭中，未几即返入室中，盖雨虽微，而气却骤凉，竟致不堪，露坐亦难矣哉。九时，摔手三百，服药就寝。是夕竟起溲三次。

6 月 11 日（五月十一日　戊寅）星期一

晴间多云。

晨五时半起。捽手三百度，拂拭如常。气纵逆势而行之，亦挺过矣。早接潜儿电话，谓昌显已于前晚由津来京，明后日即行返青岛，今晚来谒予云。九时半，陈友琴见过，谈移时去。略悉所中近况，道衡与永品正致力《史记选》，将有所增删也。看《参考》及《日报》。午后小休片晌，以气逆即起，兀坐调息渐平复。

五时，元鉴来。有顷，潜儿、昌显、延延俱至，遂共进晚餐。八时半，元鉴先去。九时半，潜、显、延亦去。予乃服药便旋，捽手三百，然后寝。是夕起溲二次。

6 月 12 日（五月十二日　己卯）星期二

晴间多云。气压仍低。

六时起。勉捽手四百度。早餐后作书寄漱儿，复告近状。（下午接伊复湜信，则又交互错过矣。）九时后，看《参考》及《日报》。

午饭以生煎包子为代。午后小休片晌，闲翻楹书。晚饭后，湜、修往工人体育馆看球赛，润则应昌显之招，往会于昌预所，谈潜家庭小事。十时三刻归。予仍捽手三百，服药就寝。是夕起溲两次。

6 月 13 日（五月十三日　庚辰）星期三

晨五时起，气仍不舒。勉作捽手三百，拂拭如常。天气闷抑，多云间晴。

九时后，阅《参考》及《日报》。接滋儿九号复信，告《史记选》

收到,并附其内表兄惟精书问宋刻龙爪本何义。

书《鲒埼亭集》题辞。陈礼生来,带到手表。(即前托带沪属漱儿代修之芳孙用手表。)闲谈至午去。午后小休片晌即起,检谈版本各书,龙爪本只见瞿目及叶奂彬《书林清话》等,别无它证可释。只得俟致书滋儿时告之。傍晚,昌预、桂本、迎迎来,代予在小庄冷店买到张裕金奖白兰地四瓶(已罄其所有),至慰。盖此品不会再造,即造亦新暴无足珍矣。

六时半,与预等共饮。饭后,尔松来送昌预,因预后日即结队赴西北参加巡回医疗工作,须一年乃还云。(预告予,昌顯挈延亦于后晚成行返青岛。)八时三刻,预等辞去。九时半,予亦捽手(仍三百)服药就卧。卧前拭身易衷衣。是夕起溲两次。

6月14日(五月十四日　辛巳)星期四

阴霾,闷甚。

五时即起。气逆不舒,仍勉作晨课(捽手、拂拭)。九时,介泉见过,许久未晤,不觉言之多也。近午乃辞去。午饭后小休片晌。起看《参考》及《日报》。偶发椟得许迈孙刻《娱园十种》,随翻涉趣,真足取娱矣。五时许,有女同志许世玮者来访汉儿,告以已返咸宁,少坐便行。(晚上润儿下班归来,予询之,知为鲁迅老友许寿裳之女,从事电影。)

夜独酌灵芝酒一杯。饭后,坐庭中纳凉逗猫为乐。不久返室,忽凉忽暖,殊难适应也。九时半,晚课(捽手、服药)毕,就卧。仍起溲两次。

6 月 15 日 (五月十五日　壬午) 星期五

破晓闻雨,五时即起。闷损殊甚。早课后坐息听雨,檐溜向午愈甚。人亦感倦思睡,乃就榻引被,倚枕看《参考消息》,觉冷,起添衣,因念茂孙拉练在外,衣服无多,未识受凉否。午饭后,小休即起。仍雨。看《人民日报》。

四时后,露霁色。夜饭后,仍坐庭中片晌。九时三十分,晚课后就寝。是夕起溲两次。

6 月 16 日 (五月十六日　癸未) 星期六

多云间晴。

五时半起。气仍不舒,勉作早课。早餐后接汉儿十二日信,告顺利到校,因即作复。并及滋、漱,连写三信。十一时,乃阅《参考消息》及《人民日报》。午啖馄饨二十枚。午后依榻小休。三时后转阴,四时打雷有雨,旋又顯日忽复阴雨,六时后转晴。气候之恶劣,对予殊为不堪,且对刈麦亦大不利也。

夜啖茄饼,啜粥。餐后露坐逗猫。八时乃移坐入室,抹牌打五关数盘。九时半,晚课就寝。二时起溲。

6 月 17 日 (五月十七日　甲申) 星期

晴间多云。

五时起。依然作早课。八时半,林宜挈其女儿小耘来省。十时,元鉴来省。接清儿十五号来信,并附复潏儿。

午与林宜、元鉴、彩英共饭。饭后小休,起看《参考》及《日报》。潏有电话,谓将来小雅宝。告以林宜在,望速来,乃迟迟其行，林宜以孩子关系，不及待，四时后由元鉴伴送归去。五时半，潽、硕带熙熙始来，有顷，中英亦至。六时半，与潽等共饭。饭后，露坐纳凉。尚不能释扇。八时潽等去，九时元错、小红自窦店来，知有假期三天，且知翠英即将返京，顺便迎候也。略谈后即返小庄。润儿今晚在馆中值班，七时去馆，将于明晨始归家休息。十时许，拭身洗足换衷衣，仍作晚课后就寝。三时起溲一次。

6月18日（五月十八　乙酉）星期一

晴间多云。增热。

晨五时起。仍勉持早课，其实气逆乏力殊未适应天气也。九时，平伯见过，持示其家曲园先生所藏小玉印蜕文，盖曲园八十寿辰其门下士徐花农（琪），方视学粤中，以方不径寸之小玉印，属梁生篆先生所作《福禄寿砖歌》为寿。（凡九行，二百余字，不能沾泥钤下，细细踵拓，始顯真宝物也，不胜叹赏。）长谈移时，别去并允异日持原印供一把玩也。平伯甫出门，而子臧见访，谈至午刻，乃辞去。润儿以昨夜值班今日得休息，上午归卧，近午独出，谓将诣颐和园一游云。

予饭后仍小休，挥扇难任，二时即起。看《参考》及《日报》。知勃列日涅夫已飞抵华盛顿晤尼克松，从事所谓美苏会谈焉。五时，润儿归，报先骑车往福田公墓谒其母，墓植果正茂结，门禁较紧，景象尚好，墓基无恙，巡视一周而出，径赴万寿山，饭于石舫，憩于长廊，四时许，乃骑车归。方其未归也，予接版本图书馆电话，属转告润，明日将参加麦收，早六时即在馆集合出发，因即告之。

夜饭后，方坐院中纳凉，风起云合，闪电作雨，乃退坐室中。雨须臾便止，而湿蒸侵人，转不好过，是日气象预报最高气温达摄氏卅五度云。九时半，勉完晚课，就寝。一时许起溲一次。

6 月 19 日（五月十九日　丙戌）星期二

晴间多云，傍晚阴，黄昏雷雨，中宵月出。气湿仍感不爽。

晨五时起。早课如常。十时，澹儿至，予正看《参考》及《日报》。午后小休即起，转觉不快，及翻阅《日报》，乃见竺藕舫（可桢）《中国近五千年来气候变迁的初步研究》一文，揭在第三版，顿感眼明，快读两过，怡然自适，是真能以现代科学结合旧文化而光大之者，佩服！佩服！

四时半，澹归小庄。代元错接本日南京电，知翠英明日北归矣。五时，升堉来，正晚饭，而元错、小红亦至，煮挂面为餐以享之。本晚电视转播美国篮球队来访表演。（有男有女，我国亦选队相应焉。）升堉球迷，其它年青人都喜看之，而天线有故障，堉升屋以修之，银屏反映遂黑白分明，于是，皆大欢喜。东间乃挤十馀人，雷雨大作罔顾矣。

十时半，予仍勉完晚课就寝。十一时许，电视始毕，堉、错等乃各归去，幸雨亦渐止矣。一时许起溲一次。

是日接十七漱儿信。

6 月 20 日（五月二十日　丁亥）星期三

晴间多云，热。

晨六时起。晨课毕，坐息良久。九时后，看《参考》及《日报》，午后小憩。看手钞《前尘梦影录》。晚饭后，露坐纳凉。今日无客来。夜九时半作晚课就寝。二时起溲一次。

6月21日 (五月廿一日 戊子 夏至) 星期四

晴热间有云,入晚微风,

晨六时起。早课已,进早餐。九时,接十九潄续信。并看《参考》及《日报》。濬儿至,有顷,为清儿出寄包裹。元锴、小红自车站来,谓未接到翠英、会来,盖误会电文(以来为到耳),不免失望。未几,濬亦归,遂共谈同饭。饭后略憩,以热未得久睡,即起与濬、锴闲谈,上天下地,不觉日暮,乃共进晚餐。餐后,露坐逗猫。

湜儿今起参加拔麦(须三天),炎日下操作,当然劳累。八时三刻,濬、锴、红返小庄。予亦入室拭身作晚课就卧。二时起溲。

6月22日 (五月廿二日 己丑) 星期五

晴,热。

五时半起,气急难任,竟废晨课。听气象报告,今日最高气温为39℃。因而益增吴牛之喘已。九时后,先后阅《参考》及《日报》。元锴竟日未来,大概已接到翠英径返小庄矣。偶翻周汝昌《红楼梦新证》,考证曹雪芹家世甚详,洵津津乎有味,竟不忍释手。夜饭后,仍露坐取凉。十时左右,勉作晚课,拭身洗足乃就卧。十二时起溲一次,正雷电交作,恐致大雨,但未几入睡,竟未知降雨否也。

6月23日 (五月廿三日 庚寅) 星期六

晨五时起。天气晴热,地燥如恒,足见昨夜未得降雨也。早课照常。九时后,看《参考消息》。接汉儿廿一复书,知仍住十二连。十时半,元锴、翠英挈小红、会来来,知昨日安全接到,并悉旅中概况。午饭后,各就榻小休,三时起,看《人民日报》。四时半,锴等返小庄,明晨径回瓦窑头校舍矣。续阅周汝昌《红楼梦新证》。六时半晚饭。饭后,仍露坐纳凉,幸有风,稍涤烦襟。润、琴看电影,湜、修省外家,九时始归。十时,作晚课就寝。反复不能寐,十二时起溲,一时后乃入睡。

6 月 24 日（五月廿四日　辛卯）星期

晴,热。

晨五时起。作早课,虽喘逆,勉持之。九时后,看《参考消息》,知美苏签订协议,据载情形,勃列日涅夫竟似屈降于尼克松,可嗤也。十时,元鉴来共饭。饭后,小休片晌。起看《人民日报》。四时许,大璐挈小忻来。有顷,韵启来。六时半,与韵启、大璐、元鉴、彩英、小忻同饭。饭已,大璐、小忻及元鉴俱去。

接芳孙廿二信,知工作忙而愉快。晚露坐与韵启、润、湜闲谈。九时,韵启辞去。予亦作晚课就寝。三时起溲,始引毛巾被自覆,可见夏热已衰,人甚凉矣。

是日下午,为湜儿题宋夏珪《烟雨归渔图》仿本（其友人所赠复制小轴）。即以康熙时滇人孙髯所题大观楼长联以补之,虽张冠李戴,不无可笑,而烟景迷离,亦未始不可移题耳。午前令湜儿扫除北壁一隙地,备悬画,即检旧藏陶饴孙（焘）山水屏幅张之,七八年来初有之局也。

6 月 25 日（五月廿五日　壬辰）星期一

阴,闷热。

晨六时起。气逆脚浮,不舒快之至,而勉持早课,亦挺过矣。

九时,平伯见过,以手写曲园集外诗《梦中呓语》九首及手拓《福禄寿砖歌》小玉印印蜕为赠,并以原玉印示予,为把玩久之(原材平方六分四,穿背穿孔系绳络之,背顶镌有"平方六分四,计字一百四十二,梁星堂刀刻并记"。细如蚊脚,而楷书精整),嗟赏以为"神物"。十时一刻,郑重归之,作别而去。故人厚我,冒暑为此,其可感为何如。平伯去,乃阅《参考消息》。午饭后,小休片晌,起看《人民日报》。

农祥来,以亦秀近书见示,或将有归期矣。四时,农祥去。次园来访,以近作若干首见示。其中译雪莱诗尤得神,直欲追踪苏曼殊译拜伦诗,甚佩!谈次,润、湜次第下班先后归。次园都与相识,因又谈,及暮乃去。接茂孙来信报近状,甚好。

夜饭后,拭身露坐取凉。家人看电视,盖朝鲜万寿台歌剧团即将返国,今晚最后演出,电台转播也。九时,作晚课返室小坐。十时就寝。

6 月 26 日（五月廿六日　癸巳）星期二

昨夜雷雨竟未之觉,今日五时半起,曾有日光,旋阴,有雨即止,气较凉快。终阴,夜有微雨。

予作晨课如常。或缘天气合适,抑因四环素之功?(昨服此六粒当感冒治鼻塞较好。)不可知。今仍服之,以观其后。展阅原拓《三希堂贴》首册,旋写信复芳孙,并顺笔复汉、漱两儿。然后看《参考消息》。午吃馄饨。小憩便起。看《人民日报》。阅明李日华《六砚斋笔记》晚近坊行本,讹字破句,读之颇不爽利。夜饭后,仍露坐片晌。九时半,作晚课就寝。十一时起溲。

6 月 27 日 (五月廿七日　甲午)星期三

多云间晴,时有小雨,入晚有雷电,终未致雨。

晨六时半起。照常作早课。看《参考》及《日报》,外作曲园《缪悠词》跋(书于手钞本后),又撰曲园遗札跋文备书。阅方以智《通雅》。接叶宅电话,知圣陶、至善已安返。夜八时,茂孙由通县郊区步归。盖此次拉练已结束矣。此次茂孙在外身体竟始终挺受辛劳,未稍染疾,且在拉练中已批准加入共青团,合家为大喜。

十时,作晚课就寝。是夕起溲三次。

6 月 28 日 (五月廿八日　乙未)星期四

上午阴霾,午后晴间多云。乍凉乍热。

九时,尔松偕其弟尔柏来访。盖兄弟久暌,尔柏近自松江来觐其兄也。谈次,出芝九近作诸诗见示,知芝九已自皋兰返苏,且曾一至上海矣。有顷,邮递两书来,一上海复旦大学吴文祺,一则苏州芝九也。文祺久违,廿年不通讯矣,芝九书中正附前诗,乃关陇道中杂咏及遣悲怀八章。此八章者悼念其妇毛佩箴,极缱绻缠绵之致,读之令人摧抑,老鳏滋味正切同情耳。十一时,松、柏兄弟辞去。潏儿来,因同饭。饭前,予书所撰跋语于平伯所示其先曲园先生遗札后。饭后小憩,潏儿恐雨及亟归小庄。三时起,正翻方氏《通雅》,介泉见过,适从赵家楼医院来,闲谈至五时乃去。夜饭后,拭身露坐逗猫为乐。九时半,返室就寝。一夕起溲三次。

6 月 29 日 (五月廿九日　丙申)星期五

晴阴兼施,时有雨意,气不舒甚。

六时起。早课勉作。阅《参考》及《日报》。知前日我国在西北地区又试验成功氢弹,是对美苏会谈核讹诈施以戒楚,超级大国之勾结将受挫不少乎。

读《通雅》卷首。午后小休即起。三时,圣陶、至善父子见过。长谈此行,为时四十八天,所至南京、扬州、苏州、杭州、南昌、井冈山,俱有耽搁,且往新安江看水电设备,惟原定韶山之行则以时促作罢,仍循原路径归。傍晚始去。承以杭州剪刀、苏州松子糖、轻糖松及婺源茶为馈。

午前于维洛来询史事及官制若干事,顺告胡绳新膺学部党领导之命,今后或有更革,各所前途或将有新的跃进云。

晚饭后,露坐少时,并未觉凉,而气逆咳喘殊不自胜,竟减少摔手一百,服药就寝。转侧不舒,起溲两次。

6月30日（六月丁酉朔）星期六

晴间多云,夜雨。

六时起。服四环素,期消炎除热。拟今日停常药,只服此品。以懒怠,竟废早课。下午,接芳孙廿九号寄发信,知廿六号家中去信又在路上错过,故语多不甚接头也。晚仍露坐片晌,即入室,竟废晚课。十时就寝,起溲一次。

7月1日（六月初二日　戊戌）星期

阴雨,向午晴,尔后又阴,傍晚又雨,入夜更甚。气较凉而不爽。

晨六时起。仍废早课。续看《通雅》。近午,元鉴偕童碧华来。碧华去宁夏年半,近因选送来京,在首都医院（即原协和）进修,为期一年,随班临床实习,特来望予,予深喜其有裨前途也。留与共饭。饭后,元鉴有友送票二,可参观日本自动化电子仪器设备和医疗器械展览会(在西直门外北京展览馆展出),因使碧华及茂孙往看之。元鉴、彩英则陪同前往,顺游动物园。予今日仍服四环素,午前后俱偃卧将息,腹泻多次,益见体软不振矣。

陈礼生来,正午饭,留饭不见肯,为带到圣陶书两册,少坐便行。五时半,彩英归,茂孙以骑车别行,且耽视展品,近暮始淋雨而返。元鉴则径归矣。

夜饭后,看电视,播送解放军总政治部文工团演出歌曲舞蹈节目。以今日为中共建党五十二周年也。场场精采,节节动人。予虽困惫,竟始终坐看谛听,至十时乃毕,胜读七发矣。

服药就寝,起溲一次。

是日下午,接元镇信(附小岷照片)。

7 月 2 日(六月初三日　己亥)星期一

阴雨竟日夕。气乃陡凉。

早六时半起。午前写三信,分复芝九、文祺、元镇。午后写一信,详示芳孙。

仍续看《通雅》。下午接汉儿六月卅号复信,知将迁住校部小卖部馀屋,免每天奔波十许里云。并知元错迄无信寄复,不免致慨耳。

夜雨甚,檐溜喧豗殊可厌,乃与湜儿、彩英接龙为戏。十时洗足服药就寝。

7 月 3 日(六月初四日　庚子)星期二

阴雨,时晴,十足黄梅天气,影响人身,至感不适。

予阑珊甚,强看《通雅》以持之。下午三时,元鉴来,彩英则出购物。夜饭后,彩英出看电影于大华。元鉴看书相陪,予乃抹牌打五关。九时半,元鉴归去,彩英适归。十时,服药就寝。早晚课俱废。是日书复汉儿并寄信与裴进富。

7月4日(六月初五日　辛丑)星期三

阴霾,时有雨意,傍晚转晴。予之感觉一日中竟如易季。

十一时半,濬儿来,十二时共饭。元鉴来取伞(昨遗留在此者),云已饭过。午后小休,三时半,濬归小庄。夜看电视,韵启来,乃辍看接谈,在庭中闲话。至九时,韵启去,予亦入室拭身洗足,服药就寝。三时起溲一次。是日仍阅《通雅》。

7月5日(六月初六日　壬寅)星期四

阴森闷湿,未见雨。下午竟不能停扇。

晨六时起。早课后看《通雅》。十一时,濬儿为予取得七月分工资来,惟高智民不在,应换工作证未领到,须再走几次矣。接澄儿七月一号信。午后略睡即起。韵启昨以团鱼一枚相享,今晚烹就分授南、东屋共食之。濬儿留谈家务,九时乃去。

十时,拭身易衣,晚课而后寝。是夕起溲两次。

7月6日(六月初七日　癸卯)星期五

阴转晴,深夜二时阵雨。

晨六时起。早课后,看《通雅》。九时后,看《参考》及《日报》。午后小休,起看《通雅》。夜饭后拭身,坐庭前纳凉。九时返室就寝。转侧难入寐,至十二时起溲返床入寐。阵雨喧檐竟未之知。

7 月 7 日 (六月初八日　甲辰)星期六

阴转多云,闷热。

五时起溲,便就坐,待气平。早课自废。九时,元善见过,畅谈南游情状,谓先过南京,下车在新建大桥往还步赏,虽风雨兴不减。上车径至沪。居数日,返苏,由苏乘汽车过嘉兴访戚,又乘车抵杭,游十日,乘小轮船复返苏,又游多天,仍至上海,乘车径还京。各地晤及知友,俱属代言致意,如上海计圣南、吴旭丹,苏州钱琢如及赵孟辀之子均然。孟辀虽同学,其子却从未谋面,今竟出此,足见尊其故父推及朋侪,在今日真稀有之缘矣,尤为感动。谈次,刚主来还予《藏园遗稿》,因三人叙谈。十时半,元善因须访颉刚先行。临行,以在虎丘千人石上所摄之照片贻予。精神奕奕,如六十许人,安知为八十二龄之老人乎。甚慰。有顷,刚亦行,假柳亚子《怀旧集》去。

午后小休片晌。仍看《参考》及《日报》。续阅方氏《通雅》。晚餐啖包子八枚,餐已,露坐纳凉。九时半入室拭身洗足,服药就寝。晚课竟废。三时起溲。

7 月 8 日 (六月初九日　乙巳　小暑)星期

阴间多云,傍晚阵雨,旋霁。予以气短,早晚课俱废。

六时起。十一时,潏儿来。有顷,桂、迎迎来,因共午饭。饭后,予小休,潏等三人皆归去。桂本为予量血压,又有升 210°/90°,是数日来心境不舒所致。只得恢复药量三次,均加入降压灵。仍阅《通雅》及《参考》、《日报》。

今日滋儿四十五岁初度,晚餐吃面。夜饭后,童碧华见过,以其从母自成都携来之蜜桃、绿豆见饷,殊感关注。谈有顷,辞去。知明日起即在协和正式随班实习临床诊治云。

九时半,拭身就卧。是日日中润儿为予修脚。

7 月 9 日（六月初十日　丙午）星期一

阴晴间施,入晚弦月高悬,昼热晚凉。

六时起。阅方氏《通雅》。《参考》、《日报》近午始送到,知行严七月一号在港逝世,宿学又弱一个矣。十一时半,元鉴来同饭。饭已各小休。二时,元鉴上班去。予三时乃起,仍阅《通雅》。接元孙七日写寄复书,知予前次两函俱到,伊以停电关系,工作受影响,颇忙迫云。夜饭后,茂、芬同学来看电视者不少,予拭身洗足,露坐纳凉。九时后人散,始返室服药就寝。早晚课俱废。是夕起溲两次。

7 月 10 日（六月十一日　丁未　出梅）星期二

阴有小雨,较前昨为大凉。

晨六时起。撰书俞曲园先生集外诗跋。午后小休,不舒即起,又撰书曲园小玉印跋。仍看《通雅》及《参考》、《日报》。

晚饭后,昌硕来,与润谈家务事。予则与文修、彩英抹牌接龙为戏。九时,昌硕归去。予服药就寝。以感疲累,早晚捽手课俱废。

半夜起溲,觉气急兼右胁有压痛,坐以舒气良久乃复睡。

7 月 11 日（六月十二日　戊申）星期三

天气如昨。

六时半起。九时半,汉儿侄婿吴振华来谒。日前甫自合川矿院归来,知已放暑假,称探亲可至八月底乃返蜀云。正谈间,叔湘见过,知从圣陶处来,共谈至十一时,叔湘行。潗儿亦于九时来家,留振华午饭不果,近午,振华辞归。予与潗、彩同饭。饭后,小休未贴,起看《参考》及《日报》。三时后,续看《通雅》。外孙妇林宜来,与予及潗长谈,知伊工作尚适应,而升基或有机会来京出差云。留共晚饭。饭次,圣南女婿夏勇来谒。知周前自杭州来京参观图书馆业务,即住北京图书馆中。盖夏君任职浙江大学图书馆已十馀年,浙大之毕业生也。留之饭,谓已食过,坚不肯,隅坐长谈。饭已,林宜先去,夏则至八时许始行,订星期日来饭。潗为家务与润久谈,九时半始返小庄。予十时半乃就卧,起溲一次。

是夕,湜儿为予易挂画轴,以张同光葡萄替陶饴孙山水。

7 月 12 日 (六月十三日　己酉) 星期四

阴晴间施。气又加凉。明日入伏,而天气如此,诚失常矣。

六时起。午餐裹馄饨为食。午后小休即起。阅《通雅》及《参考》与《日报》。

下午及晚饭后,俱啖西瓜。买小西瓜两枚,一直两角,一直一角耳,恐骤热之后未必有此便宜也。黄昏露坐逗猫,近十时乃返室拭身洗足,服药就寝。起溲两次。

7 月 13 日 (六月十四日　庚戌　初伏) 星期五

晴,热。然渐见爽燥转感松舒。

六时起。十时半,潗儿来,过学部取得应换之工作证,此证应在三月一日换发,执事者延迟至上月初始与汉儿索照片,汉儿去鄂已将一月，潚儿亦去过三次，今始取到，无怪经管者向潚招呼不迭也。仍阅方氏《通雅》及《参考》、《日报》。午后小睡，三时起啖瓜，潚四时去。夜饭后，仍纳凉庭中，兼逗猫为乐。九时半，入室拭身就寝。起溲二次。

7月14日（六月一五日　辛亥）星期六

晴，热。

晨六时起。九时，平伯来，携还曲园集外诗。盖前晚湜儿送件往谒，今乃答访耳。长谈及午乃去。午后小休，二时三刻起。

竟日看方氏《通雅》，兼及《参考》、《日报》。夜坐庭前纳凉，风起乃入室洗足就寝。

是夕起溲一次。拂晓雨。

7月15日（六月十六日　壬子）星期

阴雨，下午晴，乍雨旋霁。气温虽在30℃以上，体感反凉于前昨。

六时起。看《通雅》及《参考》、《日报》。饭后小休，二时即起。五时，夏勇来，因留与同饮，润、湜与焉。饭后坐庭前长谈，食次，元鉴携碧华女甥（五岁小孩）来，亦同饮晚餐。湜儿、文修傍晚往谒颉刚，携归顾铁卿题画诗一册，属续钞。午前，湜曾往谒圣陶，以所刻石章为寿。晚九时，客去。予与湜儿、彩英抹牌接龙为戏。十时乃寝。睡不熟，起溲两次。

7月16日（六月十七日　癸丑）星期一

晴间多云。

六时起。十一时，濬儿来。午后小休，二时一刻起。顺林来访，知修车，暂休，留谈达暮。润、湜皆归。乃同饭小饮。六时三刻，顺林上夜班辞去。濬则同坐纳凉，啖瓜，而后归小庄。湜儿晚谒平伯归，携所记玉印小册，予得订正予前记之误，老眼昏花，当时竟未能辨晰，设无原本复核，不且贻笑方来乎！九时，洗足就卧，中夜起溲两次。

是日，阅《参考》、《日报》外，翻完《通雅》。此书精博名副其实。惜版经屡翻，舛谬良多，虽卷后俱有初、覆校姓名，而棘目处不少，甚且有难以猜详者，殆今日所谓水平不够，难以胜任乎？安得长暇彻校一通，庶弥此憾。

7 月 17 日 (六月十八日　甲寅) 星期二

晴间多云。下午时有微雨，气不爽。

晨六时起。书《通雅》再跋。看《参考》、《日报》。午后小憩，二时三刻起。圣陶见过，方作长谈，其孙三午来，谓约定湜借取唱片者。桂本亦来。五时，圣陶先行。三午则留待湜，六时半，湜归，遂与桂本、三午及湜共饮啤酒。晚饭后，与桂本坐庭中追凉。饭前曾为复查血压，已降至 190°/80° 大约加服降压灵之故。三午在东屋与湜叙谈，八时半行，取唱片一大叠去。八时，润归，桂本及与谈。九时桂本去。十时，予拭身服药就寝。起溲一次。日间接外孙升基电话，知前夜二时到京，将出差去东北，先过京，有所事，明日将来谒予云。

7 月 18 日 (六月十九日　乙卯) 星期三

初有日，旋转阴致中雨，午后晴，夜深又雨。

五时起,为彩英写信寄其子为民,示以来京应办各事项。看《三希堂帖》,耽玩第四册《孙过庭书谱》。十时,看《参考》及《日报》。午饭后,小憩。裘进富来,言及《史记选》,乃检馀存之册题端以贻之。进富去。(言将奉调去西安云。)升基、林宜挈其女小耘来谒,盘桓至夜饭后,八时半乃归林家。九时三刻,洗足就寝。起溲一次。是日书复汉儿。

7 月 19 日（六月二十日　丙辰）星期四

阴雨,下午偶晴,仍雨,入夜转多云,人身感受仍类南方黄梅天也。

六时起。九时后,看《参考》及《日报》。十一时,陈礼生来,知伊将改派乌鲁木齐线及成都线随车,自欣能多见广闻云。抵午辞去。午后小休起,书复漱儿询近状。阅《三希堂帖》六、七、八册。夜饭后,颉刚偕其女洪来,出蔡铁耕云《吴歈百绝》刊本,属浞儿钞复本,谈有顷去。予露坐追凉,十时许,始入室拭身就寝。中宵起溲一次。

7 月 20 日（六月廿一日　丁巳）星期五

多云间晴。下午四时后闷蒸阴郁,几不堪任。六时许大雨雷电,薄暮雨止,气乃疏松。

六时起。晨餐后,因蔡铁耕书又引起钞书之兴,于是,阅《参考》及《日报》外,钞《吴歈百绝》。夜饭后,坐庭中招凉,地犹未尽干也。看芬与同学嬉戏,复逗猫跳浪,颇亦为乐。是晨接漱、滋廿八来书,知予书又两不接头矣,乃追复一书,兼询滋状。(滋送沪知识青年返家治疾,得因差与漱相晤,亦意外之遇也。想予书到,滋已返当涂矣。）复为彩英书与其子，促提早登程。夜十时返室，服药拭身洗足就寝。起溲一次。

7 月 21 日（六月廿二日　戊午）星期六

初多云，午后及傍晚两度大阵雨，夜乃凉。

六时起。九时，升基来，为予代购广产脉通三瓶。（计三百胶囊，价二十二元五角。）据云，是予对症良药，但一般不易致此耳。谈次，濬儿来，略坐便起，与升基同去。予阅《参考》及《日报》外，竟日钞蔡书，已及半云。夜饭雨过，坐庭前纳凉，八时返室，与彩英、芬孙接龙为戏。近十时就寝。中夜起溲一次。

7 月 22 日（六月廿三日　己未）星期

阴晴兼施，午后起阵未果，闷甚。

晨六时起。九时，默存见过，送所书旧作七律、五绝各一首单条与湜儿，盖湜夏初登门求书者。谈移时辞之。知冠英病，虽起床，而行不离房云。予深念之，而不能一往存省，殊歉也。顺忆藏云亦病甚，予同麈此念不置耳。

升堉夫妇来饭，饭后即行。予乃小睡，颇酣。三时起。五时，昌硕来，有顷，中英挈熙熙来，又有顷，元鉴来，昌硕一家在南屋饭，润房招接之，鉴则就予晚饭。湜、修于午后往琉璃井修母家，夜九时乃返。晚饭后，昌硕三人去中山公园看马戏。予坐庭中，与润、鉴等闲谈。近九时，元鉴去，予入室拭身洗脚就寝。

是日，除看《参考》及《日报》外，全力钞《吴歈》。

复初日记第三册终，凡历七十一天。

7 月 23 日①(六月廿四日　庚申　大暑　中伏)**星期一**

多云间晴,时有雨意,闷甚。黄昏后起阵,九时乃掣电发雷,大雨激窗,南风急,良久转西风而止。

晨六时半起。竟日钞蔡立青《吴歈百绝》,抵暮毕,随识跋语于后。午后小睡未妥,起看《参考》及《日报》。黄昏雷雨前合家八口共啖一大西瓜。应节景。十时,拭身就寝。起溲两回。

是日接汉儿及敫婿书。

7 月 24 日(六月廿五日　辛酉)**星期二**

晴热,多云,夜雷雨。

晨六时半起。气逆甚,彩英为调西瓜膏饮,予良久始平。早餐后写信三封,分复达先及汉儿、芳孙。

十时,潏儿来。饭后小休未贴,起看《参考》及《日报》。四时后校湜钞《桐桥倚棹录》。六时与潏、彩共晚饭。饭已,潏恐雨即归去。予坐庭前啖瓜纳凉,至九时半,雨点洒身乃返室拭身洗足就枕听雨,旋入睡。二时许起溲。

7 月 25 日(六月廿六日　壬戌)**星期三**

阴雨,午后转晴,热。

晨六时半起。早餐后仍续校《桐桥倚棹录》。午前看《参考》及《日报》。饭时以馄饨代餐。午后小休,二时起。手装所钞《吴歈百绝》,彩英佐之。装后,以朱笔点断,至六时封题亦竟,殊以为

①底本为:"一九七三年七月二十三日至十月十日,复初日记第四册"。

快。夜饭后,坐庭前纳凉,九时半,入室就寝。竟不需拭身洗足。睡后起溲一次。

7 月 26 日（六月廿七日　癸亥）星期四

阴。

七时起。九时接元锴廿四号信,知外曾孙增祥患痢甚凶,现已脱险(汉儿前信已提及),即复书慰问。浞儿感冒,今日请假在家休息。看《参考》及《日报》。午转晴,仍间多云,闷甚。饭后少休,便鼓兴钞书,即择顾铁卿《清嘉录》入手。夜饭后在庭纳凉,近十时乃入室拭身洗足,而后寝。起溲两次。

7 月 27 日（六月廿八日　甲子）星期五

早云封,旋开霁,闷热甚。

六时半起。九时,均正见过,知曾偕其夫人返禾探亲戚,并知调孚已早抵江油就其子居,惟屋窄不任摊书,颇以为苦云。十时,友琴至,均正遂行。(伊小予十二岁,亦七十二矣,所患喘急,盖与予同病相怜耳。)友琴方自所中来,谈次,见予所悬张同光画轴,知渠已作古四年,言之致嗟,盖与伊在杭州同事多年,深悉其为人也。又知复旦教授常人陈守实亦与有旧,现仍在复旦任教云。守实予亦念之,得此消息可谓生死契阔矣。近午乃别去。午后小休便起,看《参考》、《日报》外,钞《清嘉录》。晚饭后仍纳凉庭中,而圣陶孙三午来看浞儿,至九时始归去。予拭身洗足,就卧已十一时。中夜仍起溲一次。

7 月 28 日（六月廿九日　乙丑）星期六

多云间晴。闷郁之至,谚所谓山糊海漫,热煞老汉也。昼晚两度洗濯,仍汗滋如浆,难堪! 难堪!

六时半起。晚十一时就卧,看《参考》及《日报》外,埋头钞《清嘉录》冀少却暑,而天热目糊,亦惟时作时辍而已。润、湜皆患热伤风,湜虽上班,归后仍发烧,润则挺过矣。

7 月 29 日（六月三十日　丙寅）星期

山糊海漫如昨,幸有微风疏拂,炎威较杀,以是气湿未减,而闷压之感似轻于昨前也。

晨六时半起。八时,尔松、尔柏来访润儿,润适出门购物,予为接谈,少坐辞去。润同事李志国来,接谈之顷,开明老友朱子如来访,一别廿馀年,知已退休,近自沪来探其女,于房山将住一阵乃南返云。十时,志国、子如先后去。潾儿、桂本、迎迎来。午与潾等同饭。饭后,啖瓜,小休。起后看《参考》、《日报》,并钞《清嘉录》,冀以逭暑,实增重瘠糊耳。颇苦。

晚饭后,桂本、迎迎先行,潾继归。桂本为予测血压,又增十度,为200°。衰龄应有现象,任之而已。接汉儿廿七号复我去信,知干校分配工作又延阁无期矣。

夜十时就卧,拭身易衷衣,睡尚好,惟仍起溲二次。

7 月 30 日（七月　丁卯朔）星期一

多云间晴,热。

晨六时半起。九时后,看《日报》。《参考消息》,并钞《清嘉录》。十一时,元鉴来,饭而后去。即以元镇前送暖杯胆还之,俾托人带长治也。达先寄到山西历史系教研组新订《中国历史大系表》,甚好。夜饭后,露坐追凉,十时许,始返室拭身濯足就寝。仍起小溲两次。

7 月 31 日 (七月初二日　戊辰) 星期二

多云间晴,热。

晨六时起。九时,接漱儿廿九号来信,知彩英之子伟民、媳菊芳、孙锋锋将于一号动身来京,谓车票办妥,临行再发电告知云。午后小休片晌。看《参考》、《日报》外,竟日钞《清嘉录》。夜坐庭前纳凉,十一时返室,拭身就寝。是夕起溲两次。

升基、林宜挈朔来谒。

8 月 1 日 (七月初三日　己巳) 星期三

晴间多云,热。

晨六时半起。看报钞书如昨。傍晚接漱电报,告伟民等已依时成行。晚饭后,坐院中招凉,裴进富来,知未饭,属彩英煮面享之。据云,四五天后即将调往长安工作。八时去。约星期来看伟民。十一时,予始入室拭身濯足就卧。仍起小溲两次。

8 月 2 日 (七月初四日　庚午) 星期四

多云间晴。溽暑彻夜浴汗,在记忆中,住京以来第一次遭遇也。

晨六时半起。看《参考》及《日报》外,钞书,已钞毕《清嘉录》第一卷,其详备较蔡云《吴歈》奚啻十倍。为民、菊芳、锋锋准时到,彩英、润、茂、芬俱往接。潘亦适在家,于是,晚餐与潘、彩及南来之客同预。餐后,各就浴,然后露坐取凉。九时半,潘归去。十一时,予返室拭身就卧。以感热,扇不停摇,竟夕未获酣睡,且时起溲便,苦甚。

8月3日（七月初五日　辛未）星期五

溽暑如昨,在床挨至六时半起,首先拭身易衷衣,乃得安坐。

九时半,潸儿来。十时,维洛来,谈移时去。知将返鲁省家云。午后暂息,闷热不能贴枕,即起,看《参考》及《日报》,并专意钞书,冀涤烦杂。下午,为民等出游,有石油学院陆姓者来取物,盖其家托为民带京者,其人本福绥里旧邻,与潸素稔,乃听伊等畅谈邻里各家情况,予反瞠目,不知所云。五时乃辞去。六时,为民等归,即晚饭。晚饭后,茂孙偕为民去工人体育馆看球赛,予仍露坐取凉,赖有风,稍稍祛暑,坐至十时,拭身洗脚就卧。是夕,虽仍起溲两三次,而较之昨晚则舒适多矣。

接错孙信,知小会来已大好。

8月4日（七月初六日　壬申）星期六

气温如昨,夜无风,仍不失伏暑之象。

晨六时起。夜十一时拭身就卧,看《参考》及《日报》外,钞《清嘉录》,已毕一卷又九页。接达婿三号信。午前十时,潸儿携其孙女熙熙来,午后四时,昌硕亦来。夜饭后,露坐,不见凉。九时,潸、硕、熙去。为民等日间出游,以热故,未及远。予夜起溲两次。

8月5日（七月初七日　癸酉）星期

炎暑。

晨五时起。彩英率其子媳孙子同游西郊动物园。芬孙与焉。上午湜儿为予调拌印泥及翻晒字画。十时后,看《参考》,畏热,未钞书。今日七夕，为汉儿生日，予于中午特为啖面，并属湜儿以汪亚尘寿星轴易去张同光葡萄轴。午后二时，彩英等归。余君来取物（其家托为民带来者也。），而韵启亦至，润儿适亦有客，因切瓜一盘送来北屋享之。四时，余君辞去。韵启则留共晚饮。饭后，坐庭中纳凉，九时，韵启去。未几，雷电交作，雨将至，而室内更见郁闷，不得已，入室拭身洗足就寝。果大雨倾盆，中宵屡作，天将明始渐凉，湿气犹缠绕不休也。

8 月 6 日（七月初八日　甲戌）星期一

阴湿，阵雨时作，午前两阵，及黄昏一阵尤烈。

晨六时半起。十时，潜儿来，顺为予过学部取工资。予钞书看报如前日。进富约今日来饭，大抵怕及雨，竟未至。

为民一行上午去蟾宫影院看电影。下午去王府井，皆乘雨隙以行。夜饭后，露坐纳凉，以阵雨而返室，闷闷就寝。中宵稍凉，仍起溲。

8 月 7 日（七月初九日　乙亥）星期二

阴闷，时有雨，夜大雷电，雨乃如注。

晨六时起。看《参考》、《日报》及钞《清嘉录》卷三。为民等上午去中山公园，下午，彩英、为民皆去前门，惟各行各路，未及遇，而同时到家，均乘雨隙未遭淋。夜未起阵前，露坐取凉，返室拭身就寝后，乃见电闻雷。仍起溲一次。

8 月 8 日（七月初十日　丙子　立秋）星期三

拦朝大雨。

六时半起。早餐后写信两通。分寄达婿及汉儿。此外,惟看《参考》、《日报》及钞书而已。近午晴。午后,予小休,彩英率为民一行往天坛游览。予小休起,觉胸次梗抑,神怠心荡,颇不舒,坐息良久始渐平。入暮,为民等始归,遂共夜饭。予不敢进粥饭,仅啖面包数片而已。仍露坐取凉,令购一大西瓜与家人共啖之。聊应立秋景色也。十时,乃拭身濯足就寝。起溲一次。

8月9日(七月十一日　丁丑)星期四

晴间多云。

晨五时即起。六时三刻,茂、芬两孙陪同为民一行往游十三陵,彩英护之。予仍续钞《清嘉录》。十时,潜儿挈其外孙女张迎来,文修即去琉璃井母家。圣陶以天热时雨,未能来谈,今日翩然莅至,畅话积愫,谈次,知开明旧友张纯嘉骤患心脏病逝世,(周振甫云。)年仅六旬耳。知友日鲜,不无凄然。十一时,圣陶归去。午与潜、迎啖面。天忽大黑,浓云四罩,疑时雨作,颇为出游者操心,幸即过,惟顿增溽蒸耳。

午后四时前,出游者皆归,个个都像油煎和尚矣。偏又接涪生电话,属茂孙即往琉璃井取票。盖今晚七时半,首都体育馆有羽毛球表演(中国与泰国)也。茂立刻赶往,予等乃共坐晚餐。潜、桂本(四时半恰来)、为民一行与焉。饭毕,茂孙取票至,即令草草具餐,偕为民往首都体育馆。予等坐庭取凉,奈遍体粘滞,有类涂糊,竟无心捉麈闲谈也。八时半,潜、本、迎去。九时半,予返室拭身就寝。转侧难睡,十时后,听湜、修、琴先后归(润已先返)。近十一时,茂及为民乃归。

方合眼思睡,而雷雨大作,室内益闷,是真真道地的秋老虎矣。

起溲一次。竟未好睡。

8 月 10 日（七月十二日　戊寅）星期五

六时起。山糊海漫，蒸湿必增，禺中日出，炎热果如所料。

九时，昌硕同楼邻人袁行云来访，谈治学诸事，颇洽。有顷，元善至，出所作五古见示，盖记南游所值旧邻汤素玲事，题曰《汤好婆》，亲切真挚，直可追踪白傅相以见吾乡睦邻淳古之风确非他处浇俗可比，为低徊久之。十一时，元善去，予留行云便饭，又谈。午后一时乃别去。予小休未久即起。看《参考》及《日报》。汗沾淋漓，竟废钞书。为民一行早往颐和园漫游，亦一时而归。

夜七时，茂孙得票，让为民往工人体育馆看球赛，十时乃归。所中旧同人王贯之午后二时来访，年馀未见，承过存，话旧真切。移时乃别去。予夜坐中庭追凉，苦不得舒。至十一时乃拭身洗足返室就寝。难入寐，起溲两次。

是日，接镇孙九号来信，漱儿十号来信，并另寄《文汇报》。

8 月 11 日（七月十三日　己卯）星期六

晴热。夜见星月。

晨六时半起。九时后，陈次园偕其长君来访，谈移时辞去。其长君执教湖南岳阳师范，暑假归省，以开学在即，即将返湘云。为民等为避热，上午未出，午后二时往车站试乘地铁，傍晚归。告见地铁张有文告，明日起以整理内部暂停开放。然则，伊等获乘，不可谓非缘有偶凑矣。

夜饭后，坐庭前纳凉，仍手不释扇。十一时始返室拭身就卧。

中宵后起溲一次。

8 月 12 日 (七月十四日　庚辰　末伏) 星期

山糊海漫,睁眼便热。

六时半起,即坐庭前取凉,幸有风。十时,在风前看毕《参考》。方返室安坐,钞《清嘉录》,为民、菊芳由湜儿陪同往游故宫,亭午返。下午有阵雨,不大。黄昏又有阵雨,夜半又作。予十时拭身就卧。夜起小溲三次。

接漱儿十号信,并另寄《文汇报》。

8 月 13 日 (七月十五日　辛巳) 星期一

晓晴。

六时,为民、菊芳往八达岭游览长城。六时半,予起。昨晚润儿在馆值班,今晨七时归休。

九时,吴慧来访,经年不见矣。予以为当出远门或去干校,讵知未离朝阳庵一步,一年来竟初步撰成《李商隐诗编注集成长编》百万馀言,今以其自序一篇相示,洋洋三千言,骈四俪六,而能畅所欲言,颇似刘子玄《史通》,年未五十之人,有此造诣,求诸今日,实为难能矣。十一时,辞去。

润儿往三不老胡同访友,饭而后归。一时半,为民夫妇从青龙桥归,谓在八达岭曾遇雨,不久便登上汽车,未致大濡云。东城固未见雨也。

下午,看《参考》、《日报》。并钞《清嘉录》,终以蒸闷而止。入晚有风,较凉,露坐至十时,返室拭身就寝。

三时雷雨大作,兼有雹。起溲知之。寝时犹有好月色也。

8 月 14 日（七月十六日　壬午）星期二

拦朝大雨，以后时作时辍，当午乃檐瀑奔流，势甚险，一时后渐止。终阴。中夜似有雨，未添热。

六时起。八时早餐后，正坐雨无聊，乃平伯雨中见过。特以旧作写示，并送来其夫人书扇（湜儿所求），宛见老辈风度，而予心却大不安矣。谈移时，仍于雨中去。近午，昌硕来，以将为季镇淮所写司马迁（《历史人物小丛书》）绘插图有所请问，饭而后去。予午前看《参考》及《日报》。午后小休，三时起，续钞《清嘉录》，无几即辍。晚饭后，未出庭露坐，九时半，洗脚就寝。三时起溲一次。

8 月 15 日（七月十七　癸未）星期三

阴间多云，较凉。

晨六时半起。七时，为民一行三人去中山公园。十时，潗儿来，有顷，东城革委会李、韩两同志来调查住房问题，谓已组织专组落实政策，凡民房都得发还，询予有何想法，予以一切服从政策答之。李同志略事记录，相视一周而后去。午间为民一行归，共饭。饭后小憩，彩英挈其子媳孙出购物，傍晚乃归。予小憩后，看报及钞书，钞毕《清嘉录》卷三。

夜饭后，潗儿归去。予仍露坐至九时半，入室拭身就寝。起溲一次。

8 月 16 日（七月十八　甲申）星期四

乍阴乍晴，仍不免于湿蒸。

为民夫妇七时出，往游静宜园。下午四时归。昨晚予以平伯雨中见过,心殊不安,特令湜儿诣谢,兼致慰问。归来时又携示手写诗数篇。接汉儿十四号来信。阅《参考》及《日报》外续钞《清嘉录》。晚饭毕,拭身易衷衣,露坐取凉,近十时返寝。起溲一次。

8月17日(七月十九日　乙酉)星期五

晴,热。

八时,为民一行往游中山公园及故宫。九时,圣陶见过。十时,潘儿来,予与圣陶谈至十时半,辞去。十二时半,为民等归,共进午饭。彩英裹菜肉包子为餐。阅《参考》及《日报》,外钞毕《清嘉录》卷四。晚饭前,元鉴来,六时即共饭,饭后为民一行去劳动人民文化宫看电影、杂技。七时,雷阵作,潘亟归小庄。未几,雨作,幸不甚大,否则,伊必遭淋矣。雨过闷热欲绝,乃出庭前湿地,冀稍苏。元鉴等则嗑瓜子谈笑。九时,元鉴去。近十时,为民等归,以杂技好玩,孩子竟未入睡也。又越时许,乃入室洗足拭身就寝。中夜起溲两次。

8月18日(七月二十日　丙戌)星期六

凌晨仍山糊海漫,睁眼即感热。

六时起。强自排遣,乃续钞《清嘉录》,至九时无以自持,看《参考消息》。彩英为赴市买菜,自七时至十时四十分始归。排队久之而未获称心之物,难免怨嗟矣。十时,接清儿十六号所发之信,知予去信已收悉,并告曾往原平看视心农夫妇,兼及绪芳云。汉儿十四号寄来之信,昨晚由湜儿复出,今日付邮。

午与彩英、为民、菊芳同饭。饭后拭身小睡,二时一刻起。写信复漱儿,适彩英一行四人出购物,因属带出投邮。四时半,三午来访湜儿,未晤,少坐去。六时,彩英等始归。夜饭后,拭身坐庭中,今乃渐觉稍稍有凉意矣。九时三刻,入室就寝。仍起溲两次。

8 月 19 日（七月廿一日　丁亥）星期

多云转晴。

晨五时即起。七时,彩一家四人往游颐和园。八时写信复清儿,欢迎新新来。看《参考消息》及《日报》。午与湜、修同饭。湜为予易去寿星轴,改挂王福厂七言小篆对。下午三时半,振甫来访,长谈抵暮始去。

六时,彩英等四人回。润儿招留啖饺子,予亦就南屋同饭。黄昏阵雨,不能露坐,虽不甚热,而仍感郁闷。十时许,草草拭身就卧。中夜起溲。

8 月 20 日（七月廿二日　戊子）星期一

阴雨。

晨六时起。八时,接漱儿十八来函,我信又在途中错过矣。九时,看《参考消息》。十一时昌硕来,共饭后为作一书介于萨空了,伊将持所作各画乞其指评云。作书罢,小休及觉,硕已行矣。下午坐雨无聊,抹牌打五关,入夜雨益甚,檐溜如注,喧聒可厌。九时三刻即寝。十二时、三时各起溲一次。

8 月 21 日（七月廿三日　己丑）星期二

晴间多云。早凉,下午又热。仍不失郁勃之气。

六时起。十时,潜儿来,知昌硕已见过空了,据云,已转介于人美社邵宇。未识有何结果也。看《参考》及《日报》。并续钞《清嘉录》。饭后小休,大约睡中不觉着凉,起后感右胛下前胸后背都隐隐作痛。彩英等四人出外购物。升埄来告,前晚昨晨其妇丽华已安产一女孩,(昨日林宜已电话告知。)请命名,予拈辉字与之,取增光益荣日新其德之意尔。因与潛三人纵谈。傍晚,彩英等归,乃共进夜餐。振甫见过,出示默存近作四绝,盖王辛笛馈六安女儿茶四匣与默存,媵以四绝,默存乃如数答谢录稿赠振甫,并分惠一匣与之,振甫访予共赏此诗。并即以所获之茶转见馈遗,深可感谢。谈移时辞去。予即检辛笛二十餘年前所赠《夜读书记》假之,俾略谂辛笛之为人云。九时,升埄去。十一时,予始拭身洗足就寝。夜仍起溲两次。

8 月 22 日（七月廿四日　庚寅）星期三

晴间多云,仍热。

晨六时起。为民往前门车站原址预购南还车票,排队许久始知只能预购三天(要廿五号京沪车票),因此推迟到明天才能购买,伊乃诣故宫博物院参观,居然凭外地工作证可以另购珍宝馆参观券。近午归来。共饭,乃备悉其事。下午二时半,彩英及为民等四人专往珍宝馆参观,傍晚始归。予阅《参考》及《日报》,并续钞《清嘉录》。前日润儿特呈上海人民出版社所出《自然辩证法》(不定期杂志)第一册(实即创刊号)。所载诸文俱有分量,予一气读其首篇《天体的来龙去脉》,昨日亦阅毕。

接裘进富电话,知尚未成行,明日将来看予。背胸神经痛尚未愈,贴用伤湿止痛膏昼夜两度。夜饭后,露坐纳凉。九时三刻返寝。仍起溲两次。

湜儿今日在甘家口商场为予购得碧螺春茶一两,甚喜。(今春汉儿在城内各茶叶店再三访问,只买到馀剩四钱,今乃偶然得之,宜可喜矣。)接元孙绪芳及外孙昌预各一信。

8 月 23 日(七月廿五日　辛卯　处暑)星期四

晴间多云,热,夜半后微雨达旦。

六时半起。七时,为民去前门购车票。十一时,进富来。有顷,为民购得车票回。遂共午餐。潗儿十时来,午后即归去。是夕,招彩英等往饭其家也。饭后,予小休,醒时潗已去。三时半,彩英等出往游天安门及中山公园后,径去小庄。进富亦少留即去。曾为我检听血压及心肺都保持正常,惟血压略高而低压则不宜再降云。190°/80°。

夜与湜、修同饭。饭后露坐招凉,待至十时,彩英等始归,乃入室拭身易膏药就寝。背胸痛略好,仍起溲两次。

8 月 24 日(七月廿六日　壬辰)星期五

阴。

六时半起。八时三刻,外孙章爱农自晋来。九时,彩英等四人出购物。文修接孟丽华公安医院妇产科来电话,谓婴孩有血溶病,(即父母体遗传血型不协调,须换血易以 O 型血如量庶可生。)已送礼士路儿童医院施诊,乞求协助云。潗儿亦适来,殊感棘手,予乃令文修分电润、湜,均往医院及孟家探慰。润归报晤及升埛,正奔走中。午后,湜儿亦有电话来,谓一时急迫,难寻输血之人。四时,润再往院,与湜同到孟家。据闻,院中亦主暂时再看看,或可延至明日再动术云云。兄弟同归见禀,亦惟有干急而已。彩英一行及爱农往农展馆参观现代手工艺术展览,抵暮,彩英、菊芳、小锋锋归,谓该展览限制綦严,须持指定单位证明始得入,再三交涉,方由为民外地工作证取获一券让爱农一人入览,伊等即往王府井购物而返。

是晚,润儿获有中山公园音乐厅杂技票两张,乃令爱(六时亦返)及芬孙同往观览。先饭遣行。

七时,为民始归,乃与潗、润、湜同饮,藉为饯送。饭毕,潗归小庄,予仍露坐取凉。十时半,入室拭身易膏药就寝。十一时,爱农、芬孙乃归。予夜间仍起溲两次。

是日房管处来修漏。是日吴慧见过,长谈而后行。

8 月 25 日（七月廿七日　癸巳）星期六

阴,有微雨。

晨五时半起。七时,为民一行三人回南,彩英、爱农送上车站。九时半,英、爱返,报依时安全开车。相聚多日,临歧自不免依依耳。爱农午过其伯母饭,晚与茂、芬由润导往版本图书馆看电视,亚非拉乒乓邀请赛开幕式,(予家电视机已失效,送去检修,据云,小修亦需百馀元,因于前日废然取回搁置。)十时后归。予亦洗足入寝,竟未之闻。但中夜十二时及凌翌晨五时却仍起溲也。

日间看《参考》及《日报》,并续钞《清嘉录》。近日毛笔制作远逊往昔。连蜕两枝,仅乃得济。元鉴近午雨中来,携一女孩名小晔者自从,饭后即行,谓往看孟家云。

下午四时许,得升埛电话,谓医生诊察其初生之女有好转,或可不换血,如廿四小时无变化,则可以度此难关也。予亦只能于电话中强为慰谕耳。

8 月 26 日 (七月廿八日　甲午) 星期

多云间晴,夜半风作,雨亦随来,洒析达旦。秋意渐浓,竟添被拥肩。

六时半起。看《参考》、《日报》。续钞《清嘉录》。毕其第五卷。

下午四时,升埼来告,已知其婴孩脱险,医云能吃可自造新血,渐就融洽,不必施行手术矣。为之大慰。此儿甫生,便罹奇疾,而竟能挣扎自持克胜斯疾,真所谓自力更生矣。升埼仍迷于看球,言已即行。予亦嘉其洒脱尔。

夜饭后,仍露坐。至九时乃返室拭身就寝。始不用膏药。仍中夜起溲两次。

8 月 27 日 (七月廿九日　乙未) 星期一

阴雨,午转晴。

六时半起。八时,接为民苏州电报,知昨日下午八时已安到。想今日必能返木渎耳,咸为引慰。彩英自菜场回,取得日前为民为予及锋锋之合摄之相片,尚自然。因于片背书俚句六行,云:容叟太阿爹,锋锋小弟弟,小弟今年刚四岁,老夫已经八十四,出生差距八十年,居然相聚在一起。备寄善人桥。看《参考》、《日报》及续钞《清嘉录》第六卷。

潘儿午前来,夜饭后去。下午吴慧见过,谈所撰李商隐传,假去《会昌一品集》(《丛书集成》本)四册,留所购杨荣国《中国古代思想史》属览。坐未久即行。

夜九时半,拭身就寝。三时起溲,觉凉侵,思拥厚衣矣。天气忽变，固是主因，而予敏感至此，可见神经脆弱为何如耳。

8月28日（八月　丙申朔）星期二

晴。

六时半起。八时，接廿六号漱儿所发信，知为大通中学改进教学影响受到各方重视，参观访问络绎不绝，因而大见忙迫。九时半，潜儿来，偕爱农往游天坛。下午二时，潜归告爱农往其大伯母家，须晚饭后乃返云。三时，鸣时来访，谈移时去。假去《柳文指要》三套全部。桂本四时来，为予计量血压，又有提高，90/210。盖服脉通后减服降压灵之故。嘱仍照服降压灵，当夜即照服云。阅《参考》及《日报》，并续钞《清嘉录》。晚八时，元鉴来。有顷，爱农亦归，晤及诸人。潜、桂、鉴乃同去。九时半，拭身就卧。二时三刻起溲一次。

8月29日（八月初二日　乙酉）星期三

初阴，有微雨，旋转多云，近午晴。

六时起。七时，彩英偕爱农往游明十三陵。九时，潜儿来。有顷，刚主见过。别又多时，伊因湿症缠腿，不良于行，故久不至云。谈移时去。持还前所假去之柳亚子《怀旧集》。刚主见告上海旧书商店已将商务所出《丛书集成》补出全。

午由潜制葱油面为餐。饭已，小休，二时许即起，看《参考消息》，《人民日报》晚到。仍钞《清嘉录》。五时半，彩英、爱农归来，虽车辆甚挤，往返都无坐处，而长、定二陵皆瞻览，尚满足游兴也。夜饭后，潜儿归小庄，约明晨偕爱农游颐和园。

九时，电台广播中共十大公报，知廿四至廿八开会举出第十届中央委员会委员及候补委员,通过新定党章,明白宣布林彪、陈伯达反党集团罪名,开除出党,并撤销所任一切职务。数年来阴翳为之一扫,宜其举国欣欣焉。十时,茂孙即赴校参加游行,一时始归。予已洗足就寝,竟未之闻。中宵及黎明各起溲。

8 月 30 日 (八月初三日 戊戌) 星期四

阴霾。

六时起。七时接潏电话,通知爱农今日辍游云。九时后,写信两通,分致为民(今晨接伊善来信)及漱儿,各附予与锋锋合影。看《参考消息》。午前晴,午后打雷大雨。雨止后,彩英出购物,将两信带出付邮。《人民日报》抵晚始送来。想另售必多,赶印不及耳。夜仍有雨。

十时听重要广播,中共十大一中全会新闻公报。选出中央机构主席一员,副主席五员,政治局委员、候补委员如额,设常务委员以干之。气象日新,隆胜日臻,国运自蒸蒸日上矣。十一时就寝。喜而不寐久之。一时许起溲。

8 月 31 日 (八月初四日 己亥) 星期五

阴转晴。

六时半起。十时,潏儿来,爱农上下午俱出购物。《参考消息》九时后到,《人民日报》又延至六时半乃来。夜饭时,潏与彩英商定明日伊来招呼吃饭,俾彩英陪爱农往游香山。忽接小同电话,谓熙熙明日不能送托儿所,于是,予坚嘱潏不必来此,免滋不快。

晚八时听广播,知九时又有重要消息,坐候至九时,收听,为周总理在十大会上之报告,宣布林、陈反党经过及分析当前国内外形势与今后应作的任务,详核之至。

十时半,乃拭身就寝。一时后起溲。

9月1日(八月初五日　庚子)星期六

晴,近午阴,旋昙,终晴。

五时即起,七时,即令彩英、爱农径游香山。予接钞《清嘉录》卷七,并看《参考消息》。十时,元锴一家四人来,以我家乏人照料。且伊等下午有票参观亚非拉乒乓赛,遂去,将在动物园附近午餐,然后往首都体育馆,迨散场后来家晚饭云。五时,彩英、爱农归,元鉴来,元锴等一行亦来。六时半,共进晚餐,又团团一桌矣。八时听王洪文十大会上通过之修改党章报告,并党章全文。至是,十大公布之文件完全播及全国矣。

十时就卧。一时半起溲。

9月2日(八月初六日　辛丑)星期

多云间晴。

六时半起。七时,茂、芬两孙陪爱农往游八达岭,九时,潏儿来。看《参考消息》。午与潏、湜、修、彩共饭。饭后,《人民日报》至,看之。仍钞《清嘉录》。四时,韵启来。有顷,严亥来。又有顷,爱、茂、芬三孙自长城归。傍晚,严亥去。予与韵启、潏、润、彩、爱同饭。湜、修下午出访友,晚九时半乃返。潏九时去。韵启九时一刻去。

十时,拭身洗足就寝。一时许及翌晨四时各起溲一次。

9月3日(八月初七日　壬寅)星期一

多云间晴。下午闷热,黄昏大雷雨,霡霂达旦。

晨六时起。七时三刻，彩英、爱农往游颐和园。十时，潘儿来。看《参考》、《日报》。仍钞《清嘉录》。四时后，闷蒸难耐。五时，彩、爱归。车较清，居然来回俱得坐。六时，与潘、爱、彩同饭。饭毕，已有雨兆，潘坚欲趁雨隙归去。行后不久，雷电澍雨，正虑潘是否淋雨，而潘雨中至，谓乘廿四路车不得下，仍绕东单而返。幸未大沾，而路滑难行，几致倾跌云，遂留宿未行。

九时半，予就寝。其时雨尚未止也。翌晨四时起溲。

9 月 4 日（八月初八日　癸卯）星期二

多云间晴，傍晚阴湿，夜半雷雨霹雳交加，从而渐洒抵晓。

六时半起。八时，潘归去。九时后，看《参考》。午后看《日报》。馀皆续钞《清嘉录》，钞毕第七卷，接钞第八卷。下午四时，次园见过，长谈达暮乃去。

夜饭后，闷热难任，不知今年北京天气何以蒸湿乃尔。及闻天气预报，知第十三号台风又在南海作怪，边缘波伸不无影响乎？中夜果大雷澍雨。九时三刻就寝，为霹雳破睡，俄延久之始再入睡。

9 月 5 日（八月初九日　甲辰）星期三

拂晓四时起溲，仍返床听广播新闻。

六时三刻起。天气阴沉。九时半，潘来，顺道为予在本所取得工资。十一时，见日，气仍闷湿。看《参考》。午后晴，小休即起。看《日报》及钞《清嘉录》。三时，潘归小庄。约爱农、芬孙晚饭其家。四时后，爱农、芬孙同往大桥看电影，散场后即过潘家。四时半，进富来，为予购得五粮液及泸州特曲，知伊后日之晨动身赴陕矣,因留夜饭,八时去。

九时三刻,芬、爱归。予亦就寝。一时许起溲。

9月6日（八月初十日 乙巳）星期四

晴,早暮凉。

六时半起。初御毛裤。九时,介泉见过。闲谈至十时,礼生来,共话至十一时,介泉先行。有顷,礼生亦去。其间鸣时来还《柳文指要》,未坐便行。午饭始尝明虾,盖久未得此,今乃由彩英在菜市场购得盆菜一事,以虾四小只,配鲜蘑若干,售一元四角云。饭后小休后,仍看《参考》及《日报》,并续钞《清嘉录》。夜与爱农、彩英接龙为戏。九时三刻就寝。十二时许起溲。

9月7日（八月十一日 丙午）星期五

晴间多云,薄暮雨。

六时半起。九时,圣陶来访,谈至十时许,辞去。以将过访藏云也。有顷,吴慧见过,不旋踵而圣陶复来,并偕颉刚及洪至。路中相值,乃邀同而至也。吴慧本有请介见两君之意,今日邂逅相逢,自甚欣快,四人共谈至十一时一刻,乃别,伊等各归。至午,与濬（十时来）彩、农同饭。饭后小休。起看《参考》及钞书。傍晚,《人民日报》始来。

接元孙信,大诉工厂加班无休之苦,且知在乡同学有五人升学而去,不免伊郁,予即以此信交润、琴参处,而予心终不宁。十时就寝,为之不寐。中夜起溲而后入睡。

9月8日（八月十二日 丁未 白露）星期六

阴雨延绵,入夜稍间。

晨六时半起。看《参考》、《日报》及钞书。夜,湜、修邀爱农饭,予与彩英亦过东屋小酌。十时,洗足就寝。十二时许起溲,天色似已转晴,以月光微明也。

9 月 9 日 (八月十三日　戊申) 星期

晴间多云。

六时半起。九时三刻,潘儿来。午后,潘、润、琴及彩英、爱农俱往视丽华及其婴儿辉。予小休便起,升基、林宜抱其女朔来,盖基昨日自沈阳差返,今来谒予也。有顷,元鉴来,一时热闹而无人应付,予独酌对而已。五时,琴珠、彩英、爱农归来,知潘已回小庄。润则赴友好之约去北城矣。

入夜,与基、宜、鉴及湜儿、彩英同饭,正举箸而韵启至,遂邀同共饭。饭后,基、宜抱孩先归。元鉴继之。湜则往颉刚家还书。

傍晚,振甫来还《夜读书记》,并付湜儿扇面(转属云瑞画山水)。谈至上灯辞去。八时半,润归,及韵启闲谈,九时半,韵启去,湜儿亦归。又假得书数种,中有光绪庚子温州府署二此堂刻《卢苑百印》二册。予乃属留置案头备览。

十时一刻,拭身就寝。翌晨四时起溲。

元孙处信询知润、琴已于今日复出,并寄食物慰喻之。书未发,仅寄食物。

9 月 10 日 (八月十四日　己酉) 星期一

晴。

六时半起。以心右作痛,气复逆施不得不起,以求舒耳。早餐后看《卢苑百印》,乃同治壬戌进士商邱王琛任温州知府时所刻之印谱，凡上下两册。排列所蓄印章，每印蜕之上方必有木刻识语，大都历叙生平，有类年谱，而印章有刻山水泉石者，亦印谱中之别开生面者也。其下册中有其自撰联语白文加边十六字云："能食能眠身安心泰，不求不忮虑淡物轻。"深有契于予心，亟录之。看《参考》、《日报》，并续钞《清嘉录》。

爱农中午十二时及晚七时俱出看电影。七时者与芬孙偕往。彩英亦于下午二时出看电影。

晚饭后，闷坐打五关，明日中秋，而元孙盼信不到必不愉快，其父母靳此一信亦忍矣哉。予九时三刻就卧，竟难入寐，中夜起溲三次。

9 月 11 日（八月十五日　庚戌　中秋节）星期二

多云间晴，傍晚阴。月晚见，有晕。

六时半起。九时，尔松、尔柏昆弟来，坐有顷，去。潏儿来。看《参考》、《日报》，并钞《清嘉录》。午后小休。晚七时，桂本来，因与潏、彩、桂、爱同进晚餐。润儿参加共饮，仍回南屋吃饭。八时半，潏、桂同归小庄。十时，予就寝。湜、修往琉璃井孝达家，晚十一时始归。予已入睡矣。是夕，仍起溲两次。

9 月 12 日（八月十六日　辛亥）星期三

六时半起。薄云笼罩，深感闷郁。

九时，友琴见过，知曾在齐齐哈尔视其子女，一周前始返京。谈至十一时乃辞去。近午开晴，气又转热。

阅《参考》及《日报》。有两事应大书。深刻者：一为第四届世界不结盟国家首脑会议胜利闭幕，发布正义宣言，又一为法国总统蓬皮杜来访中国,使东西方两大文化古国加密交流,并共同反对世界霸权,抵制超级大国。

午后小睡起,钞《清嘉录》卷九,毕之。夜饭后,与湜儿、彩英接龙为戏。九时半就卧。一时许起溲。

9 月 13 日(八月十七日　壬子)星期四

晴间多云,晚有月,甚娇。按历昨才望,今日见月犹中秋也。

晨六时半起。九时,爱农赴潴儿之约,往西郊动物园。予阅《参考》及《日报》。仍钞《清嘉录》。午后二时,潴儿偕爱农、熙熙自展览馆餐厅来。四时三刻,昌硕、元鉴同来。六时半同饭。饭后,见月,因移坐庭中,特架目镜一赏之。九时,潴、硕、鉴、熙等一行去。予亦返室与彩、农接龙,至十时半,乃就寝。一时半起溲。

9 月 14 日(八月十八日　癸丑)星期五

晴。

晨六时半起。八时半,爱农出,潴儿约在天安门相见,同游故宫也。予阅《参考》及《日报》,并续钞《清嘉录》,毕第十卷。午次,潴、农同归共饭。

潴夜饭后去小庄。予与湜儿、彩英、爱农抹牌为娱,轮流接龙。接元孙昨发信,知其母寄与包裹已到,信则尚未收着也。并知十一节或可争取回家云。茂孙鼻头炎发作,疑其转为额头炎,其母凌晨往崇文门同仁医院挂号,并陪往诊治。近午归,谓尚未致延及额头,仅为轻压出脓,并属明日再往院中压脓一次,大概可以望痊,询诸茂孙本人,亦觉舒松不少云。

十时,拭身洗足易衷衣就寝。十一时起溲。翌晨五时起溲,竟又大致咳喘，肩背胸腹俱感乏力，似担着重担，勉为挨行。大约秋分在望，所谓大发节气乎？

9 月 15 日（八月十九日　甲寅）星期六

晴间多云，中午仍热，早晚已凉。

六时半起，乏力颇甚，坐息良久乃稍平。九时，平伯见过，承视近撰曲园先生《悠谬词》手稿新跋。谈至十时半去。

茂孙仍感头额作痛，往医院注射，午饭后其母归视，再偕往院中询问，则星六、星期例息，不接受门诊，废然而返，徒深叹息而已。予仍阅《参考》及《人民日报》，并钞《清嘉录》卷十一。晚饭后仍与湜、彩、农、芬等抹牌接龙，聊遣疲闷。十时半就寝。三时许起溲一次。

9 月 16 日（八月二一〔十〕日　乙卯）星期

晴，入夜有细雨。

六时半起。因忆昨日平伯为言吾乡文人包天笑现年九十八，住香港，尚能写文，其友陈从周云。然则吾乡前辈之最为老寿者是不可以不书。午前，阅《参考》、《日报》及钞书。

湜、修以须看电影及省其外家，午间在北屋同用馄饨代饭。饭后小休。三时半，潘儿来。

四时许，振甫见过，以章式之闸墨刻本相视，因闲谈及于近人卫生箴言，谓以四语概之云：基本吃素，饭后散步，遇事不怒，劳逸适度。亟录之，近六时去。

潘儿夜饭后即去。惧罹雨也。八时，湜、修乃归，日间，湜谒刚主，假得袁学澜《适园丛稿》刻本六册。其中多关涉吴下掌故者，予于灯下看其《姑苏竹枝词》。十时就寝。转侧久之始入寐。

9 月 17 日（八月二十一日　丙辰）星期一

殷雷破晓，掣电耀窗。予亟起溲，返床即感气急，喘咳随之，不能偃卧，即披衣伏案，彩英调灵芝糖浆（林宜所赠）饮，予稍稍宁，只索盥漱。进早餐时小雨已过阵。杲杲日出矣。八时半，茂孙往朝阳医院会潘儿及外孙婿张桂本诊治。

十时，农祥来访，知患腿部神经痛，不便行动，近经针疗，勉出看予。十一时，潘、茂归，谓诊断是额头炎，已经电疗，须经一疗程云。农祥辞去，留饭不果。看《参考》、《日报》及钞书。接元孙十五号信，知在争取十一请假回家，其父母寄物及复信都收到云。

下午四时，袁行云来访，知方自琉璃厂来，买得珂罗版《化度寺碑》。谈至垂黑乃去。潘儿则午后三时即归去，亦怕雨及也。其实，今年秋黄梅特甚，阴晴倏变，午后又确又洒几点小雨也。夜饭后，仍接龙为娱。九时半洗足就寝。二时许起溲。

9 月 18 日（八月廿一〔二〕　丁巳）星期二

晴间多云，晨曾飘细雨，下午又有小阵雨，青天打雷，是亦一异。

六时半起。八时一刻，爱农往神武门潘、基之约，再游故宫。十一时，潘先来，爱去动物园购月饼未着，亦回，因共午饭。接十六号漱儿信。

彩英上午在朝内市场购得胜芳大蟹十二枚，晚乃炸而分之，人各一枚。予独享团脐一尖脐两。数年未尝有持螯之乐，今得一餍馋吻，不亦希觏奇遇耶。晚餐毕，已九时，瀏匆匆径去。予仍抹牌以冀消化。十一时许乃寝。二时许起溲，尚无所苦。是日阅《参考》、《日报》及钞毕《清嘉录》卷十一外，偶看石印《点石斋丛画》所收画稿，多搀东人之作，盖光绪时上海石印业全操外人之手，宜其有此所谓文化侵略之嚆矢也。即微知顯础润先兆矣。

9月19日（八月廿三日　戊午）星期三

晴。

七时起。九时后，看《参考》、《日报》，并钞《清嘉录》。十时，瀏儿来。彩英在菜市又买得大蟹，因又大啖，并分与爱农，各为出粉熬油，予略贮，以为不时之需。半则由爱带晋云。瀏夜饭后去。十时，予拭身就寝。今日蒸热，有如七月。持螯而思扇，亦一异矣。一时半起溲。

9月20日（八月廿四日　己未）星期四

晴间多云，下午燥热，入晚雷电，大雨移时乃止。

早六时起。八时写信，昨夕接旧戚闻云章沪信，知已退休，欲来京观光，予因首先复之表欢迎。以次复漱近信。并为彩英写家书。又以久未得滋儿讯，特书示悬念，附照片焉。瀏儿来。

彩英上午去朝内市场，下午去西单菜场，为予购求螃蟹，乃以需求者众，均排长队伫候，及至排到，货已售罄，只得垂橐而归。盖此物嗜者甚广，连年不见，一旦发见，展转相告，顷刻成市，宜多后至之憾。且得意不可再往，亦古来流传之名言乎。午后，予阅《参考》及《日报》，且钞《清嘉录》。

六时，升埩来，因与瀏、湜、（修去母家，故侍予食。）埩、彩同

餐。爱农晨出省其旧保姆吴志华。在彼盘桓竟日,晚饭而后返,竟
值雨淋身。八时,雨止,潽、埕皆去。十时半就寝。中夜仍起溲。

9 月 21 日（八月廿五日　庚申）星期五

晴,热,有如夏末。

晨六时半起。八时,见新放大迎迎、延延、熙熙三外孙游戏照
片,偶兴为题七言十四句云:婉娈活泼三小儿,咸逞娇稚玉卢姿。
终日遨戏不知疲,乐天葆真态犹夷。暇日携游公园时,奔放直同马
脱羁。甫从义驹背上骑,又登盘旋滑梯嬉。摄入镜里各自怡,忘否
管领有阿姨。我对此景频支颐,竟亦不觉日西移。欲问此中乐者
谁? 曰迎曰延曰熙熙。

九时后,阅《参考》及《日报》,并钞《清嘉录》。午后小休便起。
夜饭后仍抹牌接龙,十时乃洗脚就卧。中宵起溲两次。

9 月 22 日（八月廿六日　辛酉）星期六

晴。

晨六时半起。又犯喘逆,彩英为调灵芝糖浆,厌之良久乃稍稍
定。是日气温最高为27°C,而烦热燥闷,每思挥扇异已。九时,于
维洛来访,询近代史诸事,近十一时乃去。爱农与升埕、升基、林
宜、小朔俱受潽儿之邀,在其家盘桓,晚九时,爱农始返。予阅报及
钞书如旧。

夜十时拭身就卧。中宵仍起溲两次。

9 月 23 日（八月廿七日　壬戌　秋分）星期

晴间多云。躁热又胜于昨。

　　六时半起。九时，爱农应元鉴约，去天安门拍照。有顷，升基来，为升埡送喜糖。知已于中秋结婚（本言十月一日）。因致电黄婿业熊声贺。与升基同饭。饭后小休，三时，爱农、元鉴与湜儿皆自孟家来，盖湜往视丽华，鉴、爱适亦在孟家。遂在彼留饭而后归也。四时半，潘偕桂本、迎迎来，升埡亦来，升基则返林家。夜饭又挤满一桌。饭次，昌顯来，甫自青岛出发来京，将转赴兰州、长沙、上海、杭州等处出差，道经此地也。乃同晚饭。饭后，挥扇长谈，至八时半潘、顯、桂、迎、鉴、埡俱去。

　　接廿一漱信，告云章夫妇将偕来。十时拭身就寝。中宵仍起溲两次。

9 月 24 日（八月廿八日　癸亥）星期一

　　昙闷，入暮风起，有雨意，气凉而不爽，湿重故也。

　　晨六时半起。九时后，看报及钞书。在此之先，亟书示漱儿，令往访云章，宛讫我家情况，若双旌聿来，实无下榻处，俟其自决行止。庶释我踌躇也。饭后小休，三时起。潘儿来。五时，昌硕来，六时半，昌顯来。遂与潘、彩、顯、硕、爱一行同饭。晚饭后，潘等恐雨及，少选即行。知明晨顯即结伴赴兰州出差云。湜儿受《卢苑百印》影响，以曩所学画之顽石及予题辞翻刻入一小石砚背，居然可观，蜕影呈予，殊以为喜。

　　十时就寝，中夜仍起溲一次。

9 月 25 日（八月廿九日　甲子）星期二

　　晴间多云。转凉。

　　晨七时起。九时后，阅报及钞书。午前，子臧见过，久不晤，正念之,握谈甚快,移时乃去。午后小休,起仍钞书。薄暮,汉同事邱女士自咸宁来,携交伏君所制竹笔筒一事。雕锉精工,真案头清供也。把玩久之。晚饭时,邱坚辞而去。予与彩英、爱农遂同进晚餐。餐后三人仍抹牌接龙,近十时始就寝。又加一薄被矣。中宵起溲竟披棉衣。

9 月 26 日(九月　乙丑朔)星期三

晴。

六时起,又大喘咳,服灵芝糖浆亦良久乃稍止,比早餐已始平,
爱农七时半出,骑车过约升埫,同往颐和园游览。九时,圣陶见过,瀹儿适来,湜儿亦以事假在家,因得共谈。并写示近作数首。其《老境》起句云:居然臻老境,差幸未颓唐。诚能自道其真者。十一时去。午后,涪生、文平夫妇携其女祎来省湜、修。予以其间小休片晌,并阅报钞书。四时许,爱农归,谓曾与孟伯伯同游,并在园门口遇及元鉴共游云。

瀹儿去。晚与彩、爱同饭。八时,涪生一行去。予仍与彩、爱接龙为娱。十时始寝。一时许仍起溲。

9 月 27 日(九月初二日　丙寅)星期四

晴。

六时半起。八时许,元孙自车站来,其同事张强偕返,盖同时准假返家者三人,此人与芳孙同路,故过送之,留早饭而后去。瀹儿来,未饭即回小庄。予阅报外仍钞书。午后小睡片晌。四时,原平汽车配件厂采购员郭招槐自天津返晋过此,特来看爱农。润儿遂留待晚饭,予因亦饭于南屋。八时三刻,招槐去车站,芳、爱两孙

送之,因托伊捎带东西返晋也。比其返,予已就寝。寝前洗足。中宵仍起溲。是夕初御厚被。

9月28日（九月初三日　丁卯）星期五

晴。有秋意矣。

六时半起。九时许,学部领导同志六人来致问,并致水果一筐,糖果一包,以国庆在迩,特承慰问也。其中包有学部干部主任一人,军宣队指挥二人,历史所、经济所、外语所及本所各一人。予惟识本所张惠铭同志,馀俱经分别绍介但仍不能一一记忆姓名也。慰问者甫出门,而潽儿从所中来,为予领到预发十月工资。领导关注固可感,而尸素尤切惭悚耳。

写信复汉儿,附一笺谢刻竹见赐之伏振氏,又复平伯前夕承示并贻其近摄携外曾孙小照,故特书谢之,兼申不能答拜之歉。晚饭后,令湜儿送去。潽儿下午四时去。

夜饭后,仍接龙。日间仍看报外钞书。十时就寝,起溲一次。

9月29日（九月初四日　戊辰）星期六

晴。

六时半起。九时后,看《参考消息》,并钞《清嘉录》,近午毕全书,只馀序例、题辞未钞。仍须钞入也。下午小休旋起,钞《清嘉录》序例成,并看《人民日报》。彩英为度节招待亲属,出外采办蔬肴,近暮始归。劳累固不待言,而经常如此,予亦不胜其烦,殊甚厌恶矣。芳孙归来,住不下,前晚茂孙借居其同学杨家,腾出床位让其女兄,昨晚爱农则住其伯母家,始暂安帖,而爱农不惯其伯母家,今日仍属茂孙外住,伊则去首都体育馆看冰球,十一时乃返,予已入睡矣。一时许起溲一次。

9 月 30 日（九月初五日　己巳）星期

晴。今日星休例假,以明日国庆,将延续放假三天,故今日各机关、学校都照常上班上学。盖亦移补之一道也。

六时半起。七时后续钞《清嘉录》题辞,近午毕之,于是全帙钞校竟,将分三册装之。九时后,看《参考消息》。十一时许,本院经济所朱家桢来访,盖其妇去原平汽车配件厂当干部,与芳孙同厂,将托伊捎带东西也。接谈有顷,去。予属其顺问狄超白好。以其所中只认识超白一人也。午饭呼芳孙同进,自晋归后,首次同餐也。饭后为伊绷绕绒线。彩英又为过节出办节物。予小憩,四时起,彩英亦归。六时半晚饭。饭后,湜、修偕同彩、爱、芳、芬往天安门观赏节景,并在耀同白昼之灯光下摄取照片若干帧云。予则伏案打五关,间与润儿闲谈。九时半就寝。十时半,湜等一行归。

茂孙仍住杨家,明晨径往中山公园参加游园活动,作维持秩序之标兵云。

一时许仍起溲。

10 月 1 日（九月初六日　庚午）星期一

癸丑岁

晨觉,听国庆广播,以咳逆坐起,六时即披衣下床,并由彩英调灵芝糖浆饮之。坐听至七时四十分乃毕,然后梳洗进早餐。天阴欲雨,近午微见日色,旋又阴合,黄昏洒雨,淅沥达旦。凉意乃渐深矣。看《参考》及《日报》,外看美国作家埃德加·斯诺所著《我在旧中国十三年》,此书真切富感情,读之竟难释手,一气看下,约过半。湜、修往饭琉璃井,夜十时始返。茂孙参加中山公园园游会,爱农亦获得一入场券,于下午二时往中山公园。俱先后回家晚饭。予与润、琴、彩、芳、芬等中午及夜餐俱在南屋聚饮。夜十时后洗足就寝。起溲两次。

10 月 2 日(九月初七日　辛未)星期二

阴雨连绵,时闻檐注,气遂大凉。

晨六时半起。《参考消息》依时送来,《人民日报》则盼至深夜尚未到,想为园游名单及宴会名单,须作较审慎核印之故。十时后,桂本、升埰夫妇挈小挣、潚儿携其孙女、外孙女,昌顯夫妇、元鉴先后来到,惟升基未至,升埰两次用传呼电话询林家,终以天雨不便传呼而推诿,未得通至。十二时三刻,只得开饭,除小孩另吃外,分坐南北屋为两席,北屋为予及润、湜二儿,修媳、芳、茂二孙、桂本、升埰、丽华、元鉴,凡十人,南屋为潚儿、琴媳、昌硕、中英、爱农、芬孙、彩英,凡七人。饭后,予小休片时,升埰及茂孙出看球赛,丽华及小挣即归孟家,及予起乃知之。元鉴送丽华同去云。有顷,升基、林宜来,与留此者盘桓共谈,同进夜饭。润儿、琴媳、芳孙、茂孙、芬孙及彩英在南屋饭,馀俱在北屋予与同饮。热闹至八时半,潚等三家始各归去。扰扰数日,至此始略宁。如此度节,殊非老人所宜适耳。

接漱儿书,知曾去信闻家,委婉说明情况,劝伊等推迟来京,或可奏效乎?十时后就寝,加被。中宵仍起溲一次。

10 月 3 日(九月初八日　壬申)星期三

阴。

六时半起。听我国出席联合国团长乔冠华讲话，表达了全中国及全世界的正义之声。快甚！午间，似有晴意，但渐渐转阴，入夜竟有中雨，而且彻夜未休。下午四时，光暄见过，谈次，润儿及滋儿皆来会，滋儿刚从颉刚所来，谓藏云已不幸于前日病逝。有顷，潗儿携包裹来，准备与爱农今晚同赴太原。又有顷，至善、满子夫妇来，谓适从贺家来，奉圣陶命唁问藏云夫人云。藏云之逝，学术界又弱一个，不胜悼念，顾予行动须人，竟不能一为临问，极为难过也。六时许，光暄、至善、满子俱去，予等即收拾晚饭，俾潗、爱从容上车，乃垂暮即雨，愈下愈紧，而伊等所携零星行李有八件之多，车辆久已雇不到，（三轮绝迹已年馀，而摩托小三轮尤竟成奇货。）徒笑奈何！至九时，予命润儿冒雨往车站，想在彼雇一小摩托来载，以俱去，讵奇货难得，空手而归，乃由润、湜、彩、芳四人分携并用两骑车推送而往，持伞徒涉，狼狈之至。出门已十时，予坐待归报，愈坐愈冷，乃就床拥衾以俟。十时三刻送者归报，已安排妥贴，上车待发矣。心头一大石始掇去。良久乃入睡。中夜仍起溲。

10 月 4 日（九月初九日　癸酉　重阳节）星期四

六时以气逆即起。天色阴森。早餐后，彩英、芳孙往首都体育馆看冰球赛，天渐转晴。

九时，接汉儿十月一号复信，知予廿八号去信已收到，并告，将有黄山之行。而滋儿竟无复（廿四去信已十天），殊念之，不识伊等近状究如何也。十时，上海漱家邻儿陆秀荣来看彩英，谓明后日即将返沪，问有无东西捎带？坐待移时乃辞去。十二时许，彩英、芳孙先后归。予已阅毕今日之《参考》及《日报》矣。

午饭后，小休片晌即起，续看斯诺《在旧中国十三年》，至四时全书阅完。此人实一能说善写之新闻记者,富有冒险精神及正义感,宜乎在中国人中发生好感耳。午前后放晴,近暮又渐见阴沉,黄昏后细雨。夜饭后,湜儿、芳孙往看升基、林宜及小朔。芬孙则独往首都体育馆看冰球表现。予与彩英、文修抹牌接龙,以俟伊等之归。十时许,湜、芳返,芬则十一时许始归,予刚就睡。中宵仍起溲。

10 月 5 日 (九月初十日 甲戌)星期五

初阴转多云间晴。

六时半起。九时三刻,子臧见过,转述昨在所中听到传达报告,四届人大代表学部得七人,为胡绳、夏鼐、任继愈、刘大年、吕叔湘、顾颉刚、唐弢云。近午去。予看《参考》、《日报》,外点阅湜、修所钞《桐桥倚棹录》。饭后小休,未能寐,即起。四时后,次园来访,闲谈达暮乃辞去。黄昏时,得历史所电话,告藏云之丧,谓明日将在协和医院举行告别仪式,移灵八宝山火葬,询参加否,予行动不便如此,焉能前往? 心疚之至。只得转托杨君(顷电话来告者)代向贺公家属致意,并署名花圈上示哀矣。

九时三刻,洗足就寝。竟百感交集,通宵失眠,至翌晨四时起溲返床始获朦胧。六时又惊矣。

是日,接闻云章信,知来京作罢。又得外孙升埒信谓前去贺电。

10 月 6 日 (九月十一日 乙亥)星期六

七时勉起,精神阑珊之至。天气仍阴,近午渐晴。黄昏又有雷雨。

看《参考》及《日报》，外续点《桐桥倚棹录》。上午维洛、礼生先后来问长问短，颇感累。维洛十一时半去，礼生则饭而后行。下午四时半，接电话，有人要访予，谛听之电话自颉刚家中来，谓昔年六〔甪〕直五高小学生也. 予亟欢迎其来，有顷，果至。全不相识，旛然一近七之人。经自述乃画家赵公绂（志麟），予在五高任教时自一年级教至三年级毕业之旧生也。回忆当时已将六十年，伊在宗教管理局工作，近已退休，即将还苏垣居住，故特来谒辞耳。近晚乃去。

硕孙来谒，因同晚饭。小安有信告近状，谓不安于家，乞其外祖母援手。予属令即将原信转太原潏儿，他人亦无能为力也。八时许，硕乘雨隙归去。予惟嗟叹而已。十时就寝。是夕竟未起溲。

10 月 7 日（九月十二日　丙子）**星期**

六时半起。天气晴。九时，刚主见过。湜儿侍，长谈苏州掌故，便以袁学澜《适园丛稿》还之。十一时半去。予仍看《参考》、《日报》，并续点《桐桥倚棹录》。

饭后小休，热，睡至四时起，颉刚来访，适湜儿往谒，中途相值，伴以俱归。知其家已在安设火炉，因谈赵公绂昨未晤及，见伊言次，精神甚好，大约略有兴奋之故。六时，由湜儿伴送归去。

元鉴来看绪芳，因与同饭于北屋。八时三刻，鉴乃去。予以天色转爽，体亦略舒，十时就寝，睡至翌晨四时乃起溲。是日，接士敫、潏儿信，知潏、爱安抵。

10 月 8 日（九月十三日　丁丑　寒露）**星期一**

晴。四时返床后，复入睡至近七时乃醒，又感气逆，即披衣起，坐息久之乃舒。九时，接清儿汇款单，即爱农在京移借之款。即复书敩、潗、清，并以滋儿仍无书来亦亟移书让之。

十时，介泉见过，及汉儿同事崔君来询汉回否。崔君略坐便行。介泉则谈至近午始去。

下午小休。起看《参考》及《日报》，并续点《桐桥倚棹录》。夜饭后，芳孙出观马戏，而其同学朱英来访，予接谈，知已满师为二级工，正在王府井南口加建北京饭店新大厦工作云。八时辞去。约明日下班后再来。

十时就寝。十一时许，芳孙乃归。予仍于下半夜起溲一次。

10 月 9 日（九月十四日　戊寅）星期三

晴。

六时半起。八时半，平伯见过，示以所持泰山柘枝手杖，谓陈从周新从曲阜来赠此云。从周治建筑，奉差至彼，修大成殿也。谈移时，将行，农祥来，因留谈有顷。十时，平伯去。少焉，友琴见访，因介泉告伊予犯喘，特来慰问，并带到冠英口信存问，极感友朋关注也。十一时，农祥辞去。又越半小时，友琴亦行。

午饭彩英制腊味菜饭为供，久思此物，颇甘之。饭后小休。起看《参考》、《日报》，及续点《桐桥倚棹录》。朱英来访芳孙，在南屋晚饭。予与彩英、文修接龙为戏。十时就寝。一时半起溲。

10 月 10 日（九月十五日　己卯）星期三

晴间多云。

晨六时半起。九时后，看《参考》及《日报》，并续点《桐桥倚棹录》。下午二时半，吴慧来访，谈其近作《中晚唐经济社会史》初稿,本为其《李商隐评传》之前奏(历史背景),而维予谓似嫌头重,故专集材料,改为此作。长谈至六时乃去。临行,以近作三首见贻。

外孙婿张桂本来,夜饭而后去。黄昏无聊,家人聚谈,予为缅述童时所历上学、度节诸状,颇为家人所爱听。十时,洗足剜鸡眼后就卧。

二时许起溲,返床仍入寝。是晚八时许,湜友吕剑来访,出纸索书,深愧无以应,始留待异日勉偿其请。

复初日记第四册终。凡历七十九天。

10 月 11 日①(九月十六日　庚辰)星期四

初晴转阴。

晨七时起。九时,元善见过,谓顷从颉刚处来,因出吊丧未晤,想为藏云八宝山葬仪也。谈其想法,谓倘能利用电影将中国历史各方面皆可绍介,则裨益必宏。因相与长谈,至十一时半始别去。接裘进富西安一号来信,知已安抵,正展开工作云。伊从军治医已成出色军医,为部队造福可嘉也。看《参考》及《日报》,并续点《桐桥倚棹录》。

午饭后,无风无雨,而多云,久蛰思动,又兼元孙明晚即须返晋,此来予从未与之偕游,因偕同彩英、元孙步往史家胡同口,登廿路汽车,当然前挽后拥,始克坐到东单,下车虽脚软如绵,而扶枝鼓气,又有人旁侍,竟徐徐前行,屡屡停足,终抵王府井南口。见新北京饭店已高出地面十三层,坐道旁矮墙仰瞩之,铁臂纷

①底本为:"一九七三年十月十一日至一九七四年一月二十二日,复初日记第五册"。

摇,建材坌集,约坐观半小时,真伟构也。仍循原道返东单,越道而南,就文具店选购毛笔,善琏之笋尖式仍言无有,只得买其七紫三羊毫四枝,彳亍回车站,乘廿四路还禄米仓,扶将以归,已五时,惫矣。

夜饭后,坐休至九时半,易衷衣就寝。中宵仍起溲一次。

10 月 12 日（九月十七日　辛巳）星期五

多云间晴。

晨六时半起。看报外写信五通,分寄沈阳顾伟富,西安裘进富,咸宁汉儿,上海闻云章及漱儿,颇见累。贵阳墇孙犹未复也。

午前,元孙同学石小援之母吴夫人来访,兼托元孙带物与其子小抗,顺谈少顷去。午后小休,彩英出为昌预购物,垂暮乃归。夜饭后,仍与彩英、文修接龙。十时,芳孙成行,润、琴、茂送之。行后发见尚忘携之物,芬孙又追往车站。日间所写诸信即交伊等携出投邮。

十时半就寝。有顷,闻润等归。知芳孙已安全登程矣。三时许起溲。

10 月 13 日（九月十八日　壬午）星期六

晴,已感薄寒,或有霜冻耳。

六时三刻起。九时后,看《参考消息》,并点毕《桐桥倚棹录》全部十二卷。近午《人民日报》至,又看之。

饭后小休。三时许起,韵启来,谓近亦血压高,故获休假,因见访,遂与长谈,留共晚饮。饭后复与润、湜闲谈,至九时半归去。晚饭后,茂孙往大木仓晤林君。取回弥同托代之面粉一袋。十时就寝。中夜起溲两次。

10 月 14 日（九月十九日　癸未）**星期**

晴。

七时起。九时,湜儿为予先安一炉,备骤寒。接濬儿十二号太原信及滋儿十二号当涂信,知佩媳已去上海接小明返皖。午前,阅《参考》及《日报》。饭后小休,三时蕴庄来访,商议为圣陶八十初度集友釀饮事,谈移时去。

夜为湜、修所钞《桐桥倚棹录》撰跋语,强调钞书之益,未脱稿。九时三刻就卧。是日湜、修往琉璃井外家晚饭。比归,予已睡矣。

翌晨四时半起溲,颇感冷,足见预设火炉之必要。但尚未愿即升火,因升火后,势不能罢耳。夜得元孙长途电话,告安抵。

10 月 15 日（九月二十日　甲申）**星期一**

晴。

七时起。九时,圣陶来,知伊仍蝉联四届人代代表,雁冰亦仍预选也,长谈至十一时归去。看《参考消息》已。近午,外孙元锴挈外曾孙增祥自窦店来,晚饭后乃返小庄寓所。予午后小睡,起后看《人民日报》,并将昨撰之跋脱稿。元锴走后乃就灯下书于《桐桥倚棹录》钞本之后。是日为湜卅九岁初度。桂本下午来取去托彩英采办诸物。伯宁两次电话告廿五号釀饮事已办妥,是日正午十二时在康乐楼上。

夜十时半就寝。翌晨五时起溲。又大咳喘,彩英为调灵芝糖浆饮,予移时乃定,复朦胧入睡。

10 月 16 日(九月廿一日　乙酉)星期二

晴。

七时起,始御棉裤。午前阅《参考》及《日报》。写信复潏儿,并为彩英复其子为民及媳菊芳。午饭后小休,二时半起,独坐打五关自遣。六时半夜饭。饭后,仍抹牌接龙。十时就寝。翌晨三时及六时各起溲,返床仍得朦胧小睡。

10 月 17 日(九月廿二日　丙戌)星期三

晴。

七时后乃起。九时半,刚主见过。长谈移时,老友关切,每承存问,殊感。十一时辞去。午前看《参考消息》并校点身所前钞之《清嘉录》。饭后小憩,起后仍续校前书,并看《人民日报》。

傍晚接清儿信,内附爱农信,知潏儿在彼甚适,予实希望其能久住也。夜饭后,仍抹牌接龙。十时就寝。中夜仍起溲两次。

10 月 18 日(九月廿三日　丁亥)星期四

晴。

七时起。八时接漱儿十六号复信,知佩媳确在上海接小明,大概十八(即今天)便回当涂新博矣。九时,吴慧来访,往复讨论所撰文,至十二时三刻乃辞去。午饭后,未休,看《参考消息》及续校《清嘉录》。夜饭后仍抹牌接龙为戏。九时三刻就寝。十二时许起溲一次。

10 月 19 日（九月廿四日　戊子）星期五

晴。

六时半起溲,稍须即着衣盥漱,进早餐。点校《清嘉录》毕第三卷,钞本上册完。写信两通,分复滋儿及元孙,强词慰勉。午后未息,看报外,接校手钞《清嘉录》第四、第五卷。三时半,尔松偕老友芝九之子来介见,询悉芝九健康近况,适彩英上街市物,并茶亦缺供,殊以为歉。阅时辞去。近暮彩英始归。六时半晚饭,九时就寝。十二时起溲。

茂孙应本校指派去工厂学工半个月,昨日期满,得休息三日,并由厂方师傅出具表扬信,备致揄扬,将于廿二号返校上课。

10 月 20 日（九月廿五日　己丑）星期六

晴。

七时起。午前阅《参考消息》及《人民日报》。午后略休便起。续校《清嘉录》,抵暮完第八卷。于是,中册校点竟。傍晚,昌硕来,未几,其妻女亦至,遂同夜饭。八时半,硕一家归小庄。是日接滋廿三号来信,知予两信俱在邮途中交臂而过,此信告汉儿黄山游后仍过新博,然后返宁,乘轮回武汉云。

十时后就寝。翌晨四时半起溲,返床后几致大咳,幸力持静摄,仍得朦胧略睡也。

10 月 21 日（九月廿六日　庚寅）星期

晴。

七时起。九时后阅《参考》及《日报》,并赓点《清嘉录》。午后小休。起后濮文彬之女秀丽来省予,并介见其子范迎宪(本市一中高一生),承关注,至感。谈良久乃辞去。

自均正介绍瑞草油后,久觅不可得,今晨湜儿往访均正,话及此事,即承以自用者慨赠携归呈予,既感且愧矣。是日,湜为予易画,上周挂张谷年青绿山水,今仍悬石瓢墨兰,为其可耐炉火之灼耳。

夜九时半就寝。十二时仍起溲,恰是夜初燃煤饼炉,幸不感冷。

10 月 22 日（九月廿七日　辛卯）星期一

晴。

七时起。九时后阅《参考》及《日报》。

午后小睡。起点校《清嘉录》,至暮全部完毕。拟再撰文跋其后,未果。夜饭后,仍接龙,十时就寝。以天尚未寒,未升炉火。十二时仍起溲。

10 月 23 日（九月廿八日　壬辰　霜降）星期二

晴。

六时三刻起。八时半,伯宁、蕴庄伉俪来,告后日叶公生辰聚餐已完全办妥,并以菜单见示,予当答无意见,约至时准到云。谈次,维洛来访,伊等便去。因与维洛论近代史若干事,十一时去。接汉儿廿一号咸宁信,告已由黄山转宁,汉返干校。

午后未休,阅看《参考》、《日报》,并将前题张、潘、聂三外曾孙女嬉游照题辞书于照相底版上,顺为诗人吕剑(号云崖)书一斗方。真垂老学作名士矣,殊堪自哂。元鉴下午来,夜饭后去。夜饭后,仍抹牌为接龙之戏。十时就寝。翌晨三时许及五时半均起溲。是夕接升炉火,将不熄。

10 月 24 日（九月廿九日　癸巳）**星期三**

晴。

四时三刻天未明,彩英即赴车站迎候顾伟成、伟富之母自沈阳来,盖前日已得伟富信,知将于今晨六时到京也。予溲后仍返床,七时,彩英及顾母归来,予始起。顾母十馀年未之见,已皤然一妪。询之年亦六十六矣。岁月真如驶哉。十时许,颉刚扶其女洪来,谈移时去,与潘参商事,此老犹耿耿胸次也。午后小休,起看《参考》及《日报》。夜饭前,彩英伴顾母曾往天安门及中山公园一游(午后三时往,及是乃返)。夜饭后谈往说闲,至九时半乃各就寝。中宵仍起溲两次,幸炉火未熄,而返床又大咳矣。

10 月 25 日（九月三十日　甲午）**星期四**

晴。

六时半起。八时彩英伴顾母往香山看红叶。九时,略看《参考消息》。十时一刻,命湜儿步往车站排队雇得一摩托三轮,十一时十分,始彳亍而来,乃偕乘以往王府大街康乐餐厅,至则云彬、伯宁翁婿、母女以先在,圣陶、至善、满子及诸参加者陆续来,至十二时,都到齐(所约诸位只元善之夫人以事未来)。此次定菜安排俱由伯宁承办,因与其执事者稔,乃得专用一室设两席,待遇与招接外宾埒。在近日为殊遇矣。一席为圣陶、满子及颉刚、平伯、叔湘、云彬四伉俪并元善,又一席为介泉、均正、振甫、伯宁四伉俪及至善与予父子,两座各十一人。饮馔甚精,即席有人计在席年龄,第一席合八百十二岁,第二席合七百廿三岁,凡千五百三十有五岁。是诚千五百龄盛会矣。畅叙至下午二时而毕。浞儿在餐厅对门第二汽车公司特设站雇得一出租汽车,辞众先行。二时半已到家。(是日席费分十九份,摊每份计五元六角一分。)

接为民寄来包裹单,即令浞往东单邮局取回,乃在灵岩山临时商店所购得之松仁粽子糖,苏州采芝斋、稻香村竟缺货,不图乃于山中见之,亦一奇也。是日,风和日暖,出门归来俱得快慰,到家后即起风,入暮渐阴,黄昏后竟雨。彩英偕顾母六时始归,知到香山时有薄雾,红叶翳如乃转车赴颐和园中。食堂停供,不便久驻,又乘车回动物园,在园旁小食店啖馄饨馅饼果腹,始循一路车返家。予与共进晚饭,予仅啜薄粥一盂而已。黄昏坐雨,仍接龙以遣之。十时,洗足就寝。仍起溲一次。浞儿积困感冒,今日又特辛劳,夜乃发烧。

10 月 26 日（十月　乙未朔）星期五

阴雨。

晨七时起。浞儿未退烧,拥被卧,文修为电话请假,傍晚乃退尽。予看《参考》、《日报》外,拟为手钞《清嘉录》撰一跋文,未脱稿。

夜饭后,天气转晴。仍接龙为戏,十时就寝。翌晨五时起溲,仍返床卧听收音机。

10 月 27 日（十月初二日　丙申）星期六

晴。

七时起。八时后,续草跋文,九时后,脱稿。接看《参考消息》。十时，书跋文于《清嘉录》钞本后，亭午始竣工。午后，彩英伴顾母往游天坛。予就榻小憩。起阅《人民日报》，两超级大国玩弄中东停火，我乔团长在联合国安理会折冲顽强，义正辞严，令人气壮。我独伸大义于天下，得道多助，有德必不孤也。

陈次园为送书幅与湜，薄暮来，少坐便去。顾母、彩英入暮始归。晚饭后，仍抹牌接藉消滞气。九时半就寝。夜未起溲。

10 月 28 日 (十月初三日　丁酉) 星期

晴。

六时半起溲，即着衣盥漱。昨宵虽有梦扰，得安稳未起，幸矣。九时，看《参考消息》。十时，谭季龙见访，知为历史地图事奉外交部召来京开会，已住月馀，侯通过即可返沪出版云。谈移时去。十许年未见，容益丰满，发虽微秃，精神甚挺。询其年亦六十三矣。

湜儿上午往谒圣陶，携归其诗稿三册，予所钞《清嘉录》亦送去供浏览矣。午后，予小休。彩英伴顾母往游故宫。

接元孙原平信，复予十九号去信，情绪似略好。薄暮，顾母、彩英归。知先在天安门摄影，旋入故宫游三大殿，及珍宝馆，然后，自神武门出，乘三路无轨电车到王府井一巡，徐步以返云。夜饭后，仍抹牌接龙，至九时半就寝。

10 月 29 日 (十月初四日　戊戌) 星期一

晴。

五时半起便旋，仍返床，以气逆，披衣倚枕以咳。七时始着好起床，宁坐良久乃渐平复。

八时写信，先后来平伯及维洛，谈至十时三刻乃去，(平伯先来,去后维洛始来也。)遂草草结束各信。计发四信,一复元孙,一致为民,谢寄糖,一致士敩,兼复潚、清及爱农,一复漱儿。午后小休。三时半,所中同事某君(其人复旦大学毕业,闽人,竟忘其姓氏,不便叩问,且俟维洛来时一询之。)来访,商拟章太炎文《秦政记》断句事。盖近日有崇法斥儒之风,此文遂为人所注意也。阅时而去。因忆昨湜儿自圣陶处携归赵纪彬《关于孔子诛少正卯问题》一书,乃循览一过,分两大部分,一为史实明辨,一为五恶疏证,于此,一问题博引群书,反复辨诘,法家、儒家之争厘然明白,富有说服力之佳作也。升堷以听报告来城,晚七时来谒,谈移时去。明后日即返延庆云。

夜饭后,仍接龙为戏。十时拭身易衷衣就寝。十二时许起溲。是日为润儿生日,适值机关夜直,外宿未归。

10 月 30 日（十月初五日　己亥）星期二

晴。

五时起便旋,返床大咳,彩英为调灵芝糖浆饮,予稍稍平。至七时起,气温较暖,昼熄炉。桂本十时来,盖医院昨值夜班,甫自院中下班径来也。因与共饭。据桂本为予诊血压 200/90,心脏仍好,惟肺部确未见好转云。饭后,予小憩,桂本去。彩英仍伴顾母出逛市场,并购物。三时,予起阅《参考》及《日报》。近暮彩英、顾母归。在西单淮阳餐馆为予购得炸熟江蟹、尖圆脐各一枚,夜即持蟹把盏为乐。饭后,仍接龙。明日顾母即赴扬州省其子矣。十时就寝。

10 月 31 日（十月初六日　庚子）星期三

阴。五时半起便旋,返床气逆,披衣倚枕待旦。七时,着裤袜下床,幸未大咳。八时半,行云来,出示新购得范家相《家语辨伪》二册,及冯桂芬《校邠庐抗议》定本四册,刻俱精,《抗议》后并有行云所撰跋,知其读书甚用功,谈至十时一刻辞去。十一时半即饭。饭后少息。至十二时半,彩英伴送顾母去车站,乘四十一次车去镇江。旋得伟成长途电话询问,告之详。乃洽。二时廿分,彩英归。

接漱儿来两信,一询予复否,(已在途中,交差矣。)一致润告汇与组青之款已到。阅《参考》及《日报》外,再翻检赵纪彬近作。入暮,王文杰来访其姊,即在三房晚饭。予晚饭后,仍与彩英接龙,文杰去后,文修、湜儿亦轮参此戏。自谓疏食怡神,于老人有殊益也。十时,洗足换衬裤,然后就寝。十二时许起溲,黎明觉冷,唤起彩英拨开炉火使炽融。

11 月 1 日 (十月初七日 辛丑) 星期四

阴,细雨连绵,午后多云。

晨七时起便旋,即着衣盥漱,幸未致大咳。上午看《参考》,下午看《日报》。中午未休,馀时看阿英《晚清小说史》。晚饭后独坐,打五关数局。九时半就寝。湜、修在文平家晚饭归来,予已在床矣。是夕十一时三刻及黎明四时三刻俱起溲,返床虽未大咳,而气逆腰酸。

11 月 2 日 (十月初八日 壬寅) 星期五

雾,禹中黄尘涨天,转濛淞几致昼晦,近午解,终阴。黄昏又雨竟见檐溜。终日除看报外,看《晚清小说史》。夜九时就寝。榻加厚褥矣。湜、修今晚又在琉璃井夜饭。盖昨为平女周岁,今为杰女周岁也。比其归,予又在床矣。一时许起溲。

11 月 3 日（十月初九日　癸卯）星期六

阴,及午乃见晴色。

晨七时着衣起,先便旋,而后靧漱。九时,阅《参考》。桂本来,取单去。将为润同事谢君买药。十一时写信寄进富,告《三国》、《水浒》已售罄,俟再版一出即为购寄。

午后又阴,入暮复雨,黄昏加甚。下午看《日报》,并续阅阿英《晚清小说史》。夜九时半毕之。此书颇有博取约举之趣,较一般从文学史到文学史,小说史到小说史之翻来倒去者,自不可同日而语也。平素忽之,今偶抽架得读,深悔当时粗心视之,竟失其人不一晤耳。十时就卧,一时许起溲。

11 月 4 日（十月初十日　甲辰）星期

晴。

晨七时起。上午大璐挈其子忻来。未几,元锴亦来,遂共饭。饭后,予小休及起,璐、锴等皆去。予阅看《参考》及《日报》,并书跋语于《晚清小说史》后。

下午湜、茂又为北屋增设一炉。接达婿复书,知潴俟基到偕游晋祠,并云潴将别作函告云。五时后,桂本携其女迎来,因共夜饭。饭后,桂本、迎迎去,予与彩英、湜、修又抹牌接龙,十时一刻乃就寝。韵启九时来,甫自车站接送其妇及女抵寓后始来送蟹八枚,又肉月饼十二枚,越半小时去。

中夜起溲,翌晨五时又起溲,仍返床俟明。

11 月 5 日 (十月十一日　乙巳) 星期一

晴。

七时起。八时半，圣陶见过，赠予以八十初度造象。谈次，介泉来，三老纵谈正酣，陈礼生至，十一时廿分，叶、潘俱去。礼生留问若干事，近午亦去。午啖烂煮面。餐后未休，阅《参考》及《日报》。晚炸蟹共享，予竟啖三枚之多。夜饭后，仍抹牌接龙。九时半就寝。中夜又起溲三次。

11 月 6 日 (十月十二日　丙午) 星期二

晴。

七时起。九时后，看《参考》及《日报》。两次电话约韵启、致仁及其女宗盈来便饭都未洽，及最后其同事告宿舍所在，遂作函试投之，不识能达否耳。午后小休，三时起，彩英出购物，近暮始返。夜饭后，升埼来，盖率其学生来城参观展览会及工厂也。知小挣甚茁壮，并出近影相视，亦幸矣哉。八时半去。九时，予就寝。十一时半及翌晨四时半俱起溲，返床仍入睡。

11 月 7 日 (十月十三日　丁未　立冬) 星期三

晴。

七时起。九时后，阅报。午后小休，彩英出购物。四时许，予起，韵启、致仁及其女宗盈来。有顷，彩英归，亟入厨料理，留伊等晚饭。七时共饭。居然齐全。谈次知去信果然误写，伊等前昨两天已游过长城及颐和园。饭后长谈旧事，至近十时乃辞去。予十时半就寝。三时半起溲。

是夕,接圣陶信,附题《清嘉录》词稿。

11 月 8 日（十月十四日　戊申）星期四

晴。

七时起。桂本九时来取信,盖昨接武威来信,昌预有物寄伊,电话告之,故今来取,将往广安门提取,未坐即行。少顷,邮局果将前寄韵启之信退回。十时,阅《参考消息》及《人民日报》。午后小休,三时起。复圣陶,赞其《念奴娇》合适于题《清嘉录》。

夜饭后,接龙,九时半就寝。十一时起溲。

11 月 9 日（十月十五日　己酉）星期五

晴。

晨六时起便旋返床,气逆拥被,倚枕以宁之,七时起身早餐而后定。上午,看报,下午未小休,阅《山川典》（《图书集成》本）,殊有味。接溍儿及外孙媳孟丽华各一书,前告畅游晋祠情况,后告代购年糕诸事。夜饭后,仍接龙数盘,九时半洗脚就寝。中宵仍起溲。

11 月 10 日（十月十六日　庚戌）星期六

晴,较冷。盖刮风三日矣。

七时起。上午阅《参考》及《日报》,作书复小孟,附面票四十斤去,并为彩英写家书两通,分寄木渎及善人桥。

饭后小休,接汉儿七号咸宁信,知有白木耳三两,为修媳买,已托曹寿岱带回（昨晚润访曹已带回）云。午睡未几即起,看《山川典》泰山之部。夜饭后,接龙数局,九时半即寝。十二时半梦魇惊觉,起溲返床,遂不安稳,五时起便旋。

11 月 11 日 （十月十七日   辛亥）**星期**

晴。

七时起。上下午俱看报及阅《山川典》。

饭后小休。晚饭后仍接龙数局。九时半即寝。翌晨三时半起溲,返床入睡较酣。

11 月 12 日 （十月十八日   壬子）**星期一**

晴。

七时起。续看《山川典》。九时后,阅《参考消息》及《人民日报》。饭后小憩,二时半起。仍阅《山川典》。傍晚升基来,谓昨夕至自太原,（午前林宜已电话告我。）谈其四姊母家状况及大姨母住彼甚适,且告曾去原平探望心农及绪芳,俱各安好。因共晚餐。娓娓絮话至九时乃辞归林家。十时就卧。

11 月 13 日 （十月十九日   癸丑）**星期二**

略

11 月 14 日 （十月二十日   甲寅）**星期三**

晴。

七时起。仍看《山川典》及《参考》。九时半,圣陶来,出予手钞《清嘉录》四册还予,并题百字令一阕于卷首,更为校出四五处舛谬,甚感之。谈至十一时辞去。予即依其校出之处,用朱笔订正之。午后小憩,起看《人民日报》。彩英出购物,傍晚未归,而韵启

之女宗盈至,谓明日即须回南云。予留之晚饭。良久,彩英始返,
乃安排晚餐及托带赠物,遂同夜饭。饭后,彩英送宗盈至东单,见
其上八路汽车乃归报。仍与湜等接龙数局。十时就寝。夜半起
溲,右腿觉酸楚。

11 月 15 日（十月廿一日　乙卯）星期四

晴。

七时起。九时接滋儿十三号信及丽华十四号信,并阅《参考消
息》。午后小休,起看《人民日报》及《集成·山川典》。夜饭后仍
接龙数盘,九时三刻洗足就寝。三时半起溲,返床大咳,彩英为调
灵芝糖浆饮,予始渐平。黎明入睡。是夕,润儿在馆上直。

11 月 16 日（十月廿二日　丙辰）星期五

晴。

七时起。午前写信三通,分寄潄、滋及为民。午后未休,看《参
考》、《日报》,及《山川典》。

彩英饭后出,为予去西单购米花糖,恐须臾售罄,服用不继也。
予右胁肋下时时作闪痛,不知因何岔气耳。

夜饭时,开明旧生汪声权来看汉儿(谓侧闻已回),润儿导之
来北屋,渠系雪山之内侄,与汉、润同去咸宁干校,在年之底调回新
华发行所。予与渠廿一年未晤,复饮以一杯,享以一面。餐后与润
坐话,有顷去。予仍接龙数局,乃就寝。一时半起溲。

11 月 17 日（十月廿三日　丁巳）星期六

晴。室外始见冰。

七时起。闪气仍未痊,惟发作少减矣。看《参考》及《日报》,外仍续看《山川典》。午后小憩片晌。彩英出购物,茂孙在家。茂孙近十天每夜皆在校值班,明晚末一次,今下午得休假故也。入暮,彩英始归。晚饭后,仍接龙数盘,九时半乃寝。十一时半及翌晨五时,俱起便旋毕,未致大咳。

11 月 18 日(十月廿四日　戊午)星期

晴。下午风吼有声。

七时一刻起。闪气好矣。是午与湜、修共进蒸馄饨。午后略眠,为电话所惊觉,遂起看《山川典》及《参考》、《日报》。

彩英下午出寄物与为民,并采购明日用副食,以迎外宾阻车,徒步而返,已迫暮矣。夜饭后,仍接龙若干盘,九时三刻就寝。三时半起溲。

11 月 19 日(十月廿五日　己未)星期一

晴,有风。

晨七时十分起。阅《参考》、《日报》及《山川典》,一如往日。午后仍小休,夜饭后,仍抹牌接龙。今日茂孙取回卧具,校中夜直届满云。湜、修在其外家晚饭,九时三刻始返。琴媳亦以社中加班,十时乃归。予俟家人毕归然后就寝。一时半起溲。

11 月 20 日(十月廿六日　庚申)星期二

晴,加冷。

七时起,添着绒裤。九时半,友琴见过,谈所中近况,询知初四日来访者为许德政,事逾三周始获解谜,惟有自遣记忆之减退耳。

十时半，友琴去。予阅《参考》。接汉儿十八号信，知日内即将请假回来。下午小休，起看《日报》及《山川典》。傍晚，桂本、元鉴先后来，遂共饭。饭已，少坐，桂本即行。元鉴则与其大舅、三舅有所谈，八时半去。予抹牌自娱。十时就寝。中夜起溲。

11 月 21 日（十月廿七日　辛酉）星期三

晴。渐见寒侵，夜加燃一炉。

晨七时起。饭后小休外，竟日看《山川典》及《参考》、《日报》。接汉儿电话，知今日乘四十八次车返京，则明日午后一时半，当可抵此矣。六时，韵启来，留与同饮。饭后，与润、湜略谈。八时去。予接龙数局，九时即寝。中夜起溲两次。

11 月 22 日（十月廿八日　壬戌　小雪）星期四

晴。

七时起。看报及《山川典》外，看新出《文物》十期。午饭后，润、湜俱往车站接汉，至则车误点七十分，只得在车站痴等。三时半，润、湜及元鉴偕同汉及刘宗锟并刘子源来小雅宝。刘为电影口翻译工作者，与汉为干校同学，经同事介绍由领导允可已在当地革会登记结婚，同时给假归京云。与晤谈至夜饭后八时，乃辞归小庄。十时就寝。十一时半及三时一刻俱起溲，虽室内燃两炉，终不免着凉，返床后乃大咳，不得不叫起彩英为调灵芝糖浆饮之，始稍稍即安，然喘苦已甚矣。日间接顾伟成信及其友王如银电话，知顾母已安抵扬州，今托王带来食物，属往北纬旅馆一取，已约定明晚由彩英前往提取。

11 月 23 日（十月廿九日　癸亥）星期五

晴。

七时起。十一时，韵启、致仁来辞行，今晚六时即上车回沪，致仁偕其出差同事同车云。即留与共进午饭。饭后，致仁等即去，予小憩炉旁，三时许起，汉儿来，彩英出购物，予看《参考》及《日报》。傍晚宗锟亦来，有顷，彩英亦归。晚饭后，汉、锟返小庄。彩英偕芬孙同去前外北纬旅馆访扬州来人取物，其人出外未遇，待至八时乃还，约旅馆主者转告其人，明午再去取。比到家已九时半。少选，予即就卧。夜起小溲两次。风作撼户有声。

11 月 24 日（十月三十日　甲子）星期六

晴。朔风颇烈。

七时起。八时半，接芳孙及外孙心农信，知廿一号中午淑莲生一女孩，重六斤六两，请赐名云。饭后，锴孙挈会来自窦店来省觐其母，谈移时径去小庄。彩英午后去北纬旅馆晤见伟成之友，取回花生一包，蟹油一罐。予看《参考》及《日报》外，翻完《山川典》。

夜饭后，仍接龙数局。十时拭身洗足易衷衣就卧。翌晨四时半起溲，又犯喘咳，彩英为调灵芝糖浆饮，予又入睡，至七时乃醒。

11 月 25 日（十一月　乙丑朔）星期

晴，有风。

晨七时廿分起。九时写信，复伟成，刚毕，而次园见访。有顷，升基、林宜至，遂辍书。湜儿为予易画，改张从文章学琴条。十时半，次园去。基、宜以须晤见其六姨留此。午饭裹馄饨享之。午后,三时,汉迄未至,基、宜遂行。甫行,而汉电话云,今日不来矣。

夜饭后,仍接龙数盘。九时半就寝。中宵仍起溲两次。日间接达婿廿三号信,亦报生孙女,并请名也。

11 月 26 日（十一月初二日　丙寅）星期一

晴。

晨七时起。早餐后写信,复达婿并转潏、清,又书复心农即附示芳孙信,在两封信均为心农之孩起名事,予拈孟晋之义演成三层意思,取名晋孟云。十一时,汉儿、宗锟、元错、会来同来,遂共进馄饨。饭后,宗锟出访友,元错父子往游中山公园。予小休。三时许,升基、林宜来。入晚宗锟、元错、元鉴、惠来亦至,乃同进夜餐。餐后谈至八时半,散去。九时半就寝。中宵仍起溲。

日间看《参考》及《日报》。

11 月 27 日（十一月初三日　丁卯）星期二

晴。

七时十分起。十一时,桂本来饭,饭后,往内务部街听学术报告。看《参考》及《日报》。午后小休,晚饭后,仍接龙为戏。九时半,就寝。十一时半起溲。五时许,又起溲,犯喘大咳,复饮糖浆,有顷,稍止,又入睡。

11 月 28 日（十一月初四日　戊辰）星期三

多云转阴。

七时起。九时,维洛来访,谈学部近况,阅时去。看《参考》及《日报》。

午后小休,三时起。汉儿干校同学涂女士来取物,以汉未来,予接谈片时,去。夜饭后,仍接龙数局。九时半洗足就寝。是夕,初换厚丝绵被。十一时半及三时俱起溲,幸未犯喘。

11 月 29 日 (十一月初五日　己巳) 星期四

晴。

七时十分起。九时,刚主见过,谈至十一时辞去。看《参考》、《日报》,并看《图书集成·博物汇编·艺术典》画部。饭后略盹。彩英出购物,垂暮始归。汉儿两日未来,亦无电话,想访问者俱去小庄矣。夜饭后,仍接龙为戏,十时乃寝。翌日凌晨起溲,返床入睡。

11 月 30 日 (十一月初六日　庚午) 星期五

晴。

七时五分起。九时半,子臧见过,谈《红楼梦》批评近况甚析。十一时乃去。午饭后小憩。起看《参考》、《日报》及《艺术典》画部。四时许,汉儿、宗锟挈惠来至,自动物园。谓元锴昨送惠来入城,明日或将与翠英、小红都来小庄欢聚云。有顷,升埁亦至,自延庆,明晚亦被邀与基、宜同赴小庄也。七时,同伊等共饭。饭已,少停,伊等皆去。予虽仍与家人抹牌接龙,而胸次不知如何,终觉梗然,恐导致它疾,即释牌就寝。十一时半,及翌晨破晓均起便旋。返床纵未大咳,而睡眠馁逊矣。是日接漱儿信(廿八号发)。

12 月 1 日 (十一月初七日　辛未) 星期六

晴。

七时起。九时后看《参考》及《日报》。接清儿信（廿九号发）。午后小休。起看画部纪事。夜饭后，勉走二百步。九时后就寝。一时半起溲，返床又嗽作。彩英为调糖浆饮，予良久始宁卧。

12月2日（十一月初八日　壬申）星期

晴，有风。

七时起。九时后，看《参考》、《日报》。

接广州孙君伟华寄来瑞草油，盖裘进富所转托代致者。令茂孙往东单邮局取回，则四小瓶并装一小木匣，固封甚妥，极感之。茂孙又为予改装日光灯，日午而毕工。午后小休，彩英出购物。二时许起，看研因《华东纪行》诗（上午湜在圣翁家携回者），乃今春偕圣陶等之参观访问时所作，颇能就悉同行人物及所至之处。

阅《书法部》（《图书集成·理学汇编字·学典》）将与画部各册尝置案头备浏览焉。五时彩英归，买到海蟹、牛肉等物。夜饭时，即制蟹佐餐。九时后，就寝。十二时起溲。

12月3日（十一月初九日　癸酉）星期一

晴。有风作声。

七时起。枯坐至日光下，临室中乃稍舒。九时，阅《参考消息》。十时后，汉儿、宗锟来，十二时，元鉴来。润儿以昨夜上直，今补休，遂同饮午饭。午后小休，润儿出浴，属汇三元与广州孙伟华，偿药费，并附言致谢。（月前令润送修之手表今取回矣。）接一号高谊信，告新药 A.T.P 疗效甚高，属试用，顺告汉达夫人，返甬过沪各情，老友不忘，在遐可感也。汉、锟去文化部留守处洽事，四时回来。接心农一号复信，谢为其女赐名，并告厂事忙近状。元孙竟无信,正恐坐工忙故。夜与汉、锟、彩同饭,饭后,家人聚谈甚浓,予则坐看《字学典》法帖部纪事。八时半,汉等去,予与彩、湜接龙,至十时许就寝。三时起溲,彩英为起添炉火,幸未致咳。

12 月 4 日（十一月初十日　甲戌）星期二

晴,寒。

七时十分起。午饭后小盹,日间看《参考》及《日报》,并阅毕法帖部纪事。夜仍接龙,十时就寝。以骤冷觉腰腹俱寒,灌暖水袋熨之。翌晨五时起溲,复就睡。是夕,湜、修住戚家。

12 月 5 日（十一月十一日　乙亥）星期三

晴,寒。

七时起,精神委顿,十时后,坐日中看报,乃稍舒。近午,修归休,湜则就近上班矣。因与修、彩共饭。饭时曝日下,又进热汤,于是,微有汗意,遂大松。午后看字《学典》书法部。欲写信,则提不起兴也。夜饭后仍抹牌接龙,十时就卧。中宵起溲一次。

12 月 6 日（十一月十二日　丙子）星期四

晴,寒。

七时起。神疲如昨。看报外,看书法部。十一时后,汉儿、宗锟来,午餐以面代饭。饭后,二时汉、锟往谒圣陶。夜饭后,仍接龙自遣。十时洗足就寝。十二时半起溲。

12 月 7 日（十一月十三日　丁丑　大雪）星期五

晴,寒。

七时起。九时，介泉来访，移时辞，出门首遇平伯来，乃同入与谈。又移时，平、介俱去。接漱儿五号信，告淑儿家事及伊就任大通中学党委副书记。五号，汉儿来，予已饭过。乃重具餐享之。

阅《参考》、《日报》及《集成》书法部。傍晚，宗锟来同进夜饭。饭后，汉等归小庄。即以漱儿两信交伊，令总作复焉。九时半就寝。

是日，接五号元孙信，知厂中安装龙门刨床，将接受生产手扶拖拉机任务云。

中宵起溲。

12月8日（十一月十四日　戊寅）星期六

晴，寒。

七时起。九时后，看《参考》、《日报》及书法部纪事。午后彩英出购物。三时许，维洛见过，谓默存与良沛为住房争执致吵架，其芳属伊前往调解云。予谓致此不幸，全缘时舍，迅决为佳。少坐即去。不知如何结局也。

夜饭后，接龙数局。十时就寝。十二时及三时俱起溲。日来，一切惮为，精神殊欠振，耄及之征恐无可如何耳。

12月9日（十一月十五日　己卯）星期

多云转晴，仍寒。

七时起。九时后，看《参考》、《日报》及书法部。上午，湜儿赴汉、锟天坛之约，在丰泽园饭而后归。是晚，润、琴、湜、修及芬孙同赴小庄，应汉夜饭之约，独茂孙留。予等晚饭甫毕，接谢祖荣家电话，谓祖荣危亟，属润速往，乃属茂孙骑车往小庄转达。有顷，茂还,谓其父已径赴谢宅矣。九时半后琴、修、湜、芬等归,又有顷,润亦归,谓谢亦无事,真延命矣。

十时就寝,夜起溲一次。

12 月 10 日（十一月十六日　庚辰）**星期一**

晴,寒。

七时起。九时,汉、锟来,有顷,蕴庄、满子来看汉,遂留同午饭。

午后三时,濮、吉两同志来看汉,蕴、满先去。四时三刻濮、吉去。五时半,汉、锟归小庄。是日,接乃和寄来《新编汉语词典》历史类条子打印本一册,属为审阅。予看报外,即为审阅。

夜饭后,接龙为遣。十时就卧。十二时起溲。

12 月 11 日（十一月十七日　辛巳）**星期二**

晴间多云。寒较减。

七时半起。九时后,看《参考》、《日报》,兼阅《汉语词典》印稿。友琴见过,长谈及午乃去。午后小休片晌。薄暮,汉、锟偕来,因与共进晚餐。餐后,润、湜、琴、修同谈至九时,始辞归小庄。明晚伊二人将乘车去,并访潜、清、斅等云。十时,易衷衣就寝。盖日来阳曦照灼下,怯寒不敢脱衣竟致衷衣汗渍难耐耳。十二时许起溲。翌晨黎明又起溲,返床仍入睡。

12 月 12 日（十一月十八日　壬午）**星期三**

晴,寒。

七时半起。九时,圣陶见过。长谈,十一时去。假去马浮《蠲戏斋诗集》六册。阅《参考》、《日报》，并近日报刊批孔文章。午后小休，起后作书复乃和，并签注《词典》稿缄妥，备明日属湜儿送去。夜饭后，仍接龙为戏。十时，洗足翦爪，然后寝。十二时半起溲。

12 月 13 日（十一月十九日　癸未）星期四

晴间多云，仍寒。

七时起溲即穿衣坐。九时写信，致进富西安（告收到瑞草油），复高谊、漱儿上海。并看《参考》及《日报》。午以生煎包子代餐（彩英手制）。午后小休。起看《集成》书法部。湜儿下班顺道送件与乃和，长谈至七时始归报。予已晚饭罢，知乃和或将来访云。

九时接龙，十时就寝。

12 月 14 日（十一月二十日　甲申）星期五

晴，寒。

晨五时起溲，返床作咳，倚枕久之仍入睡。七时一刻起。九时，友琴见过，谓学部各所领导小组均撤销，统由军宣队管领云。十时后去，假去《明清画家尺牍手迹》六册。午后小睡片晌。起看《参考》、《日报》及《集成》书法部。

夜饭后，仍抹牌接龙，十时就寝。十二时许起溲。

12 月 15 日（十一月廿一日　乙酉）星期六

晴寒，有风。

晨六时起溲，返床拥被倚枕，坐待天明。七时十分着衣起，已气逆不舒，坐息良久乃就颒漱。九时，看《参考》。午饭后，彩英出购物。予出纸自画格试衬以书字,闲钞《集成》纸部、砚部纪事若干则。画两纸半时已薄暮,彩英亦归。

夜饭后,仍接龙为娱。九时半乃寝。三时起溲。

12 月 16 日 (十一月廿二日　丙戌) **星期**

晴,寒。

晨七时半起。早餐后,钞书半页。九时,看《参考消息》。旋接看《人民日报》。午后未休,钞《清仪阁杂咏》。夜饭时韵启来,遂同饮。亲家孝达夫人及其少女文平与婿涪生、外孙女祎亦来视文修,以文修有疾故。九时,孝达夫人一行先归去,少选,韵启亦辞去。彩英今日下午陡感不适,未进夜饭,来京多年,此尚为头一次,想能即痊乎?十时就寝。十二时起溲。

是日,振甫来,谈及默存书告现住其女儿处,属勿往访。然则,与良沛争持仍未能决也。颇念之。

12 月 17 日 (十一月廿三日　丁亥) **星期一**

晴,寒。

六时半起便旋,仍返床拥被倚枕,今日彩英已稍痊。予七时一刻乃起。九时,看《参考》及《日报》。午后钞《清仪阁杂咏》。夜饭后,仍接龙为娱,藉资调节。九时半就寝。十一时起溲。

日间为彩英写信告诫其子伟忠。

12 月 18 日 (十一月廿四日　戊子) **星期二**

晴,寒。

晨七时三刻起。八时半,写信与为民,寄报纸及小历片去。九时后,看《参考》及《日报》。午后,钞《清仪阁杂咏》。桂本来,晚饭后去。文修之二弟文杰与妇秀珍及小女欣同来看文修,夜九时乃去。十时就寝。

12 月 19 日（十一月廿五日　己丑）星期三

晴,寒。

四时半起溲,返床感冷,彩英为添炉火,始复入睡。八时乃起。九时半后,阅《参考》及《日报》。接漱儿十七号复书,知静发已得到昭雪,领导派专车去安徽郎溪接回,正安排工作中。五年沉冤,一朝起白,不可谓非大喜事也。午餐吃菜饭,本不须看核,为此置肴把杯小饮焉。得汉儿电话,知今晨已偕同濬儿及宗锟自大同返京,俱安抵小庄寓所矣。

晚饭后,仍抹牌接龙,十时就寝。中夜起溲。

12 月 20 日（十一月廿六日　庚寅）星期四

晴,寒。夜西北风大作,撼户震窗,气温遂顯著下降。邻近冬至,冱寒即到耳。

晨七时一刻起。九时接静发手书告近况殊为欣慰。十时半,濬儿来。午饭后,彩英出购物,予看报及钞《清仪阁杂咏》。接进富西安复信,知予前去三信俱收到。

四时,汉儿来,傍晚,宗锟挈其女云及徐珠江来。又有顷,锟之子洁来,遂共夜餐。餐后,聚谈至九时,濬、汉等人均去。十时就寝。十二时起溲。是夜甚冷,彩英为频起添炉火。润儿以其同事谢君病危,为谢家属召去,竟夕未归,度谢已出险矣。

12 月 21 日 (十一月廿七日　辛卯) **星期五**

晴,风仍作吼,寒。

晨五时起溲,返床复睡。七时半始着衣起。九时后,看《参考》、《日报》,并钞《清仪阁杂咏》。润儿自协和医院归,旋知谢君死矣。(久病不愈,痛苦万状,今始脱厄。)呜呼!

今日为外客来访,夜就北屋设席,召润、琴、湜、修及茂、芬两孙来,与予暨彩英共进一觞,藉志节庆。盖明日冬至,俗所谓吃冬至夜饭也。冬至一阳来复,古谓冬朝大于岁朝,今人知此者鲜矣。十时,各就寝。三时起溲。

12 月 22 日 (十一月廿八日　冬至　壬辰) **星期六**

晴,寒如昨。

晨七时半起。昨日房管局来察房,觉东屋有险象,在中檩下施一柱,谓再可延十年。区区一柱,是否能胜任固不必问,而室内遭乱须收拾则实事也。湜儿因告假一日了此残尘,云亦可笑矣。

九时后,平伯见过,携示其曾祖曲园先生手摹秦始皇会稽刻石字,大字装一册,及小字长卷一帧,卷有郑苏盦、端午桥各一跋,欣赏久之。并前假予之书件(即关于卷册之考证者)携去。故家法物自宜珍守之如此。

晚饭时,元错来,谓昨日入城省母,并晤及元镇(昨晨自长治来),今即返窦店,遂留共饭,七时半乃行,径赴车站矣。九时,与湜儿、彩英接龙,以销滞气。十时就寝。三时起溲,以寒侵,彩英为起添火实炉云。

12 月 23 日（十一月廿九日　癸巳）星期

昨夜大风，今日晴寒，玻窗见凌矣。

八时起。九时，看《参考消息》，续钞《清仪阁杂咏》，迨午毕之。午饭后未休，看《人民日报》。三时后元镇、德中夫妇来。有顷，次园来，谈至上灯辞去。予留镇夫妇夜饭，润、湜与焉。谈至近时镇、中归小庄。邻人俊义夜过谈，知伊明日将出差去涞水云。

十时就寝。翌晨三时半起溲，彩英亦为起添炉火。

12 月 24 日（十二月　甲午朔）星期一

晴，寒。

八时起。九时后，负盥看报。午前后间钞小札。下午三时半，泗原见过，长谈。半年不见，又承在寒风中存问，倍感之。五时，汉儿、宗锟至，有人约伊二人晚餐，未久待即行。泗原亦辞去。夜饭后，仍与湜、彩接龙数局。

十时洗足就寝。翌晨四时起溲，炉火未灭，而感冷返床几致咳喘，幸渐即安复，居然入睡。

12 月 25 日（十二月初二日　乙未）星期二

晴，寒。

七时半起。潗儿十时来，晚饭后去。予看报，钞书外，无它事。房管局派匠工来补壁葺房（承作之馀）。彩英下午出购物。晚饭后，寂坐感冷，喉哮渐作，九时即就榻。彩英为备热水袋置被中，居然渐止哮痒，徐徐入睡。是夕虽醒一次，竟未起溲，仅见之遇也。老人夜起最苦，寒夕尤甚。如能若今夕之安，则度冬无难矣。

12 月 26 日（十二月初三日　丙申）星期三

晴，寒。

晨八时起。九时半，圣陶见过，以其所题湜钞藏诗稿两册付予，因长谈。十时，濬来。十时三刻，圣陶去。阅《参考》、《日报》及董云卿《画说》。午后，正钞王百谷《丹青志》，汉儿、宗锟来。二时，锟友画家王延陵来，特为予写照，二时半开始，五时半而毕。妙手传神，至快。惟初见即烦其费半日之力，颇歉然耳。六时，与延陵对酌，家人与焉。八时，延陵、宗锟、汉儿同出各归。濬则九时后乃行。十时就寝。一时许起溲。

12 月 27 日（十二月初四日　丁酉）星期四

晴，寒。

晨八时起。九时后，看《参考》及《日报》，并钞王氏《丹青志》，毕之。午后三时，农祥见访，知亦秀事仍未解也。为之扼腕久之。五时，农祥去。

夜饭后，仍接龙为戏。十时就寝。二时三刻起溲。

12 月 28 日（十二月初五日　戊戌）星期五

晴，寒

晨七时三刻起。九时后，看《参考》，并识跋语于手钞《画说》及吴中《丹青志》。又顺为湜儿手钞圣陶诗词稿署专。

午后，钞《参考消息》所载《生活在于运动》。三时后，农祥、元镇、德中挈其子增祐来，留此夜饭。饭后即去。予胸次不舒状似饱胀，虽仍接龙，而十时就寝后，颇感压抑，幸不久入睡，至三时三刻起溲,仍入睡。

12月29日(十二月初六日　己亥)星期六

晴,寒。

晨七时三刻起。看《参考》及《日报》外,续钞《生活在于运动》,以纸罄而止。胸次压抑仍旧,午饭只啜泡饭半碗。饭后渐好,二时半,汉儿自康乐来,盖伯宁、蕴庄、至善、满子两伉俪请汉及宗锟午饭也。宗锟则先回小庄矣。五时半,汉偕彩英同往小庄,彩英在汉所沐浴,且在潜所晚饭也。

夜与润、琴、茂、芬同饭。饭后,湜为予裁毛边纸备用。九时半,彩英归。十时,予就寝。一时许起溲。

12月30日(十二月初七日　庚子)星期

多云间晴。寒。

晨七时三刻起。今日星期,机关、学校为调节元旦放假,仍上班、上学,改于元旦后一日补假。九时,看《参考》。子臧见过,谓此刻到所无所事,仍折回,因以来访。谈至十一时乃行。午后三时,彩英为予出购笔。四时后元锴、元镇、德中、潜华先后来。五时半,彩英归,居然在百货大楼买到善琏笔厂所制笋尖式四枝。锴等俱去,潜独留。晚饭后,为鼓予兴,仍接龙为娱。九时,潜回小庄。予十时就寝。翌晨四时起溲,仍返床入睡。

12月31日(十二月初八日　辛丑)星期一

晴,寒。

晨七时三刻起。九时三刻,升堉来,旋往小庄访锴、镇。旋阅

《参考》及《日报》。午后接太原长途电话,知清儿今晚动身来京。明早到车站。彩英去百货大楼续购笋尖式湖笔,昨尚见多枝,今亟往采买,则已售罄,仅得样品一枝而归。笔亦如此难得乎? 宜欣然握以归报矣。潜儿来,晚饭后去。

　　十时就寝,中夜起溲。未寝前听元旦社论。

1974 年

1 月 1 日（十二月初九日　壬寅）星期二

晴，较暖。

晨八时元镇在车站接得清儿来家。予尚未起，亟穿衣坐，询悉近状。九时后，元锴、翠英、小红、增祥、德中、增祐、升堉、升基、林宜、小朔先后来，最后，濬儿来。湜儿、文修往琉璃井。午间聚餐，分南北屋设两席。饭后，清儿偕德中及茂、芬往首都体育馆看手球。三时，锴等一行四人返窦店。大璐、小忻来看清，未晤，五时去。五时，元镇、增祐回小庄。桂本、迎迎来，六时，清儿等返，元鉴亦来。夜与濬、清、彩、桂本、元鉴及润房共饭。九时，濬、鉴、桂本、迎迎去。终日鼎沸，至此稍定。予于极闹时钞毕《生命在于运动》。十时就寝。一时许起溲。湜、修十一时许乃返。

1 月 2 日（十二月初十日　癸卯）星期三

多云间晴。仍不寒。

晨八时起。九时后，阅《参考》。午饭在南屋润房。请清兼及予与彩英也。午后，润、琴去访戚，清往访其妯娌。三时，韵启来，与谈，留共晚饭，湜、修与焉。饭次，元镇偕刘洁、刘云兄妹来看其清姨。有顷，汉、锟亦至，遂同谈，又热闹一时。至九时半，汉、启等人俱去，又与清谈家常，十一时，始各就寝。二时许起溲。

1月3日（十二月十一日　甲辰）星期四

晴间多云。气温如昨。

晨七时三刻起。九时，看报钞书。清儿出购物。午后三时半，汉儿与鉴孙来，旋出购物。傍晚偕宗锟复来。入夜，瀹儿、硕孙、熙熙亦来。乃设圆桌合饮。刘洁、刘云、徐珠江俱在被邀之列，但皆未来。（刘洁有电话来，谓厂内加班，不能来，云与珠则往首都体育馆看球赛，时间冲突云。）饮次，润儿归，遂加入饮酒，至八时半始散。九时后，瀹、汉、硕、鉴等都归小庄。琴归，湜、修亦归。

十时，予就寝，昨日午前，润为予修剪指甲及趾爪，今午，彩英为予拭身易衷衣，以故，今晚就寝至感舒适。而气候虽不正常，于予则不寒，终是福音也。一时许起溲。

1月4日（十二月十二日　乙巳）星期五

晴。有风。较昨略寒。

晨七时半起。十时后，升基来，时清儿独出采购什物去前门，过午乃归。遂同饭。饭后一时，升基陪清去王府井，五时，清归。谓基已归林家，今晚或将出差去沈阳也。（顾伟富母存此之脂油即托伊带去，予作书为介，当能妥交也。）

夜饭后，与清、彩接龙，十时就寝。三时起溲。

1月5日（十二月十三日　丙午）星期六

晴。气温与昨仿佛。

晨七时半起。九时，元镇来接清往小庄，十时半同行。午前后看《参考》、《日报》，并翻查《图书集成》目录。

夜潘家请清及润、湜两家夫妇小饮,润、修下班后径赴,琴以事忙,未往。湜则突以受凉发烧,归卧未往。予夜饭后与彩英、芬孙接龙为娱,至十时就寝。寝前,洗足,易衬裤。清、润、修归来,予已在衾中矣。竟夕未起溲。

1 月 6 日（十二月十四日　丁未　小寒）星期

晴,寒。

晨七时三刻起。十时,振甫、韵锵来,谓从小庄汉儿家来,因知清儿在京,特来访清也。谈移时去。锵已有孙三人矣。潘儿十时三刻来,午与潘、清、湜、彩同进馄饨。湜今已退烧,行动如常,为之欣幸。午后未休,看报及翻书。四时半,潘辞归,谓须后日来送清也。夜与彩同饭。清往看其大姆家。饭后清归,仍接龙为娱。予胸次仍不舒,大概脉通已服完,心理上有疙瘩耳。十时半就寝。十二时起溲。

1 月 7 日（十二月十五日　戊申）星期一

晴,寒。

晨七时半起。汉儿、宗锟本约今早来,俟至十二时不至,予等乃先煮馄饨为餐。甫举碗而珊珊来,众怪之,谓为湜送纸与唐兰索书,遂留连未能速行。众乃移责湜,哄笑而罢,再具餐焉。午后,看报,闲话。五时许,潘至,六时半,夜饭。近七时刘洁亦至,因共饮。饭后,全家叙谈至八时半,汉、锟先行,潘继行。十时就寝。二时起溲。

1月8日（十二月十六日　己酉）星期二

晴间多云。增寒。

晨七时三刻起。九时，介泉见过，与湜儿长谈。十一时，介泉去。元镇、德中及小岷来，午饭后去。盖今晚清、汉、镇等俱离京回晋、鄂。九时，汉、锟、镇等自小庄径往车站，清则自小雅宝赴站也。镇来辞行，并告其母不来此间告别矣。伊三人行后，即炉边小休。三时半起，看报。四时，濬儿至。有顷，林宜至，言升基今晨已由沈阳返京，伟富家已去过，油送到，以途中感冒不能来送四姨，故伊特来送行云。因共夜饭。饭已，云瑞来，元锴来，俱送清、汉者。以汉等先已在车站，以此，润及瑞、锴九时即行，先往车站晤汉，林宜以有孩在家，予属伊先归。九时半，濬、清、湜偕出，湜送清上车，濬则归小庄。

十时一刻，予就寝，近十一时，润、湜同归。知汉、清先后启程矣。翌晨五时起便旋，返床复睡。

1月9日（十二月十七日　庚戌）星期三

阴，寒。

晨七时三刻起。八时许微雪，旋止。午淡日悬空矣。元锴电话谓本来小雅宝，以见雪径回窦店矣。接漱儿七号复信，告弥同婚事解除，以女方要求逾分故，然则幸而未成婚，否则木已成舟悔之晚矣。是日无人来往，看报外，静坐而已。较适。夜饭后，仍接龙为戏。十时就寝。

1 月 10 日（十二月十八日 辛亥）星期四

晴间多云，寒。

晨五时起溲，复返床入睡。七时三刻乃起。九时，友琴过谈。知从所中来，闲话至十时半去。午饭后写信，复漱儿并致函顾伟成，例其托人带物兼告其母，所存脂油已交升基带沈云。下午，彩英出购物，入暮乃归。夜饭后，仍接龙为娱。十时就寝。

1 月 11 日（十二月十九日 壬子）星期五

晴间多云，寒。

晨五时起便旋，复返床。七时半始起。九时后，看报。午饭后升基来谒，知即将返黔省亲。予属购巧克力赠其父。二时去。

下午三时，琴媳即归，盖突患感冒，发烧不支，返家卧息也。日来气候欠正，如再无雪，恐疾病不免蔓延耳。接元孙书，先寄行李，身将于除夕赶回。寄糖果与顾伟成并及彩之孙子、外孙女。

夜饭后，次园来谈，还湜所钞圣陶诗词，顺谈诗，九时乃去。

十时就寝。十二时起溲。

1 月 12 日（十二月二十日 癸丑）星期六

晴，寒。

五时醒，气逆痰溰上涌，闷损殊甚。七时半起便旋，梳洗早餐，而后稍宁。老态日增，殆难久延矣。九时后，看报。午后，彩英出购物，予翻阅《中州音韵》（《集成》转载之《啸馀谱》）。五时，彩英为买得明虾两枚，晚餐时竟独尽之，医馋不顾其它矣。湜、修晚饭后出访友，十时半始归。予已睡矣。一时起溲。

1 月 13 日（十二月廿一日　甲寅）星期

阴,寒。

晨七时半起。便旋后气逆渐平。九时,得西直门车站片,知元孙行李已到,润儿即时去取,予则看《参考消息》。近午韵启来,告即将返沪探亲,翌岁元宵前赶回北京。因留谈共饭。下午三时后,韵启去。傍晚,潘儿来。晚饭后,与潘、彩接龙,藉移注意力。盖三日来后项发际起一粟,痒甚,逐见扩大,今润儿寻出雷允上六神丸(旧藏)化十细粒涂之,时须抚摸,乃接龙以遣之。八时半,潘去,已连涂四五遭矣。十时就寝,痒已止。真神效哉。时有雪,未积。是夕,竟未起溲,大幸。

1 月 14 日（十二月廿二日　乙卯）星期一

雪霁。略见薄积。未几,日出矣。

晨七时半起便旋,未大喘咳。九时,看《参考消息》。午饭已振甫见过,出示调孚江油来信,知其妇卧云"无疾而逝",想见万山重叠中新鳏景象,为之恻然。有顷,振甫上班去,予强事钞书。傍晚,《人民日报》始至,读之。晚饭后,看梁叔任(启雄)《荀子柬释》。十时就寝。一时,叩门声急,彩英冲寒启应,则滋儿南京来电,谓十五日廿二次车到京。予因起便旋,返床就衾难入寐。

1 月 15 日（十二月廿三日　丙辰）星期二

晴,寒。

晨七时五十分起,又喘作,良久始平。九时后,看《参考消息》。学部军宣队指挥部、文学所军代表两人及学部组织干部一人来访慰并致送水果及糖果一筐。存问久之,去。惜予老耄,竟未记及姓名,切感而竟遗姓氏,愧矣。午饭后,仍钞书。五时,润、湜两儿及茂孙去车站迎候滋。刘洁来送车票。(代升基买去贵阳卧车票。)留其晚饭,坚不肯留,少坐便行。六时半,润、滋、湜、茂、昌俱到,盖廿二次车准时到,滋儿、昌孙安然接到也。遂共晚酌。饭已,升基来取票,琴、修两媳亦归,共叙谈甚欢。九时,升基辞去,明晨六时,即行矣。十时半,予等各就寝。十二时半起溲。

1 月 16 日 (十二月廿四日　丁巳) 星期三

晴,寒。

孟昭生为升埈送笼鸡四只来。接元孙寄来年终评奖,二等先进工作者奖状。

1 月 17 日 (十二月廿五日　戊午) 星期四

晴,寒。

潘儿上午来,晚饭后去。彩英出办年货,自上午九时排队,至下午三时始回家吃饭,苦矣!晚饭后,滋儿、铿孙往工人体育馆看马戏杂技,润儿为购票者。湜儿下班后,看电影。十时许,滋等归。湜则十二时后乃归。予已入睡矣。三时起溲。接汉儿十二夜写寄信。

1 月 18 日 (十二月廿六日　己未) 星期五

晴,寒。

滋儿、铿孙九时出,游故宫及参观农展馆所设工艺品展览,下午五时始归。潘午前来,晚饭后去。

1 月 19 日（十二月廿七日　庚申）星期六

晴,寒。

接圣陶书,言车挤,俟节后走访,至感拳拳。滋、铿出看电影,五时始归。夜饭后,看孙辈玩牌。十一时就寝。

1 月 20 日（十二月廿八日　辛酉　大寒）星期

晴,寒。

接清儿书,告归后情况。刚主见过,谈移时去。湜儿往访圣翁,面复予意。连日家人赶年忙栗六,殊扰人。

夜饭后,升埒来谒,历陈十五号黑夜骑车南返惊险状,举座为之失色。埒之勇迈精神宜为孙辈所敬服矣。语次,元孙排闼入,本意其除夕始能归,不图竟乘京原线火车于昨晨启程,在灵邱过宿,今下午七时方抵永定门也。历险亚于升埒,而又突然到家,不能不令人奋兴。至九时,升埒辞归孟家。近十时就寝。以过于激动,故入衾后怔忡转甚,心烦汗渗,两耳呼呼作声,有如鸣鞭颇自慌,不得不叫起彩英服降压灵两丸,十一时后乃入睡。三时起溲,尚不致加深耳鸣。

1 月 21 日（十二月廿九日　壬戌）星期一

阴转晴,寒。

七时半起。八时,滋、铿往游八大处,下午五时乃还。知未去八大处,却游香山静宜园,遍历各处,甚满意云。

予昨宵赖降压灵之力,居然度过,今日虽耳际仍有呼呼之声,但减弱多矣。夜饭后,仍看孙辈接龙,十时就寝。是夕甚幸,竟未起溲。

上午，元孙为予去文学所支取二月份工资之半，并发还历年提存之救济储蓄八十馀元。

1 月 22 日（十二月三十日　癸亥）星期二

晴，寒。

八时起。午饭罢，刘乃和见访，谈辞〔词〕典条文事，并及乃乾身后琐事，一时后始去。下午，滋等为年忙，予则大咳，气逆难任，彩英为调灵芝糖浆饮，予乃渐平。此药系新制样品，颇有效，明日林宜来时，当再向索。夜六时半，合家十一人团坐，吃年夜饭。三子、两媳、四孙并彩英共饮，并循昔年年例，用煨锅，小孙辈几不识此物矣。是日下午大咳。前在室中摄取两景，一予与润、滋、湜、修合影，一予与芳、茂、昌、芬四孙合影。夜看家人搓粉丸，十一时乃就寝。彩英料理年，忙至一时半乃已。

明年岁次甲寅，元旦又值甲子联甲，交荣气象当更为一新。

复初日记第五册终，凡历一百有四天。

1 月 23 日①（元旦　甲子）星期三

岁次甲寅，履端又值甲子，联甲交辉，气象更新。清晨七时半起，同进粉团。九时许，予家十一人即庭前合摄一景，予独坐一椅，润、滋、湜三儿，琴、修两媳，彩英及芳、茂、昌、芬四孙环侍身后暨两旁。虽寒威凛冽，以高兴故，竟未之觉也。十时，潘儿、昌硕、中英、熙熙来，林宜、小朔、升埥、丽华、小辉、元鉴、刘洁、刘云先后来。午

①底本为："甲寅日记第一册"。原注："一九七四、一、廿三至四、廿一，凡八十八天。"

间设两席，予与润、滋、湜三儿，元孙、升堉、丽华、林宜、昌硕、中英、元鉴、刘洁、刘云在北屋，馀俱在南屋，各尽其欢。滋儿、刘洁皆醉。三时后，湜儿、修媳往谒外家。林宜抱小朔亦归去。四时后，振华、大璐及小忻来，入家仍两桌，张罗酒肴，颇费周章矣。及饭罢，已八时。又有顷，瀋等皆去。始稍静谧。十一时就寝。湜、修乃归。

是日晴寒。

1 月 24 日（正月初二日　乙丑）星期四

晴，寒。

晨五时起溲，仍返床待晓。七时半起。十时瀋儿来。是午，润儿、琴媳主宴在北屋，家人聚餐，全家并瀋十二人，较昨日又别饶意义矣。下午三时，湜、修偕出，过访修之姨母家，夜十一时乃归。予与瀋、滋、彩、铿同晚饭。八时，瀋去。予看孙辈接龙，至湜、修归后乃就寝。三时起溲，返床仍睡，然以气短故，时时醒，都感抑闷。

是日，接漱儿信，知弥同新有对象。

1 月 25 日（正月初三日　丙寅）星期五

晴，寒。

七时起。八时半，彩英往珠市口赴瀋儿约，同看电影《艳阳天》。十时，湜儿外舅姑及其子媳孙甥来，适老友姚绍华先在，伊等且在东屋。坐移时，邵华去，湜房为其戚属设筵北屋，予及滋儿、元孙预焉。食次，瀋、彩同返，知电影场有纠葛，竟闹笑话云。下午三时，孝达等皆去。湜、修亦出访友，晚饭林家。高尔松来，晤及孝达，皆以治目疾事互谈。四时，振甫来访，谈至掌灯乃去。夜与瀋、滋、彩、铿同饭，饭后，观孙辈接龙。八时半，瀋归去。十时，湜、修归。滋儿为作书复潄儿,幸弥同之近遇。

十一时许,就寝。三时起溲。

1 月 26 日（正月初四日　丁卯）星期六

晴,寒,风急。

晨八时起。上午滋、铿去王府井,归饭后复偕铿、芬同出游陶然亭。四时一刻归。未几,复往小庄濇家晚饭。元孙本须同往,以访友未及,仍归饭于家。滋、铿则九时半归来,值湜、修有客来访,甫去,小铿乃约与其叔婶及彩姑姑接龙。予从观之,以俟芬孙之归。盖芬独往体育馆看马戏也。十时半,芬归,予亦就寝。三时半起溲,以寒故,唤彩英起添炉火。

是日下午,濮秀丽及其夫来访,少坐便去。

1 月 27 日（正月初五日　戊辰）星期

晴,沍寒。

晨七时半起。今日各机关、工厂俱上班,盖春节假满矣。八时三刻,圣陶偕其三子至诚来访。（至诚亦多年未归省亲,腊底自宁来京省觐者。）少顷,友琴来访,又有顷,袁行云来访。十时后行云先行,圣陶父子继之,友琴最后去。（友琴顺还《明清画苑尺牍》六册。）

今日为元孙廿四初度,中午在北屋聚面。午后,元孙与铿孙去蟾宫看电影,彩英出购物,薄暮皆归。濇儿下午四时来,夜饭后,升埁来,因共谈良久。

九时,濇儿先去,升埁继去。十时半就寝。一时半起溲。

今日天气特冷,炉火失灵,煨衾后稍和,然终宵未感温融也。

1月28日（正月初六日　己巳）星期一

阴,微雪,旋转多云,露日光,仍凛寒。

晨七时起。上午,彩英出购物,午后裹粽子。下午铿、芬去天坛游览。滋儿往叶家访问,并邀请圣陶父子明日来饭。农祥下午来访,谈移时去,亦约伊明日来饭。元孙上午与小援游西郊动物园,晚饭后出购物(均厂中同事托办者)。茂孙晚九时半时去红星看电影,十一时乃回。予亦就寝,一时半起溲。

1月29日（正月初七日　庚午）星期二

阴转多云,间晴,午前后皆有雪花飘舞。仍冱寒。

晨七时半起。九时,农祥来。十时半,圣陶、至诚父子来,谓方从雁冰家过,承传言相候,多年不相闻,彼此心照已。有顷,至善来。滋儿本在家,湜儿亦偶因感冒家休,因得共晤。十二时设筵同饮。少顷,润儿亦归。于是,王、叶两家五兄弟得一晤叙机会,殊为幸会矣。午后一时,至善先上班去,二时,润儿亦上班,三时圣陶、至诚归去。(还来《蠋戏斋诗集》,取回《明清画苑尺牍》。)又有顷,农祥去。元孙参观工厂访问同学,终日栗六。滋儿已购好车票,定十一日上午动身返当涂。茂孙晚九时往红星看电影,十一时归。予晚饭后看铿、芬辈接龙,十时就寝,一时半起溲。

1月30日（正月初八日　辛未）星期三

阴,寒,微雪转多云间晴。

晨七时半起。八时后,滋挈铿、芬两孙往游颐和园。元孙往黄村参观工厂。下午五时,滋等三人回。有顷,元孙亦回。均未遭雪。

夜饭后,刘洁、刘云兄妹来谒,告云即于二月二号返石家庄,洁则于二月二十号左右去咸宁云。谈至九时半,辞去。十时半就寝。一时三刻起溲。

1 月 31 日（正月初九日　壬申）**星期四**

凌晨凛寒飘雪,十时渐小,且日出矣。

七时三刻起。元孙连日参观访问,下午其同事子燕来,小南来。夜饭后,往叶家访小梅,十时始归。潘儿午后来。夜饭后,与诸孙接龙,九时半乃归去。滋儿未出,与予长谈。夜十时半就寝。一时半起溲。升埙来辞,明日返校。

2 月 1 日（正月初十日　癸酉）**星期五**

雪微积,禺中日出,雪仍未止,延绵断续,迄无朗日。檐际时有凌泽裂堕声。亦云严寒矣。

潘儿八时三刻雪中来,谓小同厂有电影票,在东四冶金部礼堂演出,即挈同、滋、铿往礼堂门口候取,说明不归饭,下午购取什物乃还家也。予与彩英午间煮年糕代饭。午后仍雪。薄暮滋、铿返,谓看戏时间误记,延至十一时始候到票,伊父子入视,潘则径回小庄,风雪中,立候冻且僵矣。予闻之大呼,不识潘归后究如何也?六时,元鉴来。有顷,林宜来,为予送到脉通二瓶。（此药殊不易买,今先托购得此馀两瓶,容再补买,予即以四瓶之价畀之。）七时夜饭,润、滋、湜三昆弟,元孙、铿孙、林宜、元鉴同坐共饮,顺为皖、晋归来之人祖道云。九时许,林宜、元鉴去,元、铿等玩牌为乐。茂孙往长安戏院看话剧,十一时乃归。予等各就寝。予不寐,至十二时三刻起溲,一时后始入睡。

2月2日（正月十一日　甲戌）星期六

寒,雪。

晨六时起。七时,滋、铿成行,润、湜、芳、茂送之上车。八时半,湜归报安送妥帖。润上班,芳、茂皆有事他往云。及午,芳、茂皆归。下午,读《太炎文录》。次园傍晚见过,少坐即行。

夜饭后,接龙为戏,十时半就寝。一时半起溲。

2月3日（正月十二日　乙亥）星期

沍寒。虽有日,仍时见飞雪。

晨八时起。振甫见过,知调孚已返抵上海,患痔未能起坐。殊念之。谈移时,振甫去。是午,元孙同厂青年四人来饭,来北屋谒予,共谈久之。午后二时去。湜儿下午往访刚主,同过启元白于北大医院,刚主饭湜于同春园。夜九时后乃归。

予下午作书两通,一复宗锟,兼及汉儿告近状;一复为民、菊芳,谢其寄虾米并告彩英未能即归之由。夜饭后,看两文,一署名康立者所撰《汉代的一场儒法大论战——读〈盐铁论〉札记》,又一为吾友绍虞所撰《从汉代的儒法之争谈到王充的法家思想》。此二文并载《学习与批判》七三年第四期中,俱能阐述明白,有裨于当前之学习不少。近十时就寝。二时起溲。五时又起溲,嗽大作,勉持拥衾,良久入睡。

2月4日（正月十三日　丙子　立春）星期一

阴,寒,日中顯昼转晴。

晨八时起。十时后,蔡顺林夫妇来,留饭,因与叙谈。午后二时去。予阅《参考》及《日报》外,读《清史·儒林列传》。夜十时就寝。十二时起溲,左腕昨夜睡时扭酸,今日甚酸楚,帖祛风膏。畏寒特甚。

2 月 5 日（正月十四日　丁丑）星期二

晴,寒。

晨七时半起。看《清·儒林传》。午接韵启电报,知今日乘十四次车回京,明日上午九时十分可到,盼往接云。上午十时,元孙为予往文学所取工资,遇象钟,谓曾见访以徘徊不得吾门而止,缓日将再访云。闻之歉然。所中旧侪不无拳拳,尤感。读《清史·儒林传》,又读《人民日报》所载署名罗思鼎《从王安石变法看儒法论战的演变》一文。(此文为《读蔡上翔《王荆公年谱考略》》而发),原载《红旗杂志》七四年第二期中。)与前看郭绍虞一文相映发,均有分量之文字也。

左腕酸楚,自帖药膏后,已渐痊。夜饭后接龙数盘,十时就寝。一时起溲。

2 月 6 日（正月十五日　戊寅）星期三

晴,寒。

晨七时半起。八时一刻,茂孙往车站候韵启,因车误点,十时半乃接与俱来,谈悉漱、淑两儿家近况,颇慰,留与共饭。午后二时,韵启辞去。予就炉边小休,三时半起,读《清史·儒林传上》,毕之,皆理学之士。夜十时就寝。十二时起溲。

今日元宵,别无所事,仅请家人各啖市售汤圆而已。是日,维洛见访,谓患心脏病将入住阜外医院。

2月7日(正月十六日　己卯)星期四

晴,寒,

晨八时起。十时半,乔象钟见过,携交所中及人民文学出版社赠送之书三本(供批孔学习用)。谈所中近状,并及默存移居师大后患病状。至为悉驰,移晷始辞去。

元孙景山同学杜山、马光、朱英、石小援俱分散各地插队或作工,近以春节归省得小叙,甚不易,今日饭我家,午后,元孙复偕之出游云。明日夜十时,元孙且登程回原平矣。晚饭前,潆儿来,饭后与接龙数盘,八时半去。十时,予就寝。翌晨五时许起便旋,复返床入睡。

2月8日(正月十七日　庚辰)星期五

晴,寒。

八时起。接滋儿、铿孙六号来信,知已安抵,沿途平顺云。连日读《清史·儒林列传下》。午后写信四通,分寄上海漱、淑,当涂滋、铿,武威预孙。下午四时,潆儿来,五时,元鉴来。夜与潆、润、湜、鉴、芳、彩同饭。九时半,芳孙行,潆、鉴则先归去矣。润、茂及小援、马光送之。十时,予就寝。十一时,润、茂归,予始入睡。

2月9日(正月十八日　辛巳)星期六

晴,寒。

晨七时三刻起。是日看报外,仍专读《清史·儒林列传下》,皆汉学家言,较理学家言为征实,名物度数必细看详思乃能受,以是进度自不能速。夜饭后仍与孙辈接龙为戏,以资调节。十时后,洗足易衷衣,然后寝。一时起溲。

2 月 10 日（正月十九日　壬午）星期

晴,寒。

八时起。十时,潘儿来。今日燕九节,为芬孙生日。饭后,步由东屋至南屋,看伊与父母兄同吃面,坐片刻仍步回北屋,竟不须人扶掖,亦不持杖,颇自欣。

湜儿、修媳往省外家,夜十时乃归,予已就寝。

是日仍读《清史·儒林列传下》。傍晚元鉴来取车(托茂孙送修者),未饭即去。

2 月 11 日（正月二十日　癸未）星期一

阴寒。

晨五时起便旋,返床复睡,八时乃起。午前,吴慧见访,接谈移时去。假《盐铁论》读本等三书去。

接汉儿、宗锟二月九号复书,知干校乏人,一时不能假归云。读《清史·儒林列传》竟,接读《文苑列传一》。夜饭后仍接龙遣闷。十时就卧。十二时起溲。

2 月 12 日（正月廿一日　甲申）星期二

晴,有风,但寒威较少衰。

七时三刻起。九时半,介泉见过,闲谈移时乃去。仍读《清史·文苑列传一》。午后农祥来,亦闲谈移时去。两耳时作拉锯声,呼呼不已,殆血压骤高之故欤?加服优降灵似少止,亦不以屑意也。夜十时就寝。湜、修又去外家,及予寝始返。十一时半起溲。

2月13日(正月廿二日　乙酉)星期三

晴,气温如昨。

晨七时三刻起。九时,圣陶见过,长谈至十一时乃行。在坐时,以孙功炎所作图四种见示,因留此备览。行时假《孔庙祀典图考》及予《续考从祀位次小记》去,盖亦批孔批儒之资料矣。读《清史·文苑列传一》竟。接读其二。

夜饭后接龙遣闷。十时就寝。三时起溲。

2月14日(正月廿三日　丙戌)星期四

晴间多云。气温如昨。

晨七时半起。午前看报。午后写信两通,一复元孙,幸其未遇车祸;一致为民,告其母一时未能即回南省视。元孙前日书来,谓车过太原换车时,遇建昌,乃偕同行,诸人偕过山大暂歇,然后行,讵前车脱轨,伊等以迟到一步幸免。建昌真福星矣。故复元孙时特表出之。

阅《人民日报》,见竺藕舫(可桢)追悼会报道,知于二月七号逝世。一昨介泉已见告,未之确闻,今见报乃信斯人云亡,实有山颓梁摧之感。予佣书涵芬楼时与有雅故,(竺任编所史地部长,予任史地编辑。)来京后时于政协会堂一为把晤而已。近更老惫,于其逝也即未前闻,又不能往临其丧,心实恫之。

夜饭后,少坐便寝。是日仍读《清史·文苑列传二》。

2 月 15 日（正月廿四日　丁亥）星期五

晴间多云，气温如昨。

晨五时起便旋，返床复睡。七时半乃起。看报外，读《清史·文苑列传二》毕，接读《列传三》。接淑儿十三号复书。

桂本傍晚来谒予，因连日怔忡耳鸣，虑有变，属为校量血压，并听心肺，结果乃与前此所校，无甚出入，亦奇矣。晚饭后，桂本去，予两耳呼呼如鸣鞭，亦如拉锯，强置之，接龙为遣，则亦忘之。十时就寝。翌晨四时起溲，天未明，只得仍返床。

2 月 16 日（正月廿五日　戊子）星期六

晴，较和。

晨七时半起。上午读完《清史·文苑列传三》。接漱儿十四号来信，复告忙迫状。予耳鸣似略止。接读《清史·文苑列传四》。夜十时就寝。三时起溲。

2 月 17 日（正月廿六日　己丑）星期

晴间多云，气骤见融暖，实非正也。

晨五时起溲，仍返床。七时半起。九时，刚主见过，谈至十一时辞去。而潘儿来，因共饭。看报外，读毕《清史·文苑列传四》，拟重阅《清史·儒林》《文苑》两列传，加句读焉。

夜饭后，与潘、彩接龙，居然忘其耳鸣，心跳计亦良。约八时半潘归小庄。予亦从容服药就寝。是夕起溲两次，一为十一时半，一为三时，它无所觉，惟感左腰特酸，连及左臀亦不舒耳。

2月18日（正月廿七日　庚寅）星期一

晴，不甚朗，而气特融和。

晨七时一刻起。九时后，点阅《清史·儒林列传上》，至午得十一页。并看《参考消息》。

接圣陶昨日手书，告已转知蕴庄，依予旨作罢生日釀饮，顺论文庙从祀各事。下午，因遍检架书为考证文庙从祀略。

夜饭后，仍接龙为遣，十时就寝。十二时起溲。是夕洗足。

2月19日（正月廿八日　辛卯　雨水）星期二

晴，融。

晨七时半起。十时，桂本来，午饭后去。予仍检书看报而已。午后小憩片晌即起。接滋儿十六号发信，知将搬家入城，小铿仍入当涂县中，小明则暂时自携在乡，不急求寄沪矣。予甚然之。

夜饭后，小坐自息。十时就寝。一时起溲。

2月20日（正月廿九日　壬辰）星期三

多云间阴，气温较升。连日天候失常，易酿疾病，前日芬孙感冒发烧，昨日琴媳亦染及，虽立即就医服药，而不能上班上学，家中气氛遂不免紧张矣。

晨七时半起。十时，濬儿来同饭，午后予小休，濬即归去。三时起，除看报外，点阅《清史·儒林列传一》数页。夜饭后，仍勉事接龙，以祛耳鸣。十时就寝。十二时及三时均起溲。

2 月 21 日（正月三十日　癸巳）星期四

阴,亭午顯昼,旋转多云,入晚阴,夜半北风作。气象台今晨有大风降温警报,风停后,将降温八度至十二度云。

七时半起。看报外,仍点阅《清史·儒林列传一》,不到十页,即精神不能集中,错误叠出,亟停笔,闭目休息,耳鸣又作,真不中用矣。

晚饭后,仍勉事接龙,藉求排遣。十时就寝。十二时起溲。

2 月 22 日（二月　甲午朔）星期五

阴,风寒。

晨七时三刻起。九时,接元孙及锴孙各一信,知都为事忙,并知外曾孙会来已送托良乡县城托儿所。是日,看报外,点阅《清史·儒林列传一》十馀页。

耳鸣仍时作时辍。下午孟昭生来,予送到降压灵三百粒,盖丽华在延庆代买者。未坐便行。为之歉然。

夜饭后,湜儿往谒刚主,假归刻本《甦叟养疴闲记》四卷两册,乃乾隆时吾乡长洲陆锦所撰(锦字暗亭,晚号甦叟,官蜀久,归筑涉园),于吴中掌故及川土风物言之娓娓。予当夕披阅尽一卷。十时就寝。十二时及翌晨四时起溲,两次,骤寒离衾殊以为累。

2 月 22 日（二月初二日　乙未）星期六

阴,寒。午顯昼转多云,入晚又阴并发风。

晨七时三刻起。九时,看《参考消息》及陆锦《甦叟养疴闲记》,抵午四卷全毕。午饭后耳鸣特甚,胸次轰轰然,殊不舒。勉自点阅《清史·儒林列传》七页,又看《人民日报》。夜饭后,仍耳鸣心慌,却与湜、修、彩英轮次接龙,犟遣之,十时半就寝,十一时半及一时半两度起床便旋。

2 月 24 日（二月初三日　丙申）星期

晴间多云,风急严寒,凌结玻窗,日中始渐化,真料峭春寒矣。

七时四十分起。九时,看《参考消息》。午后续点《清史·儒林列传一》,至三时,尽九页,全卷毕矣。是日,上午写信两封,分复滋儿及元孙,交文修上班时带出投邮。又,湜儿接太原爱农及上海漱华各一信,知两地近况都好。芬孙夜来又感冷发烧,上学无几日,又复犯疾,为之扼腕。予心慌耳鸣如故,晚饭后,只索接龙,以冀坐忘。十时后乃寝。十二时三刻起溲。

2 月 25 日（二月初四日　丁酉）星期一

晴,寒威未杀。

芬孙虽退烧,未能入学,琴媳上班后仍返家照料芬。予七时四十分起。九时,农祥来,特以广式加里饺相饷,盛情真可感,坐谈移时去。知亦秀事将解,为之引慰。予习用毛笔,而时时咸缺,昨令润儿往王府井物色之,仅购得北京笔厂所制脱颖狼毫两枝（价每枝四角三）,善琏笔竟绝迹,亦惟有将就使用耳。是日,看报外,点阅《清史·儒林列传二》得十页。夜饭后,仍接龙,以遣怔忡。十时后就寝。寝前便旋,是夕竟未起溲。

2 月 26 日（二月初五日　戊戌）星期二

晴,酷寒稍解。

七时四十分起。九时后,看《参考消息》及续点《清史·儒林列传二》,至午得七页。彩英九时出购物,亦抵午始归。午后,耳际仍轰鸣,不之顾,续点《清史·儒林列传二》,又得五页。已尽廿三页。夜饭后,又接龙,十时许就寝,转侧难寐,十二时起溲,返床经半小时后始入睡。

2 月 27 日（二月初六日　己亥）星期三

晴,寒。

晨五时一刻起溲,复返床。七时四十分起。九时看《参考消息》。沈阳顾伟富属其同事崔洪贵来访,送苹果十馀枚,顺取物,(其母所留之脂油年前已由升基出差时带去。)略坐即行,云今晚即动身去沈返厂云。崔行,予即写信寄顾以告。

下午三时,王泗原来访,坐至五时许始去。予是日看报外,点阅《清史·儒林列传二》,得十页,已至卅三页。两耳轰轰,胸次怦怦,殊非吉征,但自然规律如此,只求无忝所生,一切可以度外处之也。夜饭后,韵启见过,晤谈至九时,乃辞去。十时许就寝。十一时半起溲。

2 月 28 日（二月初七日　庚子）星期四

晴,较昨略温。

七时四十分亟起便旋,耳鸣心悸加剧。九时看《参考消息》,并续点《清史·儒林列传二》,至午得四页。午后看《人民日报》外,又续点前书。抵暮得七页(已至四十四页)。下午四时,濬儿来,煮肉为予寿(后日予生辰),夜饭后与接龙数盘,八时半去。自濬行后,耳鸣益烈,侧重左耳。十时洗足就寝。十二时及翌晨五时均起溲。

3月1日 (二月初八日 辛丑) 星期五

晴冷如昨。

七时半起。九时,满子来,携到莼菜等物,将其翁圣陶之命,为予寿。坐次,吴慧来。有顷,满子去。予与吴长谈,近午吴行,假去《张居正大传》。予左耳大鸣,并心同动,连续不停,惟右耳不闻,未识何故?午后,茂孙以明日起即将去本市汽车配件厂劳作,今日校中给假休息,以故,在北屋伴予。彩英遂出外购物,讵知予左耳轰轰愈演愈烈,一若此心即将从腔子里冲跃而出,然烦躁汗出,势甚危,茂孙急电其父、叔速返视。有顷,润先归,即往建国门医院问医,高大夫即以心得安及安定两药付之,属令持归即服。湜亦归,势稍稍定而心怦耳鸣如故。及药渐安,盖药效作矣。茂孙觉头痛,彩英归,抵家亦然,疑炉囱有问题,煤气作祟。晚饭后,润、湜检视烟囱,果堵塞,遂去怠重装,疑始释。可见予之心跳亦不无与此有关也。

日间,接汉儿、元孙各一信。傍晚,润去小庄,以小同夫妇反目,前往劝说,果一笑而解,因在伊处晚饭而归及修烟囱。予夜仍强持接龙,藉忘心跳之烦。十时乃就寝。十二时一刻起溲。

3月2日 (二月初九日 壬寅) 星期六

晴阴兼施,有欲雪意,夜中微雨。

晨七时半起。心跳耳鸣渐止。十时潜儿携熙熙来。刚主携蛋糕亦至,盖今日为予八十五初度之辰,老友坚不忘此,走门相贺,殊感。因与纵谈,适湜儿在家陪同照料,愈益兴奋,耳鸣竟止,午遂与刚主、潜、湜、彩同饮,予为进葡萄酒一小杯。一时半,刚主归去。
予小休,二时半忽有人见访,起视,初不相识,接谈后知为老友子敦
仲氏之子金永祁,汉儿之老同事,月前自咸宁干校回京,不久即将
返校,特来访候云。潜、湜儿亦来佐谈,询悉干校近况及子敦病状,
四时后乃去。五时许,元鉴、刘洁先后至。(鉴持蛋糕一匣,洁携听
装茶叶两事。)有顷,洪大夫至,盖桂本代邀来视疾。甫坐定而桂
本携迎迎来,不意洪之先至也。因检量血压及心脏等,高压已达二
百,惟心脏尚无大变动,断言心跳耳鸣俱属高压所致,煤气云云,不
无助长而已。仍嘱加服 6911 及倍服降压灵,须保持血压在一百八
十左右始安全云。六时半辞去。七时,北屋仍张圆桌与潜、润、湜、
琴、修、彩、茂、芬、鉴、桂、洁合坐小饮,仍示生日家庆(迎、熙另
设)。八时罢,晤言至九时乃各归。知元鉴与严氏已正式经法院判
准离婚,明日即可交割手续云。经年纠缠,一旦解决,亦一免除烦
恼之大事也。十时,照大家之意,服药就寝。十二时半起溲。

3 月 3 日 (二月初十日 癸卯) 星期

初阴转晴。气温如昨。

晨七时半起。经润、湜把脉,自前日三时左右之脉搏 103/分,
已降至 80/分,病象似已轻减,但耳鸣虽止,而心跳仍有微觉耳。
接清、滋一号信,俱遥祝生辰。清信附照片,滋信则顺告搬家入城,
已粗定云。午后小休,三时,林宜送脉通来,顺告升基回渝,并及其
工作问题。(将回渝厂工作以燃化部借调有问题故。)予劝其暂
安,并留夜饭。六时,至善、满子侍圣陶来,少坐即就北屋设圆桌聚
饮,润、湜两儿及林宜与焉。琴媳及茂、芬未与。修则在其姨母家
亦未与。饭时彩英乃得与,亦可云忙矣。予仍感心跳,致始终在席

仅示意而已。八时罢,少坐,圣陶一行先归。林宜后行。湜、彩以修尚未归,伴予接龙,以俟之。十时半,修归。予服药就寝,已十一时。二时一刻起溲。

3月4日(二月十一日　甲辰)星期一

阴森。

七时半起。九时,看《参考消息》。接二月廿八号澄儿贵阳信,告升基回渝过筑及家中平安状,兼贺予生日云。附来照片。(业熊偕升基去渝养疴。)午后小休,以服安宁片一枚,故四时乃起。续点《清史·儒林列传》二卷六页(已止于五十页)。已废业数日矣。

夜饭后,仍接龙为娱。十时半就寝。十二时三刻起溲。

未明,梦觉,心跳耳鸣突作,颇自慌。唤彩英及润、湜起,切脉并不异常,乃服安定一片。稍停,仍入睡。然乱梦不宁,模胡达旦。

3月5日(二月十二日　乙巳)星期二

阴晴间施,气氛森然。

晨七时半起。今日约孝达夫妇及其襟弟等来午饭,而予气急怔忡,强坐以持之。十时后,伊等两家五人至,勉与酬谈,乃稍稍转移病念。及饭良已。食次,润儿归,乃拉与同饮,予稍沾唇而已。饭后,湜、修同出,送孝达等归去。予仍小休,四时起,客俱去,予竟未之知。

夜饭仍小饮一杯,十时就寝。一时许起溲一次。竟夕无所苦。是日接元孙信。

3 月 6 日（二月十三日　丙午　惊蛰）星期三

阴间多云，气尚不太冷。

晨七时半起。所蓄白猫产四子。是日看报外，点毕《清史·儒林列传》第二卷，大都宗尚理学之士。卷三起，题曰《儒林下》，大抵所谓汉学之士矣。傍晚，桂本、元鉴先后来，鉴为予购到降压灵八十粒，桂则为予复量血压，仍如前日，未见降。属再服药数日，再试量之，二人俱留夜饭。桂本先去，鉴则陪予接龙至八时半去。十时就寝。又觉感冒，咳嗽频作，彩英调灵芝糖浆饮，予良久乃入睡。十二时半起溲。

是日下午，刘涪生夫妇携孩来访，未晚饭去。

3 月 7 日（二月十四日　丁未）星期四

晴间多云。气如昨。

晨七时半起。予感冒未痊，彩英亦感冒，势甚厉，恐伊发烧卧床，则饭食亦难支撑矣，幸服银翘解毒丸，稍稍解。夜九时三刻就寝。二时起溲。

3 月 8 日（二月十五日　戊申）星期五

阴转晴，气暖于前昨。

晨七时起。知彩英幸未发烧，仍强起操作。九时，维洛来访，圣陶亦继至。维洛以患心脏病将候床位入院施手术，并告默存患喘甚重云。少坐辞去。圣陶则仍坐至十一时乃行，与谈孔庙祀典递隆及统治阶级利用递增诸状。午后小休，三时起。写信三封，分复太原清儿、咸宁汉儿、原平元孙，各附照片。本尚有多信需写，以胸次压抑不舒而止。

夜饭后,仍接龙为遣。十时就寝。十二时起溲。

3月9日(二月十六日　己酉)星期六

晴间多云。下午风大作,但气仍不太冷。

晨七时起。上午、下午都写信,凡五封,一寄贵阳澄儿,一寄上海漱儿,附复淑儿,一寄当涂滋儿(三信俱附照片),一寄延庆堉孙,一寄房山锴孙。是日本约桂本挈迎迎来,以风急未至。夜仍略感心跳。十时就寝。一时三刻起溲。

3月10日(二月十七日　庚戌)星期

多云间晴,西南风大作,撼户扬尘,骤寒,翌晨窗结薄冰。

七时半起。九时半,顺林来,知堕车,左肋被伤,入城就诊,因见有售烟台张裕白兰地者,为代购三瓶携至。因留待共饭。饭次,韵启至,同饭焉。

午后,顺林归长辛店,予就榻小憩,韵启留。三时,予起,润儿与韵启谈,予乃续展《清史·儒林列传》第三卷点阅之,得七页。湜、修往访苏氏姨母家,留宿未归。晚间,予与韵启、润儿、彩英共饭。茂孙是日在工厂加班,夜八时后乃得归。韵启九时半去。予婆婆就寝已十一时半。睡未久,十二时半即起溲。黎明觉鼻尖感冷而醒,风尚未息也。

3月11日(二月十八日　辛亥)星期一

晴,寒,窗冰至禺中始渐解。

晨七时半起。午后小休。是日看报外,续点《清史·儒林列传三》,八至十三页。

傍晚桂本至,同饭后,为予量血压,高为 194°,低为 80°,已有略降,惟左耳轰轰犹作,专与心跳及说话,共鸣大约此耳,即将失聪,或竟着皮聋乎? 桂本去后,与湜、彩接龙数局,十时半,就寝。十二时半起溲。日间接滋儿书,知被召至省,或将调整工作云。

3 月 12 日(二月十二日　壬子)星期二

晴。风稍止,冷亦较杀。

七时半起。午后小休,三时许锴孙来谒。知予书收悉,故来省,并知惠来去托儿所后,又因疾作接回,(出疹子,已回。)其家亦凌乱异常云。有顷,渠出购物,而潽儿至,云服洪大夫药后,须间日量血压,假血压计云。五时半,锴孙归来,八时须赶火车回窦店,乃亟具餐与潽、彩、锴同饭。饭后,锴即行,潽则留下与予及彩英接龙,至九时乃携量血压计去。

是日,予看报外,点阅《清史·儒林列传三》之十四至十九页。夜十时就寝。三时半起溲,返床嗽作,幸未大咳,未几入寐,但梦扰达旦。

3 月 13 日(二月二十日　癸丑)星期三

晴。仍有风,不免春寒。

晨七时半起。午后仍小休,看报外,续点《清史·儒林列传三》,止于廿三页,凡得四页。夜饭后,接龙数局,心跳耳鸣如故,冀其移转注听耳。十时洗足就寝。一时半起溲,又犯嗽,勉强屏住,有顷亦入睡。

3月14日（二月廿一日　甲寅）星期四

晴间多云。气稍回暖。

晨七时半起。正在穿衣，而元孙突至床前，呼予，予为讶然。据言被命出差，十一号即离厂，（予寄照片之信交错未见。）先过交城，继过太原，昨晚离太原来京，将转道去大连，为厂方寻求工作上需要之图纸云。山西省革会出证明介绍往还限期二十天，是在京可以旬留若干日也。予乃释然。十时后，接太原来信，盖元孙所发而士敩附复者也。午后小休。

子臧十时半见过，以予气急未多坐即行。友人存问者频频，而予不能一报，殊歉。

林宜来。彩英为予送鸡蛋及苹果去刘涪生家，慰其小女。入晚，湜、修为招呼林宜陪予同饭。饭次，彩英乃归，共与焉。林宜夜饭后去。

绪芳、绪茂两孙晚赴吉祥剧院看电影《青松岭》。予与彩、湜、修等接龙，俟芳、茂归乃罢，就寝已十一时。二时三刻起溲。

是日看报外，续点《清史·儒林列传三》，止于廿七页，得四页。心跳耳轰仍时作，林宜言此非耳听，乃脑筋有损，当信。

3月15日（二月廿二日　乙卯）星期五

晨有微雨，转晴。气仍如昨。

七时起。八时，茂孙陪彩英往朝阳医院就诊，盖伊感冒已十馀日，服银翘解毒丸等无甚效，前昨两日鼻塞加重，且觉额头内痛，恐转额头炎，故昨电话属桂本为挂号，今乃往诊焉。九时半，茂先归，谓彩姑姑正在挨坐候诊云。十时，小援送代购黄鱼多尾至，闻芳孙云我家乏人照看,彩英难得出诣市,故为此购就送来,予极感其家之关切,略谈后即去。

上午,看《参考》,心跳耳轰又时作,特伏案续点《清史·儒林列传三》以厌之,抵日中得四页,止于卅页。接漱十三号复来之信,知书与照片都收到,并知小明已送到沪,佩华且已回当涂云。午间芳孙正裹馄饨供餐,十二时后,彩英乃归。摄片检出额头炎,穿刺抽脓,势不轻,幸及时就诊,否则拖深矣。二时小休,起仍续点前书,又得四页(止于卅三页)。芳孙本定今晚转车赴大连,昨夜忽感冒,喉痛,今午后去医院诊为扁桃腺化脓,扎针服药,只得推迟行期入夜未进饭,仅饮牛乳,且发烧,予颇为担心。十时就寝。十二时半及四时均起溲。

3 月 16 日(二月廿三日　丙辰)星期六

晴。较暖。

晨四时返床后犯咳,挨至六时入睡,七时半始醒。有顷起,知芳孙已退烧,彩英亦平复,心始略宁。早餐后,又感心跳。九时半,芳孙去医院扎针,潘儿挈熙熙来。接汉十四号复来之信,知五一左右始可假返,接替彩英云。

午前,礼生来访,谓久不登门,实改跑乌鲁木齐线三个月,今始复跑京沪线故耳。谈途中见闻,抵午乃去。午饭后小休片响。四时,潘与熙返小庄。元孙出赴医院扎针,兼往车站签票,定明日下午十时半,乘廿九次快车,径赴大连差干。是日,虽时作心跳,予不之顾,除照常阅报外,续点《清史·儒林列传》八页。(止于四十二页。)

夜饭后,润为汉信所指朱文治托买之何首乌已带到,特为取送与朱。予与彩英、湜儿接龙，以俟之。十时后，润归，予亦就寝。十二时及翌晨四时各起溲一次。

3月17日（二月廿四日　丁巳）星期

晴。风大作，又撼户啸檐，室内纵不加冷，窗外却料峭凛人矣。

七时起。上午，看《参考消息》外，续点《清史·儒林列传三》第四十二页至四十八页。午饭后小休。起后看《人民日报》外，复点前书第四十八页至五十页。下午，风势渐定。四时许濬儿挈迎迎先来，桂本继至，为予检量血压，高线已降至百九十度，低线仍为八十度，听心脏及肺部仍无变异，衰势似稍稳定云。七时，共进晚餐。餐后，予仍与湜、彩接龙。九时后濬等一行三人归小庄。九时半，润儿送元孙往车站登程赴大连。十时四十分，予就寝。有顷，闻润归，知元孙已安全登程。十二时半及四时仍各起小溲一次。

3月18日（二月廿五日　戊午）星期一

晴和。

七时起。九时，濬儿挈熙熙来，彩英屏当即行赴朝阳医院复查，盖昨日桂本约好今濬来接替，俾彩得复诊也。予看报外，续点《清史·儒林列传三》，止于五十五页。彩英十二时半乃返，谓医生仍劝再穿刺，以惧怕而止，又配点鼻药液及土霉素，属服用。下午小休，悬拟今日下午四时元孙当能到达大连，颇盼一阅电报，而临行嘱伊不必当日即发，免夜深叩门送报者，是明日方可获其来电也，徒滋怅结而已。夜饭后，润往小庄看昌硕，濬、熙则四时许已先归。湜、修俱在琉璃井外家，夜十时始归。有顷，润亦归。予乃就寝。二时起溲。

3 月 19 日 (二月廿六日　己未)星期二

晴。气和如昨。

晨七时半起。今日文修厂休在家,上午彩英便出买菜,亭午始购生煎包子回来当午饭,盖来不及煮饭云。午后小休即起。三时半,小援送虾一包来,谓其家代购,特属送来者,适其时彩英为邻家招呼出打油,(所谓高价油难得遇到者,然诣店已迟,售完矣。)未及晤,不肯坐而去。予心感甚,只得任伊去,俟元孙归时再算还送去矣。(元孙去大连迄无电告,深念。)

是日看报外,续点《清史·儒林列传》卷三五十五页至六十六页。昨日饭后吃香蕉不服致呕吐,今复然,胸次作恶,虽未吐而从此惧食此物矣。亦奇。夜饭后,接龙数局,十时后就寝。十二时半起溲。

是日接谢婿来信,知漱转之照片已收到,并知淑儿因骑车被撞受微伤云。

3 月 20 日 (二月廿七日　庚申)星期三

晴转阴,午起大风,又撼户作声,骤转冷,此种天气真最难伺候也。

七时半起。九时后,看报外,阅署名天育所作《故乡之路》,盖七二年归国探亲之美籍华人之观感,曾连载于香港七十年代杂志,七三年八至十一月号,近经我外文局资料室辑入今年第一号外报外刊有关中国的报道选辑中,文甚长,分卅五节,生动活泼,委宛周详,真富有情感之佳作也。读之不忍释手,直至下午五时乃阅毕。间有误字及舛差处,不禁手痒,随笔改定之,足征此文之能吸引兴趣也。

午间又开酒戒，与润儿小酌（予仅半小杯）。饭后，居然无异感，且能小睡片晌，可见前昨之不舒，实为香蕉作梗耳。接铿孙十七号当涂来信，告其父被调去合肥。未及明孙去沪诸事，想地区悬隔，必致隔膜也。

薄暮，濬儿从大风中来，急于修锅子，并为予买到肉饺送来云。夜饭后，予与濬、彩接龙。八时半，濬返小庄，由湜接替，至十时乃就寝。十二时半起溲。

3 月 21 日（二月廿八日　辛酉　春分）星期四

晴，风寒。

晨五时半起溲，仍返床强卧，七时廿分乃起。

八时半，介泉来访，闲谈饮食等等，至十时半行。予看《参考消息》后闲翻案书，及于午饭。午后小休，起后本欲写信，以俟元孙书不至，颇牵萦其旅中情况，遂兴尽罢。久坐无聊，又翻开《清史·儒林列传三》，拈笔点之，自六十六页至七十页，及暮而止。夜饭后，似感饱胀，未接龙，默坐至近十一时乃就寝。入衾反覆难寐，万念岔集，又时作咳喘，至十二时半起溲后，始获朦胧睡去。

3 月 22 日（二月廿九日　壬戌）星期五

晴，仍有风，不免料峭依然。

七时一刻起。精神似少好，但气急加剧。十时，元鉴来省，告有书寄其母，为予催归。是日，伊改上中班，故十一时廿分即具饭共餐，十二时即上班去。接元孙廿号大连信，知火车甚挤，到大连后，并无招待之处，自寻住处，当夜即安插在澡堂住。（各地旅馆紧张无已,即由当地负责者介绍于各澡堂俟夜十时后停业始可住人,翌晨即须他去,亦近时之怪现象也。)现已找到旅馆,开始为出差工作,但其间却游览大连海滨,不无稍偿旅寂耳。又接升基十八号渝州来信,告接父同行,已则仍忙于出差云。午后小休,二时起,以茂孙今日工休在家,彩英以其间出购物。

三时许,德政来访,以所译注之《秦政记》赠予,盖中华书局已印成活页文选矣。顺谈其母校复旦诸师之近况及当前所中情形,移时乃辞去。予看报外,续点《清史·儒林列传三》毕之(自七十页至七十五页)。夜饭后,接龙数盘,十时后就寝。十二时半起溲。

3 月 23 日(二月三十日　癸亥)星期六

晴,虽有风,室中气较和。

晨七时半起。八时半,接廿一号元孙大连来信,谓所洽图纸甚顺利,已交邮寄妥,并电告原平厂接收,并云已买好廿二号船票,航海赴天津,计今晚可以返京云。甚欣慰。有顷,心农有长途电话来,找元孙,知尚未到家,因嘱候伊到家,即去电话接洽,谓在京尚有他事相委云。然则,元孙回京后当再能多留一二天也。十一时许,接元孙今晨七时半大连电报,谓船逾期开,则今日当不能抵京,且亦不知延期若干日也。是亦一小小挫折矣。大约候货或候风耳。

是日,看报外,开点《清史·儒林列传四》,得五页。午后小休,起后,彩英出购物,五时始归。夜饭后,接龙,九时半拭身洗足易衷衣就寝。茂孙今日值厂作夜班,十二时乃归休。予十一时半即起溲,听茂孙归始入睡。

3 月 24 日（三月　甲子朔）星期

初阴转晴。午后又转阴。

六时即起。七时，彩英诣市购菜，湜儿为予往米市大街上海小吃店买粢饭团，久不尝此，偶得啖到，亦别饶滋味也。元孙午前从天津回，盖发电报后，船即开，故及今午赶到家耳。有顷，彩英亦归。午后小休片晌。三时后，韵启、潏儿、迎迎、桂本先后至。桂本为予覆量血压，仍为 190°/80°，检听心脏及肺部，亦尚如恒。入夜，与韵启、桂本及潏、彩、元孙同饭。看韵、桂、元等饮酒，予竟不动心，啜粥而已。饭罢，闲谈至八时半，桂本挈迎迎先行。九时，韵启、潏儿亦各言归。十时后就寝，始揭去一被，改覆毛毯。十二时半起溲。

3 月 25 日（三月初二日　乙丑）星期一

多云，竟阴。午前后颇暖。

晨七时起。九时，圣陶、叔湘偕过存问，谈至十一时一刻辞去。予以春节前所摄之全家照片赠圣陶。上午，元孙出往拖拉机厂洽事，心农来电话，仍未能径通。午后，元孙归，二时半，心农又来电话，乃与元孙径谈，知在京尚有事，且再须往天津一行也。是日，除看报接友外，复续点《清史·儒林列传四》，得十页（止于十五页）。夜粥后，接龙数局，十时前就寝。十一时半及三时，各起溲。

3 月 26 日（三月初三日　丙寅）星期二

晴，偶多云，气渐暖。

七时起。十时，童碧华过访予疾，承详询服药情况，并钞去药名,谓返协和与人共商再来复话云。留之共饭,坚不肯,揽衣即行,予甚以为歉。

午后小休。接顺林电话,知已购定廿八日廿一次车票回南省母云。予看报外,又续点《清史·儒林列传四》,得五页(止于廿页)。傍晚,瀋儿来,知小同肝炎已见愈,后日将来小雅宝省予。又得元锴电话,谓刘洁将南行探亲,明日来小雅宝有所启请云。晚饭后,与瀋、彩接龙至近九时,瀋始去。

十时三刻,予就寝。二时许起溲。

3 月 27 日 (三月初四日　丁卯) 星期三

晴暖。

七时一刻起。十一时,元孙去北大看其同学黎和平,至下午四时乃还。午后小休。二时半,元孙同事武君来,谓得其父病危电,回京探亲,昨晚始到,心农托伊带件与元孙,故特送来云。少坐即行,未及晤元孙也。六时许刘洁来,元鉴迄未至,留与同饭,饭次,林宜来,亦与焉。谈次知洁于下月十号左右去咸宁省亲,廿七号返京,可偕汉同归。果然,则彩英五一节还可以回南矣。又知林宜仍在燃化部上班,大约仍能留京云。八时半,林宜去。九时三刻,刘洁去。元孙夜访小援家。十时半始返,予适就寝矣。是日予看报,接谈外,续点《清史·儒林列传四》之廿四页。是夕,竟未起溲。

3 月 28 日 (三月初五日　戊辰) 星期四

晴间多云,终晴,气又较暖。

七时起。九时半,瀋儿挈其孙女熙熙来,十一时后,其子小同亦至,因共饭。饭后,少坐,瀋、同、熙俱归去。予亦小休。四时许,外孙升埭来,知再为校办工厂添购材料,其所主办之厂已自铸出电焊机,成效卓著,为邑中各公社所信服。与谈至夜饭后九时,乃辞归其外家孟氏。予颇以为慰。十时半就寝。一时起溲。

是日,又续点《清史·儒林列传四》,得八页,止于廿三页《凌堃传》。

3 月 29 日(三月初六日　己巳)星期五

晴,暖。

晨七时起。十时,元鉴来,与共进馄饨当午餐。盖元孙侵晨往天津出差,而彩英又为厨房作大扫除,无暇煮饭也。午后,予小休,元鉴去。是日,又续点《清史·儒林列传四》,止于四十四页,得十一页。六时,濮小文来访,伊经年不来,今日乃因元孙致书治事而特来复告者。以元孙去津未回,少坐即行。

夜小坐接龙,十时就寝。是夕起溲一次。

3 月 30 日(三月初七日　庚午)星期六

拂晓微雨洒尘,旋转多云间晴,有风,傍晚阴,夜深雨。

晨七时半起。午后小休。是日,除看报外,续点《清史·儒林列传四》,止于五十四页,又得十一页。傍晚,陈次园来访,持所书自译《雪莱诗》三章,属湜儿转致圣陶,少谈便行。夜饭正念元孙未归,又无电话。饭甫毕,而元孙至,盖洽事顺利,所洽钢材已初步草签合同,可以发货,故推迟回京云。至以为慰。十时半就寝。二时起溲。

3 月 31 日（三月初八日　辛未）星期

黎明霁，旋即杲杲日出，而风加厉，转见料峭。

晨七时起。九时，平伯见过，出其先曲园先生所摹《秦会稽刻石》，大小两种，并平伯所加考证诸语相示，叹赏久之，辞去。临行，留其手钞其两女兄遗诗一册，属予共赏。故人厚我，时加存问，且出所珍相赏析，至可感矣。午后小休。是日，又续点《清史·儒林列传四》，止于六十六页，得十二页。四时风少停，潜儿来，因共晚饭。饭后潜、彩皆在湜房听唱片，予独坐打五关为遣。九时半，潜儿归去。十时半，予就寝。三时起溲。

4 月 1 日（三月初九日　壬申）星期一

晴，风稍戢，而料峭如故，今年春至太迟矣。

晨七时起。十时，小同来，午饭而后去。午后，予小休。三时起，续点《清史·儒林列传》，得第四卷毕。是卷共七十六页，今又得十页。明日将接点《文苑列传》。近日接友阅报外，竟获此果，可见为学不可以老耄自谅也。

夜饭后，接龙至十时，就寝。十二时半起溲。翌晨五时又起溲。

4 月 2 日（三月初十日　癸酉）星期二

晴，微有风，气骤转暖。

六时半，电话机忽鸣，彩英起接听，乃扬州戚顾伟成托其友吴君带鲜鱼至，属即往农展馆招待所提取。盖其人系伟成同事，来京参观，特属携赠者也。当令元孙如期往取，予亦随起。八时后，元孙归,晤及吴君,取回刀鱼十五尾,乃伟成之母选购净治以寄。清明前之江鲚在当地亦为珍品,千里相馈,其厚谊为何如。择二尾属元孙送石家,聊报为予代购鱼虾之意,馀则家人分享。午乃酌酒尝之,果鲜腴绝伦。饭后小休。彩英出购物,元孙往谒圣翁,俱垂暮始归。

予于看报外,开点《清史·文苑列传》卷一,及上灯得十三页,甚欣快。惟属彩英在西单商场配购之善琏笔无所得,仅购得天津斗门文具厂所制七紫三羊毫一枝,则颇失望。据商场人云,缺货已久,非辍作,实忙于赶出口耳。然则,日本人又在采购我毛笔矣。小文本约今日下班后来晤元孙,因稍待同饭,比七时不至,乃进夜餐焉。湜儿是日未上班,夜饭后,偕元孙往访林宜家。十时后,始归。予则就寝矣。十二时及翌晨五时,各起溲一次。

4月3日(三月十一日　甲戌)星期三

晴,风又厉声吼空,春寒真难遣耶。

七时半起。八时半,元孙出,谓将偕小援游万寿山。九时,于维洛来访,询近代史若干事,十时半辞去。本将入阜外医院治心脏病,只以床位轮不到而未果,为之扼腕。午饭后未休,写信致谢顾伟成,并复铿孙寄佩媳转去。馀待之件尚多,竟提不起兴续写,只得再推迟矣。四时开卷续点《清史·文苑列传》,甫终一页,而刘洁至。有顷,元鉴至。又有顷,小文偕其妇家梅至。家梅已廿年不见,少俊之色大减矣,为之喟然。入暮聚餐,且谈且饭,移时乃罢。九时许,小文伉俪先行。元鉴继之。刘洁最近去,知十号即赴鄂探亲,月内当能接同汉儿返京也。十一时许就寝。一时许起溲。

4 月 4 日（三月十二日　乙亥）星期四

晴，暖。

晨七时起。竟日点书，止于《清史·文苑列传》卷一之廿九页。午后小休。四时半，潜儿至，夜饭后，与接龙数局，八时三刻去。刘家大哥来谈，既而其妇抱其女亦至。盖彩英求伊为东侧小屋搭一遮阳之棚，不识果成否耳。浞、修在琉璃井晚饭，至是归。大哥又小坐聊天，十时后乃去。元孙为厂事去长途电话洽事，两次俱无人接，只得作罢。十一时予就寝。十二时半起溲。翌晨五时又起溲。

是日得锴孙书，知小会来病痊，仍送房山托儿所。

4 月 5 日（三月十三日　丙子　清明）星期五

晴，暖。入夜偶有小雨，即止。

晨七时半起。上午接章婿达先书，告家已搬定，布置粗适，尚满意。并云，得心农讯，深为元孙出差成功致幸。又得伯平书，知前云笔记已看毕，可随时由浞儿往取。饭后小休。起后续点《清史·文苑列传》卷一，止于四十五页。是看报处事外，居然又得读书十六页。彩英下午出缴房租、电话费等，顺为我在东四文具店购到善琏笋尖式笔四枝，北京笔厂七紫三羊毫两枝，深喜偶遇之可贵也。傍晚童碧华来访，为予送到平喘化痰之剂。据云，前抄去之药名及近日所经之病历，均与其同事磋商，不啻会诊，得结论药照常服，加此新剂，或更有效，盖肺气肿只恐酿成慢性肺炎，故须先平喘咳，以防治之耳。极感关心，坚留晚饭，七时前即匆匆去，因须参加开会听传达报告也。抽忙中工夫来看我，尤见真切。

夜饭后,属湜儿往谒平伯,取来笔记。十时半就寝。十二时半起溲。

4月6日(三月十四日　丁丑)星期六

初阴,转多云间晴。气温如昨。

晨五时起溲,仍返床,七时半乃起。九时,接汉儿四号咸宁来信,知五一左右可返京云。午后小休。孟昭生来,为升埙送鸡卵卅枚来,坐谈移时乃行。埙孙、丽华均能远念老人,可感也。四时后,瀿儿来,夜饭而后去。是日,予阅平伯所假笔记。彩英知东四文具店尚有笋尖式笔,恐转眴售罄,因再往购十枚,欣然而返。予亦大慰。夜十时就寝。起溲一次。

4月7日(三月十五日　戊寅)星期

多云转晴。气温又升。

七时起。阅笔记。十一时半,桂本携迎迎来,谓从动物园看虎云云。午同饭。饭次,韵启至,因注酒觞之。饭前桂本为予检量血压,又升上十度,200°/90°,予不之顾,听其自然耳。午后二时,桂本父女归去。韵启与予长谈,至夜六时半晚饭。饭后,九时许始告归。十时后,予亦就卧。十二时许起溲。脚趾湿症发奇痒,指搂纸擦,取热水洗手,然后返床,以渐入睡。

4月8日(三月十六日　己卯)星期一

旦微雨,予起溲仍返床,七时起,地犹湿,而旋即升日,逐渐放晴。夜有小雨。

九时看《参考》,旋阅笔记。午后小休,起后看《人民日报》及笔记。夜饭后,元孙往访子燕家,十时后乃归。予已就寝。十二时起溲。

4 月 9 日（三月十七日　庚辰）星期二

旦仍有雨。五时起溲,返床就枕听广播,七时起。天又放晴。

八时半,刘洁来,彩英以所制肉方授之。盖明日伊即去鄂,昨特电招来取者。九时半去。接澄儿五号黔垣来信,复告近状,并为予购寄野蜂蜜二两,谓治喘特效,当属人取回一试之。竟日阅笔记,午后,予小休。彩英出购物,又为去东四文具店购到北京笔厂所制七紫三羊六枝。昔叹笔荒,今又毛锥子成堆矣。思之怃然。茂孙下课归,为予取到贵阳野蜂蜜,干结如赤糖,明后日当按方姜汤送下,试其效焉。刘家大哥下班后,为予家东厢接披棚一架,上铺油毛毡,其弟俊义及予茂孙协助之,黄昏即成,甚以为感。十时,炽炉取暖,彩英为予拭身,易衷衣,有顷,服药就寝。十二时起溲。

4 月 10 日（三月十八日　辛巳）星期三

晴间多云。暖。

晨五时起溲,仍返床卧听时事广播。七时半乃起。十时,潊儿挈其孙女熙熙来,下午四时去。

上午接漱儿来信,属彩英俟汉回京再行,且告闻云章夫妇欲来京一游。予午后小休后即起,复书告彩英大约五一左右可回南,云章如即行,可乘彩英未离京前来,俾有所照管云。阅笔记至二百页,殆五之一矣。夜饭后,接龙为娱,十时就寝。二时半起溲。

4月11日（三月十九日　壬午）星期四

晴，暖。

晨七时半起。九时许，正秉笔欲记时，刚主见过，谈移时去。今日湜儿未去上班，以是得与于接晤刚主也。元孙以得厂方指，授令去东方红汽车厂与濮小文洽事，恐尚有周折，未能即集事，爰属速函心农告之俾免拖延。午后小休。三时起，续阅笔记。接滋儿九号庐州旅次来函，言此间寄去当涂及新博两信，并照片都收到，伊本人正着手试编连环画脚本，且被组织往南京参观画展云云。喘咳仍未平，兼时作恶，不知究系何因，只得不之问。夜饭后，属元孙读报，谛听前日邓小平副总理在联大特别会议发言，于当前国际形势剀切敷陈，不但为第三世界诸国张目撑腰，抑且大挫超级大国夙占凶狡之气焰，精神为之大奋，忘其老且惫矣。十一时许，就寝。二时许起溲。

4月12日（三月二十日　癸未）星期五

晴间多云。气已转暖。昨晚起始熄炉。

今晨七时半起。不知如何，忽气逆，咳呛大作，良久方平。牛乳全坏，早餐仅食百合干及面包而已。九时，友琴见过，十时去。子臧继至，近午去。午后方写家信，而农祥来，谈移时去。乃写信，先复滋儿，示近状，又致书为民，告其母将于五一左右回南，适接闻云章来信，欲来京一游，又复示欢迎，并请即来云。（三信俱交元孙付邮。）阅笔记，甚有味，竟乏他骛之想。

夜饭后及午饭后均勉自循墙走一二百步。十时就寝。十二时起溲。翌晨四时许又起溲。

4 月 13 日（三月廿一日　甲申）星期六

晴间多云,午后偶见细雨,仍得晚晴。气和合当春融矣。

七时半起。阅笔记。午后小憩。三时半,吴慧见访,长谈,出所撰桑弘羊(西汉法家学派的理财家)清稿,属审阅,并丐函介往见颉刚,临行以无锡特产蜂蜜为馈。入晚,偶思啖莼羹,(生日前圣陶馈有西湖鲜莼瓶储者。)即令彩英用鸡汤瀹之,分享全家,虽不能与摘鲜相比,居然不失脆滑之德,因念今春口福尚佳,清明江鲚,谷雨湖莼,俱不失时,独缺笋味为憾耳。

夜九时三刻就寝。十一时及三时均起溲。

4 月 14 日（三月廿二日　乙酉）星期

晴,午后偶飘小雨,即止。气温较昨略低。

晨七时起。竟日阅笔记、看报。潜儿下午四时半来,夜饭后与予及彩英接龙为遣。近九时,潜去。十时半,予就卧。十二时许及翌晨五时均起溲。

今日始服无锡蜂蜜。

4 月 15 日（三月廿三日　丙戌）星期一

晴。气温较升。

七时起,又大喘大咳,空腹先服蜂蜜,然后服碧华送来之平喘片,坐定移时,乃渐平。接汉儿十三号来信,知刘洁已安抵,伊如请假获准,或可于廿三号前后偕刘洁同回云。竟日阅笔记及看报。元孙已接心农回信,将于后日去天津,为配件厂办事。夜饭后,往小援家看电视,十一时乃返。予十时就寝。十一时半及翌晨四时俱起溲。

4 月 16 日 (三月廿四日 丁亥)星期二

多云偶晴。气暖。

晨七时半起。九时,圣陶见过,长谈至十一时,去。老友存问,殷切弥可珍惜。仍阅报及笔记。午后小休。傍晚,元鉴来看其母氏来信,夜饭后去。十时后,予服药就寝。十二时许及拂晓时均起溲。

4 月 17 日 (三月廿五日 戊子)星期三

晴间多云。气温如昨。

拂晓五时,元孙起,屏当即出赴车站,乘车往天津公干,当日未必能回。九时许,元善见过,予久念之,忽自来,喜甚。谈次,知伊曾晤平伯、圣陶,具言予相念之殷,特拔冗来看我也。出所近作五古一首为赠,并媵以巧克力饼干。十时半辞去,尚欲过访颉刚耳。老友声气相应如此,弥足珍惜已。午后小休。仍竟日阅笔记及看报。

夜十时就寝,睡前洗足。十二时许起溲。

4 月 18 日 (三月廿六日 己丑)星期四

晴,偶见多云。气和如前昨。

四时半起,仍返床睡,七时半起。早餐后阅毕笔记。此书凡五一二面,每面十七行,行五十二字,总约四十五万二千馀字,诚洋洋大观矣。此书杂记清咸同光宣以来朝局禅递、典章兴革,凡政地官阀之争斗,畸人逸士之秘闻,南北两京之游赏,以逮百工技艺之琐屑,靡不参错其间,蔚为二百年间之史料文献足征。言之娓娓,信手翻阅,不能释,竟费十二日之力一气读毕。四十五万馀字,亦耄年仅有之快事,其为适兴,从可知矣。书名《花随人圣盦摭忆》,作者为闽诗人黄秋岳。商务书馆所印近代诗钞中有其诗篇,其人名濬,字哲维,历官部曹,所闻见较夥,故所言斐然吸人。平日主张厚蓄国力以对外,勿虚嚣浪战以徼祸,宜其意如瞿兄之序所云,遭独抑之祸也。惜哉!

午后小休。四时许,颉刚由其新雇女佣关姓者扶以过我,虽出院未久,而精神气色都好,快晤良久,致慰相思。六时许,仍由关同志来接从去。颉刚来前,濬儿适至,因得陪同共谈。夜饭后,与之接龙,彩英参焉。近九时罢,即归去。予十时半就卧。

4 月 19 日 (三月廿七日 庚寅) 星期五

阴,偶多云蔽日,气温略降。

四时起溲,返床仍睡。七时半起。午前点毕《清史·文苑列传》卷一全卷,凡六十二页,将为吴慧看近作,《文苑传》当暂辍。午后小休,起看吴稿,迫暮过半。

打五关以待夜饭。饭后,与彩英接龙,十时后就寝。中夜起溲两次。

是日,元孙自天津归。

4 月 20 日 (三月廿八日 辛卯 谷雨) 星期六

晴间多云。有风,气如昨。

晨七时起。九时后,正为吴慧续看文稿,中英来,为与其姑勃谿诉怨,幸文修尚未上班,(其时彩英入市买菜未归。)接待之。予仍看稿,迨午完毕。中英饭而去,及晤润儿与谈焉。

午后小休。三时,吴慧来,遂以所见告之。良久去,以续稿属看。

夜十时就卧。仍起溲两度。

4 月 21 日(三月廿九日　壬辰)星期

晴间多云。气仍如昨。

晨七时起。是日,润、湜二儿为撤除最后一炉,彩英顺手大扫除,于是,洗窗帘、拭地砖,仍于炉位移安一桌,饬湜儿搬书数套,备暇日浏览。午后未休,点阅《清史·文苑列传》卷三,一至十二页。四时,潏儿挈迎迎来。六时,桂本来为予重量血压,仍 200°/90°。因共夜饭。饭后,八时许,潏等俱去。十时就寝。起溲两次。

4 月 22 日①(四月初一日　癸巳朔)星期一(23°—8°)

晴,夜转多云。

晨七时起。八时半,正欲写信(以昨接漱儿及为民信,俱涉彩英回南事。)而介泉至,遂陪同闲谈,十时许,潏儿至,更添谈资,迨近午介泉始归去。午饭后,予小休,潏亦憩。彩英出看电影《青松岭》。三时,予起,展阅《抱冲斋石刻》,玩赏久之。不欲提笔再写信,只索展王怀祖《广雅疏证》。旧籍重温,倍见亲切,不觉尽十一页。

傍晚,道始大女之婿陈丹秋来访,(潏儿约之来谒。)予忝居戚长,而实初面。其人颀长,在沪业制履,近轻工业部借调来京,设计

---

①底本为:“甲寅日记第二册”。原注:“一九七四、四、九〔廿二〕至七、十八,凡八十八天。所记为阴历。”

制履权式,闻将居京一年云。是亦一有用之材也。留之共夜饭。饭后八时,潘儿偕之同出各归。(丹秋住部宿舍。)

十时许就寝。十一时半及翌晓四时各起溲一次。

晚饭时,碧华特来视予,问服药效果(确有效),少坐即行,殊见关注,极感。是日,接清儿来信,备述新迁所居各状,颇饶乡墅之趣。予亦大为引慰也。

4 月 23 日(四月初二日　甲午)星期二(21°—6°)

阴,偶见日,有风。

晨七时半起。八时半,平伯见过,出示近书扇,录杭州旧作一柄,精饬之至,把玩久乃归之。谈移时,辞去。元孙之同事郭君等四人(亦出差在外者)来访,接谈半小时,亦去。予乃看《参考消息》。午饭前后,各写一信,前复潄儿,后复为民。小休。起后看报,并续读王氏《广雅疏证》卷一上,十二至卅二页。夜饭后,十时就寝。十二时许起溲。

4 月 24 日(四月初三日　乙未)星期三(16°—4°)

阴晴倏变,有风。

晨五时起溲,仍返床睡,七时乃起。九时,锴孙挈小红来,适接汉儿廿二号来信,知廿三号即偕刘洁活动身乘四十八次车到石家庄住两家即返京。有顷,鉴孙亦至,因共谈至午,同饭。润儿、元孙俱会。下午二时,锴、红赴永定门乘车返窦店。予小睡,鉴及元孙同出。予起,为吴慧看稿。比暮元孙归。夜饭后,续阅《广雅疏证》毕卷一上,又得卷一下之十五页,先后通得二十四页。

今日风大,影响气温,愈坐愈感冷。九时三刻,即拥衾睡,似嫌火炉早撤矣。十一时半起溲,更感冷。

4月25日(四月初四日　丙申)星期四(18°—5°)

晴,风声如吼,感觉仍冷。

四时许起溲,亟返床,紧拥被衾,居然入睡。醒时已七时,稍延即起。早餐后为吴慧看稿,尽日为之,抵暮毕。

午饭后小休。夜饭后,打五关为娱。十时就寝。十一时半及翌晨四时均起溲。是夕仍感寒冷,竟用暖水袋熨衾焉。

4月25〔6〕日(四月初五日　丁酉)星期五(23°—7°)

晴,仍有风。势较杀矣。

晨七时起。早餐后正伸笔写吴稿读后感,吴慧闯然来,因止。乃与接谈,历两时始去。借去李卓吾《藏书》及吕诚之《先秦史》、《秦汉史》,尚欲借《西汉会要》,因不在手头,约越日来取。午饭讫,汉儿偕刘洁自车站乘车至,盖今晨自石家庄动身返京也。再具饭享之。午后,为吴稿写读后感,毕。倚沙发小休,以汉、洁在,少顷便起。五时,元鉴来。六时半,晚饭。饭后略憩,汉即与鉴、洁回小庄住。盖风尘仆仆必须得一畅好休沐也。

予为吴慧借书(《西汉会要》),故属湜儿发箧,偶得玉虹堂旧帖四册,又取出乃乾所辑《清名家词头》三册,于是,随展玩消磨了一个黄昏。

十时就寝。十二时及三时均起溲。

4月27日(四月初六日　戊戌)星期六(17°—5°)

阴霾,气森然逼人,特感气急。

七时起。汉儿、刘洁,十一时来。午后,予小休。汉、洁出访友。傍晚,又大刮风。元鉴来,汉亦归。夜饭后,与汉、彩接龙。八时半,汉、鉴俱去。十时,予就寝。十一时半及三时半均起溲。

元孙已为彩英购妥车票,廿九号午后即乘车返苏矣。是日,点《清史·文苑列传》卷二,自十三页至廿八页。

4 月 28 日（四月初七日　己亥）星期日（21°—6°）

晴。

晨七时起。上午彩英出购物。九时,刘洁来。十时,汉儿自东单购物来。未几,彩英亦归。午饭后,元锴挈小红、惠来自窦店来。予小休片晌。三时许,振华来省汉,纵谈达暮,去。元鉴来,遂与汉、彩、锴、鉴、洁等共饭。晚八时三刻,汉等仍回小庄。明日彩英南行,汉将住来小雅宝。

是日,除看报接谈外,点阅《清史·文苑列传》卷二,自廿九至四十一页。夜又阅毕《广雅疏证》卷一下。

十时就寝。十二时及二时均起溲。睡不甚帖。昼夜均有风。

4 月 29 日（四月初八日　庚子）星期一（24°—10°）

多云转晴。

七时起。十时,汉儿来,鸣时见过,长谈。知高谊近状,并及汉达家情形,迨午始去。十二时与汉、彩、润、芳先饭,饭毕,天阴有雨意,因急催彩英行。润、芳送之登车。二时,芳归报,目送车开,其父则径诣版本图书馆上班矣。元锴挈红、来自动物园至,汉又具餐授之。予小休即起,续点《清史·文苑列传》卷二,自廿九至四十八页。五时,丽华抱小辉来省予及汉。入夜遂与汉、丽、锴等共饭。

饭后小坐,谈至九时,丽、辉先去,锴、来亦行,小红则留陪汉住此。

十时,予就寝。翌晨三时起溲,是时又由阴转晴矣。

4月30日(四月初九日 辛丑)星期二(22°—8°)

晴。

七时起。汉、湜共助予穿袜裤,自彩之行,初感不便矣。九时许,锴等来。刘洁亦继至。午饭后,翠英自房山窦店来。予虽小睡,未能久帖,遂亦捲入活跃气氛中。小文亦适于午前来,因亦共饭。以是更加热闹。饭后,小文即去,馀人亦各有所事。予乃得续点《清史·文苑列传》,亦强遁静寂之一法耳。居然自四十九至六十一,凡历一十三页云。夜饭后,人都聚室内,气氛益紧,惠来竟将原悬之奚铁生山水轴揉断(幸系中华书局仿本)。因忆子臧所云,一孩之扰,直抵千军万马,询不虚也。九时,锴、翠挈惠来去小庄始稍宁。十时许,刘洁亦去。润、琴夜去小庄访潘家,湜、修去建外访俞、谢两家。十时,湜、修归,携呈平伯所撰挽联,知曲友袁敏宣已逝,为之愕然。兹记其撰联云:遏云绯绿曾偕倦旅京尘悲白发,绝调高歌未远寒晖郁笛感黄墟。

润、琴旅归,知潘感冒已愈,明日或能来小雅宝云。予就寝已十一时,三时起溲。

晚接苏州许为民所发电,知彩已安到。

5月1日(四月初十日 壬寅)星期三(24°—10°)

晴。

晨七时起。八时后即陆续有人来,刘洁最先至,潘儿、硕孙、中英、熙熙、桂本、迎迎、埙孙、丽华、小辉、林宜、小朔、鉴孙、翠英、惠来等,迨午皆到,分两席供张,忙坏了汉儿,竟致发烧,未能安常进餐。饭后,惠来又突发高烧,经桂本诊视,投药后稍戢。乘日光下即由锴孙、翠英护归小庄。丽华、小辉、林宜、小朔亦先后归去。而大璐、振华、小忻至,无人再具看授餐,只得由琴媳等裹馄饨代夜饭。饭毕,潜、硕、中、熙及桂本、迎迎先行。九时半,大璐一行去。十时,刘洁、鉴孙亦去。湜、修晨出,去琉璃井,夜九时电话来告留外家不归矣。

十时后,予就寝。是日以烦扰故,颇不舒,竟连起溲便三次云。逢年过节必有此一番劳扰,真不可拂除之一患也。奈何!

是日,翠点《清史·文苑列传》卷二毕之。

5 月 2 日 (四月十一日　癸卯) 星期四 (25°—10°)

晴。

七时起。汉儿热略退,操作仍免不了为之,心烦难任,于此见彩英之职任实不易担当耳。近午转阴。刘洁九时来,元鉴十时来。午后三时,韵启来。五时元锴来,知惠来已见痊。夜饭仍设圆桌。汉寒热虽退,而喉哑几难讲话,凡此皆人来杂遝劳扰之所致也。颇以为恚。夜九时韵启、元鉴去。十时,刘洁去。予乃就寝。十二时半起溲。

接谈之隙,点阅《清史·文苑列传》卷三八页。

5 月 3 日 (四月十二日　甲辰) 星期五 (23°—10°)

晴。六时,电话铃作,汉起接之,有人误打也。只索起。予亦顺起。不嫌时早,而深恶电话致舛之扰人也。

九时,圣陶来谈,顺以《花随人圣庵摭忆》见还。十时半,去。

适平伯来访,遇之途又折回再谈。又移时乃同去。予即以《撷忆》还平伯。平伯又检赠《读词偶得》,此书屡得屡失,乞得此为第三次矣。惭甚。

十二时,刘洁之戚,徐洪江来,汉儿电话招刘洁,乃即来,与共午饭。饭后,洪江去。元锴、翠英携惠来晨自小庄来,带小红同游中山公园,午后来饭。

予二时小休。三时,元锴一家四人返窦店,予未之觉,醒来方知。点《清史·文苑列传》卷三之九至十三页。

夜与汉、洁同饭。九时三刻,洁返厂宿。予亦就寝。十二时许起溲。

5月4日(四月十三日　乙巳)星期六(27°—12°)

晴。

晨四时起溲,仍返床卧。七时乃起。九时,顺林来,以其父遗作绢本色菊见贻,顺谈此次回南省母诸状,甚洽。震渊精绘事,为时所称,予《书巢图》即其所绘。又存有折扇一柄,(又一柄则三十年前在游杭时误遗车上失之。)久念手迹必有存者,今顺林检此为赠,如获至宝,当俟时付褙成卷,倩人题咏,俾垂久远也。庭中地面破碎,今日房管处饬人来修,午刻即平整矣。但原下水口漫住,恐雨季有后遗症耳。

与汉、润及顺林同饭。饭后,顺林归去。予小休片晌。三时写信复澄儿,告野蜂蜜早收到,并告汉来彩去诸状。夜饭后。元孙自津归,当即与心农通电话,仍须再役津门云。十时就寝。十二时半起溲。

是日,续点《清史·文苑传》卷三,至十六页。

5 月 5 日（四月十四日　丙午）星期日（26°—9°）

阴晴转变,仍有风。

晨七时半起。九时,吴慧来,又以所拟撰著纲要见商,良久辞去。予即以所审前两稿归之。午饭后,续点《清史·文苑列传》卷三,至廿二页。是夕湜儿具馔享汉及芳,即在北屋,邀予共与之。夜饭后,汉、芳往访叶家。十时归,携来小梅为芳厂所购钻头一宗,备带晋。十一时,予就寝。中夜起溲。

5 月 6 日（四月十五日　丁未　立夏）星期一（22°—10°）

阴,曾见微雨,又返轻寒矣。

晨七时起。九时,芳孙又赴车站于役天津。予甚悯其仆仆,不如在厂忙于工作之为愈也。续点《清史·文苑列传》卷三至二十九页。

元鉴午前来,饭后,伊出购物,予小休片响。五时,元鉴复来,夜饭后便去。灯下润儿为予洗足、修爪、除跰,历时稍久,不免着凉,九时半即寝,两脚大感松舒,而气又逆喘,良久乃入睡。十二时起溲。立夏犹觉凉凉,真所谓回潮矣。

5 月 7 日（四月十六日　戊申）星期二（18°—11°）

阴森令人不欢,仍有恻恻之感。

五时起溲,试自着袜穿裤,虽勉强终于成功,病后一切赖人,今乃克自料理,不亦快哉! 汉儿启邮箱得五月四号漱儿上海、为民善人桥各一信,盖昨晚班迟递,故今晨始得发见耳。阅悉彩英会晤漱等,畅游天平灵岩,且漱等已安返沪矣。因随手写回信,一漱儿,二为民、菊芳，三家喜、彩英。刚写完，礼生来访，新换制服上白下蓝，赫然一表民警也。顾发问仍无伦次，敷衍甚感吃力。近午去。予亦遂饭。午后续点《清史·文苑列传》卷三至卅六页。接漱儿五日书，询托带白面粉十斤到否（托元鉴之友杨振声者）现尚未见，须一问元鉴始可答。

傍晚，刘洁来，夜饭后与汉、润、湜同往小庄访潛，盖潛多日未来，经汉电话询问桂本，始知体又不适，故过存之。桂本欲借《颜氏家训》，顺以《丛书集成》本四册假之，即交由潛转。予方独坐玩《抱冲斋石刻》并与文修闲谈，元孙排闼入，乃天津公毕，当今晚赶回家中也。询悉提货发货，备极周章，幸获各方协助乃克办妥云。当令用长途电话通知心农，而平原厂竟无人接，只得搁下。厂方松懈之状可推矣。十时，就寝。润等亦归，言潛感冒低烧，主要还在心绪不佳耳。十二时三刻起溲。

今日起，睡脱着均能自己料理，亦一快也。

5月8日（四月十七日　己酉）星期三（23°—10°）

晴。六时，自衣起坐。八时后续点《清史·文苑列传》卷三，逾午至四十页止。刘洁十时至，佐汉儿治餐，十二时半同饭。饭后小休片晌。二时三刻，润儿陪元孙运原平汽车配件厂所购钻头两小箱往广安门托运站发出，五时乃还。由长途电话通知心农。至是，元孙出差事告一段落。小小尾巴琐屑不日可了，两月来亦够辛苦矣。刘洁之戚，齐洪江来访洁（前介时误齐为徐），因留同夜饭。八时半，洪江去。九时后，刘洁亦去。

十时后，予就寝。十一时半起溲。三时又起溲。

童碧华傍晚来又送到平喘药六十片，至感关切。今日下午虽犯喘,得此准备自慰不小。

5 月 9 日（四月十八日　庚戌）星期四（22°—9°）

晴,仍有风。

六时半起。仍由汉儿抢为予着衣。早餐后坐看书报,颇又感冷添衣,真最难伺候之天气矣。

午饭后小睡,以无人来扰,竟至三时三刻乃起。六时五十分,元鉴下班来探母,因共饭。饭后,适湜儿得平伯书,欲其往取写件,汉、鉴遂偕以俱往。润儿、芳孙侍谈。近十时,汉、湜同返,鉴已径归。予亦就寝。昨今两晚均添被。夜起溲一次。

是日,点《清史·文苑列传》卷三至五十四页。阅《广雅疏证》卷三上,至十二页。是日,接家喜来书,知彩英即将赴沪。

5 月 10 日（四月十九日　辛亥）星期五（23°—11°）

多云间晴,仍未见暖。且有风较昨为甚。

五时起溲,顺即穿衣起坐。午前点毕《清史·文苑列传》卷之三。饭后小休片晌,起写复滋儿。滋久无信,前天汉儿致书佩华一询之,今午前得滋合肥来信,知佩华又将去上海接小明回当涂,则汉信又将扑空,故予即径复之,并告原委。予意总觉在省不如在下邑耳。

六时三刻夜饭。饭后,元鉴来,送到上海托带之富强粉挂面十斤。明当书告漱,俾释念。汉为具膳享鉴。家人闲谈至九时,元鉴归去。十时,予就寝。三时起溲。

5 月 11 日（四月二十日　壬子）星期六（25°—11°）

多云转阴，午后燥热，广播连日说西北山区有阵雨，未识果否也。

晨六时半起，汉仍抢为予着袜。十时许，子臧见过，略谈所中近况，移时去。午后小休，未得稳睡，即起。点阅《清史·文苑列传》卷四，得十页。夜饭后润儿为予洗足，九时后，湜儿为予拭股髀，顺易衬裤，即就衾卧。是夕躁燠，揭去复被尚觉闷，而偶一伸手衾外，却又凛然，春夏变候真最难将息矣。十一时半及三时俱起溲。

是日下午文平携其女懿来探视湜、修，在湜房午饭而后归。小懿已渐畏生，认熟较前见时稍觉拘矜耳。湜儿向乞启元白书，今携回斗方七幅，秀挺之至，可宝也。第不知湜将何以报之，深为惘然。

5 月 12 日（四月廿一日　癸丑）星期日（26°—12°）

多云转晴，仍感燥闷。

六时半起。十时，茂孙往看其大姑，知感冒乏力，或能来小雅宝一行云。十一时半，潘果至。十二时，予因与潘、汉、润、湜同饭。开川产五粮液为饮。午后小休。起点《清史·文苑列传》卷四，以涉及畴算，颇难句读，仅得三页耳（止于十三页）。旋重展《三希堂帖》第十七册至卅二册，玩赏宋、元、明人书迹，竟逮日暮。五时许，刘洁及其族兄乃刚（在国棉三厂当线工）后先来，均系省觐汉儿者。六时，韵启来，遂与潘、汉、启、刚、洁同进晚餐。饭后闲谈至九时，潘儿归去，韵启与刚、洁兄弟亦辞去。

十时就寝。十一时半及三时半均起溲。

5 月 13 日（四月廿二日　甲寅）星期一（24°—13°）

阴。躁闷欲雨。

六时半起。禺中日出，渐转热，至暮则重阴，不雨，闷人欲绝，入夜竟无纤毫云，风又作矣。

午后就床小卧，二时半起。是日，无外人来，点阅《清史·文苑列传》卷四至廿二页，又看《广雅疏证》至卷三下之三页。宗锟书与汉，传一治高血压偏方，用菜豆三两煮烂，加蜂蜜二两冲拌，随量服用，据已得疗效者云，如是去服，即可平复如恒也。今日始，汉如法为予调服，大约予之量一服须分三次用耳。元孙今日去汽车厂晤小文，已签定滚刀加工合同，于是，出差事务完成矣。为之大慰。

夜饭后，与家人闲谈，至近十时就寝。十一时及翌晨三时俱起溲。

5 月 14 日（四月廿三日　乙卯）星期二（22°—10°）

风日交融，燥烈殢人。

六时半起。南风自昨夜起未停，背风则燥热，稍蔽风则和，当风则非棉衣无以宁坐，真奈何天也。十时，友琴至，谈学部正动人员去西藏拉萨教书（四十岁以下者），外文所已有人报名，文学所亦将有人续行，未知谁应召耳。十一时许去。午后小休。三时许，泗原见过，陪谈至六时乃行。又午饭时有人来看汉，久坐不行，致进餐受阻，殊可厌。是日展阅《三希堂帖》并续点《清史·文苑列传》卷四，至廿二页。下午四时，潗儿来。有顷，刘洁、元鉴先后至，因共夜饭。饭后，以天凉，潗先去，洁、鉴九时后亦去。十时，予就寝，仍用复被。十一时半起溲。

5 月 15 日（四月廿四日　丙辰）星期二〔三〕（26°—13°）

晴，仍有风。

晨六时起便旋，顺穿衣起。九时，刘洁来，汉儿出购物，元鉴亦至。十时一刻，汉归，予乃畀钱与芳孙，嘱偕鉴、洁同过新侨饭店午餐，餐后俾共游天坛，一所以嘉芳初出茅庐，居然能完成任务，二则伊与鉴、洁俱属青年工人，使伊等知所感奋于工业进境，互有裨益。十二时半，予与汉儿同饭。

午后小休，起后天气斗热，逐渐卸衣，迨暮仅御两单一细绒衫而已，犹汗喘不宁也。四时，行云见访，出所得明崇祯赵氏寒碧堂刻本《玉壶新咏》一函相示，并读其所为跋语，于版刻源流言之叠叠，殊足豁目，兼示吴县潘氏所刻《滂喜斋丛书》第二集，具征重书之笃，可敬也。因介汉、湜两儿共谈。六时半乃辞去。

夜设圆桌，集汉、润、琴、湜、修、鉴、洁、芳、茂、芬同进晚餐，为芳孙祖道。盖昨已买好火车票，今晚十时四十五分即起程返晋也。夜饭后，聚谈至九时半，芳孙赴车站，润、茂送之。鉴、洁亦随送至站，然后各归。

予十时就寝。三时为邻猫偷食所扰，乃起溲，并惊起汉儿云。

是日，接滋儿十三号复信，知伊接漱信，悉佩媳即将接小明返当涂，彩英亦正在上海云。

5 月 16 日（四月廿五日　丁巳）星期四（30°—16°）

昙，闷。

六时起。展看《三希堂帖》。近午渐阴，似有雨状，过午却又日高灼热，四时后又渐阴，真不可捉摸之天气矣。饭后小睡，起后展毕前帖。乃写信与彩英,复其九号木渎长信。(今得漱与汉信,知彩已归苏,故径致之。)又续点《清史·文苑列传》卷四,止于第廿五页。晚饭后,林宜来告,后日即将携小朔返重庆,顺返贵阳省亲,以离本厂已年馀,例须回厂述职也。住一个月仍还京,故在部中言亦出差云。九时,辞去。

十时,予就寝,易薄被始克睡。十一时半起溲。

5 月 17 日 (四月廿六日　戊午)星期五(27°—13°)

昙,闷。

五时起溲,仍返床,六时穿衣起。听广播今日傍晚将有阵雨,未知果否。九时,均正见过,又一年未晤矣。谈次知伊喘疾亦甚剧,最近始能出外走动云。又知调孚已复归蜀北江油,就少子养老,鳏况味必无好怀可念也。十一时辞去。

午后小憩,起后续点《清史·文苑列传》卷四,止于廿九页。躁闷达于黄昏,仅洒细沫,转添燠抑,非但不破坏浮尘,且未能稍润也。旱象殆不可除乎?

夜饭后,独坐打五关为娱。卅二扇骨牌花色繁淆,真得慰寂耳。九时半,洗足就寝。十一时及三时均起溲。

5 月 18 日 (四月廿七日　己未)星期六(24°—13°)

昙阴兼施,闷损而不见雨。

晨六时起。九时,平伯来,特以湜手抄圣翁诗见还,顺谈至十一时去。老友殷念,时承存问,可感之至。午后小休,起续点《清史·文苑列传》卷四,止于页卅六。夜饭后,仍以抹牌自遣。湜儿则走谒圣翁,以诗册视之,知其急盼颉刚、元善两人所题之诗也,阅时还,圣翁果大喜云。

十时就寝。仍起溲二次,返床睡竟不安,未明即醒。

5月19日（四月廿八日　庚申）星期日（25°—13°）

多云转晴。室内亦感热矣。

六时起。出光绪甲辰夏季《爵秩便览》与十馀年前所得《清季廿二省府厅州县录》对堪,校正讹字,及补阙数事,抵午而毕。盖昨晚湜儿为予取此录拂尘,加护重装,今乃逐此好事耳。

锴孙十一时自窦店来谒,因与共饭。饭后,湜儿为予拭身,始易去棉毛衫及紧身细绒线衫,改着汗衫,就床小寝。三时起,锴孙返窦店。予乃续点《清史·文苑列传》卷四。有顷,汉儿去小庄视鉴孙,而韵启恰来访,遂止于卅八页。

七时,看电视新闻,昨方由茂孙及其同学杨惠敏搬运之力始修好,故试观之。少选,即偕韵启及润儿共饮。八时饭毕,随谈至九时半,韵启去,云须出差归来再过访矣。十时就寝。少顷,汉儿亦返。十二时及翌晨四时半俱起溲。

5月20日（四月廿九日　辛酉）星期一（26°—16°）

阴沉气塞,旋转晴,向晚感热。幸纱门昨已由湜儿装好,否则,真不透气矣。

晨六时起。修媳患病,一早湜儿伴往阜外复兴医院急诊,午后湜独归,谓似又患流产,已定住院细检云。予午饭后小休,起续点《清史·文苑列传》卷四,眼花,未及多看,仅止于四十一页。夜餐前,汉儿又为予调制第二次菜豆蜜汁,服一小盏,前一次服完未量血压,谅已少降。十时就寝。十二时起溲。

5 月 21 日（四月三十日　壬戌　小满）星期二（27°—15°）

多云。

晨五时起溲，返床稍延，便起穿衣。七时半服菜豆剂一小碗。八时半，圣陶见过，携来应还各件。湜儿送东西去复兴医院。十时三刻，圣陶将行，而吴慧至，又相谈。十一时半，圣陶先行，假去《庋架偶识》六册。吴慧后行，假去荀悦《汉纪》六册。并贺撰《土地研究》一册。

午后小休，三时后起，复核《清季廿二省府厅州县录》综合数字，以校改后恐与原钞不符，且原钞本有舛错，乃费力一彻算之，抵晚始毕。

湜儿晚自医院归，言修须静待化验住院，不免紧张云。夜饭后，湜儿过谒平、刚两翁，分别送还书物，九时三刻乃归。十时，予就寝。十二时起溲。

5 月 22 日（闰四月　癸亥朔）星期三（30°—14°）

晴。五时半醒，六时起溲，顺穿衣着袜起坐。

九时，刚主见过，谈至十一时半去。携去《畸叟》两册，留置其所得清雍乾时山阴金埴所著《不下带编》稿本一册。

十时前，元鉴偕其女友刘淑芬来，潜儿挈其孙女熙熙来，刘洁来。刚主行后，淑芬为予摄影三数帧。午与潜、汉、鉴、淑、洁等共饭。饭后，予小休，起后以人众嘈杂，予一意看《不下带编》，其书为杂缀及诗话，凡七卷，前六卷都各十、十三、四、五页，后一卷只三页，疑书估得本转钞未竟者，刚主好收希见书，故坊估持以压其欲耳。顾珍闻至夥，一披览竟不忍释手。

夜饭后,濬、熙先去。至九时鉴、淑、洁三人亦去。十时就寝。枕上犹看金书。十一时起溲,然后入寐。一时许又起溲。

是日,客未至前写信复元孙,接澄儿十八号复予信,下午又抽空书寄漱儿。

5 月 23 日（闰四月初二日　甲子）星期四（29°—12°）

晴。

晨六时起。看毕《不下带编》,即就其中摘录所需者若干则,至五时半方罢。无客扰心,故得一气完成之。

饭后小休起,接滋儿廿一号合肥来信。复汉儿者,告近方出差自滁州归省。曾畅游琅琊山醉翁亭,归后又在从事连环画脚本云。

摘抄《不下带编》中关于洪昉思、孔东塘事迹各条,兼及可悬为格言者,竟日为之,得一十四则。午后,仍小休。夜饭前,湜接修自院归,检查结果尚有待（几过五六天）云。

九时半,润儿为予洗脚,顺易衬裤就寝。十二时半起溲。

5 月 24 日（闰四月初三日　乙丑）星期五（30°—12°）

晴,午后蒸热,突临炎景矣。

五时起溲,返床复入睡,七时乃起。九时写信复滋儿,仍勖伊多写信。午后仍小休。起后点《清史·文苑列传》两页,阅《广雅疏证》至卷四下之第二页,觉眼花头胀,乃出牌打五关以调节之。濬儿为予在动物园对面之广东酒家购得甜咸粽子来,汉儿亦为予在东风市场购得枣泥合酥归。日内早点已充备矣。其奈闰月,虽端阳景尚隔一月,何呵呵。夜饭后,濬归去。九时半,湜儿为予拭身易汗衫就寝。十二时及翌晨五时俱起溲。

5 月 25 日 (闰四月初四日　丙寅) 星期六 (32°—15°)

晴,暖。

六时半起。午饭后小休,夜十时寝。十二时起溲。午后已感炎歊,北京气候诚最难伺候也。是日,点《清史·文苑列传》卷四,至四十八页,并阅毕《广雅疏证》卷四下。下午四时,陈次园偕其友孙立常(功炎)来访,长谈达暮始辞去。临行,次园出乾隆笺纸属书,是真问道于盲矣。无已,姑受之,以待来日耳。

接镇孙廿号来信,附致其母信中。

5 月 26 日 (闰四月初五日　丁卯) 星期日 (37°—17°)

晴,燠。

晨六时起。彩英归南只来一信,去信无复,正盼望中,今晨接为民廿四号善桥来信,知其母定六月五号动身去沪,大约总须拖延时日耳。然终比杳无消息为好,只得待之。潜儿十时来,下午四时与汉儿及大璐(适来访汉)同去小庄相屋,谓可换房移与潜同一单元云。予饭后小休。点《清史·文苑列传》卷四,止于五十二页。同院刘家幼媳昨日动身回湘潭工次,顿觉寂静。

夜饭于南屋润儿房,饮啤酒,啖炸酱面,久不尝此,亦至甘也。九时,汉归,谓换房事未必果,各方都冷然故。十时就寝。十二时及三时具起溲。

5 月 27 日 (闰四月初六日　戊辰) 星期一 (32°—17°)

晴,燠。

晨六时起。八时后,写信复为民。饭后小休,起续点《清史·

文苑列传》,毕之,并撰跋语示湜儿,俾暇时善读之。此《清史列传》为中华书局三十年前所出版,实取诸官中档案,虽未必完善,而叙述究较翔实,其儒林、文苑两门,凡八卷,仅及光绪朝而止。然,近三百年来,学人生活之情状、思想之蕃变亦可窥一大概,而其反映于文、史、哲各方面之业绩更得揽其纲要。予施以标点,实借以温故兼资教子,不亦可乎?预孙去大西北支边实习已一年,今日自武威返,下午五时许可到,茂孙往车站接之。有顷,返报则乌鲁木齐来车误点一小时,因归家稍息。潘儿及桂本等则在站等候云。逾时,茂再往,七时归告,已接到,预孙一行径归小庄云。

晚饭后,汉儿往西城访友,托捎物与宗锟,润儿则往小庄探视潘、预等。予独坐无聊,命湜儿检《丛书集成》,凡考据类诸籍近百册,悉为取出,置案头备随览。十时许,润、汉先后归。予亦就寝。十二时及三时俱起溲。

5月28日(闰四月初七日 己巳)星期二(29°—15°)

晴。炎蒸有如三夏。

晨六时起。九时,介泉见过,闲谈至十一时去。午饭后小休。四时后桂本、潘儿、昌预、迎迎、刘洁以次来,至六时,潘又电招昌硕、中英、熙熙来。七时半夜饭。润、湜两房仍各自具餐外,又须摆设圆桌,始克容矣。八时半罢。以天热故,多数人在庭纳凉。予仍坐室内与昌预谈一年来在大西北见闻。九时半,潘等去。有顷,刘洁亦去。十时,予就寝。以裤厚不耐贴睡,竟连起三次小溲。

日间以覆检《丛书集成》考据类各书,有无舛误,聊以祛烦,重又发见破句错缀不少。不知书人而妄施断句,予向以为恨,不图王云五主持商务书馆时竟大扇此风,一以断句本矜夸,遗祸深矣。

是日，接漱儿书，寄照片来。

5 月 29 日（闰四月初八日　庚午）星期三（30°—17°）

昙闷。

晨六时起。八时，汉儿以牙疼亟赴朝阳医院求诊。九时许，潜儿挈熙熙来。有顷，刘洁来。十时半汉返，云尚可修治，后日覆诊再定云云，只得俟之。时刘洁已来，因与共饭。午后小休，四时起写信复漱儿，言照片甚佳，并告家中近况，俟彩英到沪宜促伊遄返，至俾汉儿得从容治牙或即还咸宁也。

薄暮闷极，欲雨，黄昏果见点，且有檐溜，久旱得此，亦聊解农虑矣。夜饭际，刘洁从兄乃刚来，留之饭不肯，俟予等饭毕，雨中去。九时半，湜儿为予拭身洗足，因易衷衣就寝。刘洁俟予将寝，借茂孙雨具归去。十一时、十二时连起小溲两次。

5 月 30 日（闰四月初九日　辛未）星期四（23°—11°）

雨声昨宵半夜才止，今晨又呆呆日出矣。然而气温乃骤降，竟不能加一毛衣。

六时起。八时半，汉儿同事梁泽楚来访，谈移时去。吴慧踵至，方谈未久，友琴来。又有顷，子臧来。吴慧先行，约后日再来访。友琴与子臧则续话至十一时半，亦偕去。予晋接固感累，而谈次转觉松舒，话头愈长。友朋每以太累致惧，率多引去。予竟不自觉奇矣。中午以人见访者多，汉儿不及治餐，作甜包子代饭。食次，碧华之从母淑芬来，特为予送药，盖止喘片已用罄，汉尝以电话告碧华也。至为歉然。欣话久之，一时半辞去。

二时，予小休，四时起，阅周婴《卮林》。傍晚又有微雨，未几便停，而气更萧森。湜、修早出暮归，询知在西苑中医院求诊，顺知检查结果非流产云。是则所患转见略轻，只须调治得所可已，不知湜儿能领会否。夜饭后曾在庭中小步，并略坐片晌，即入室。九时半就寝。十二时、三时俱起溲。

5月31日（闰四月初十日　壬申）星期五（28°—14°）

初晴，午后雷声作，有阵雨，似挟雹，须臾即过，日又高照矣。

晨五时半起。八时，元锴自窦店来省母。汉儿十时去朝阳医院复诊牙疾，越时归，谓已补好，可保不拔去云。为之大慰。潘儿先来小雅宝矣。十二时，锴往会刘洁，取钥归即同饮，一时半乃罢。二时小休，四时醒，潘已归小庄，锴亦去小庄取物，五时返小雅宝。予服菜豆酥汁，宗锟所传之方已完成任务矣。想能见效，实亦不必望效也。看《厄林》阅毕第二卷。

接元孙廿九号来信，知工作正忙。六时晚饭，以元锴八时车须赶回窦店耳。因与汉、润、湜、修及茂、芬两孙会餐。七时半，元锴辞去。予看宋王懋《野客丛书》毕九卷。十时就寝。二时半起溲。

6月1日（闰四月十一日　癸酉）星期六（27°—13°）

晴。

五时三刻起溲，即穿衣独坐，看《野客丛书》。十时，元鉴来，谓今日请病假家休，以邻校生徒竞喧，避嚣来此云。午饭后，予小休，汉、鉴同出购物，五时乃返。六时，汉先饭，出访同事。七时即与元鉴同饭。饭已，元鉴去。接滋儿卅一号信（此信甚快），知即将出差去马鞍山，顺道当涂宁家，须旬日始回合肥云。九时三刻，湜儿为予洗足，旋就寝。甫展衾，闻汉儿归矣。是夕仍起溲两次。

是日看《野客丛书》止于十四卷。吴慧下午五时来访,出所拟《古代经济领域中的儒法斗争》编写计画相质,谈一时即别去。深嘉其精思锐进也。

6 月 2 日(闰四月十二日 甲戌)星期日(30°—16°)

晴。

晨五时半起,看吴慧所拟编写计画。早餐以湜房自制粢饭团为供,颇可口,竟将上颚义齿崩去一枚(左侧尽根第二齿),但尚不致妨碍咀嚼。犹忆多年前,吃上海带来五香豆亦崩去下颚右侧一齿,不知何时又崩去上颚右侧一齿,至此,已失去第三枚矣。本为缺齿,而配义齿,今又零落如此,可征衰老为自然之势,何足怪乎?只感可笑耳。

茂孙乘星期休假,收拾火炉撤下之烟筒,费半日之功,只待晾透便可扎好挂起,备冬天凑用。稚孙居然顶一劳动力,可嘉也。

午前写信复元孙。午后小休,三时半起,看《野客丛书》止于二十卷。濮小文下班后来,谓芳孙与伊厂所订造货合同第一批将于七月底可以交货云云。顺与汉、润、湜交谈。予留与小文同饭。饭后,续谈至八时半,辞归。索予新版《史记选》,遂检一册题字与之。九时三刻就寝。十二时半起溲。

6 月 3 日(闰四月十三日 乙亥)星期一(28°—15°)

晴间多云,忽雨乍作,迨暮夕照朗然。

晨五时半起。九时,刚主来,谈次,友琴来,盖皆以到班无所事而特为过存老友者。十一时,刚主去,以前假《畸叟杂钞》二册见还。予亦以金埴《不下带编》写本一册归之。又有顷,友琴亦去。

伊正弄石鼓文,予因以求古山房石印《吴昌硕临石鼓》一册假之。午后小休,三时起,蕴庄来看汉儿,携来豆沙粽子十二枚,谓甫自菜市口美味斋排队购以见馈者。殊感盛意。谈久之,知云彬近况甚悉。五时辞去。文修今日去厂续假,归途在阜外市场有鲜蚕豆,亟购二斤归。晚餐时烹食之,至甘美,想彩英在苏沪必已饱尝之矣。

夜八时,汉等看电视,播放京剧样板《杜鹃山》,予则在灯下看《野客丛书》,十时就寝,止于二十五卷。十一时半起溲。

6月4日（闰四月十四日　丙子）星期二（27°—17°）

晴间多云。

晨五时半起。上午坐看报纸,渴睡甚,因思子臧日前见过时告予曾诣予欲谈,适见予双手据案,眼闭口哆,旁既无人,以为养神,逡巡自去云云。然则,予作此状屡矣。设有失误危哉。（医戒最忌倾头感冒风着凉）为之悚然。午后小休,竟入睡。汉儿乘予睡中抽身出外物色蚕豆。三时三刻,予醒而起,见案有留言,方知之。有顷,汉儿买豆归,与吴慧偕。盖吴慧亦方诣予,见予在寝,折回于禄米仓口,遇汉乃同行再来也。接谈后,问字数事,旋去。而刘洁至,（明日厂休,今下班而来也。）因共晚饭。畅啖鲜豆,快甚! 餐后,汉、洁等观电视,予则披阅周婴《卮林》,尽四卷乃寝,已十时矣。起溲两次。月明如昼,竟不开灯。

6月5日（闰四月十五日　丁丑）星期三（30°—17°）

晴间多云。午后略翳,晚晴,夜半月色甚朗。报载月偏食,未起视也。

晨六时起。九时,潏儿挈熙熙来,刘洁来,元鉴来。午饭后,予小休,刘洁往菜市口美味斋排队买豆沙粽,潜、润各家俱委之,真好事矣。下午,振华来,农祥来。农祥言曾南归省视,在上海、碳石、杭州游历一月馀,近方归,特来访予。赠新龙井三两,明晨得尝新矣。夜与农祥、振华、潜、汉两儿,元鉴、刘洁、同饮。饭后且看电视新闻。八时,潜、熙先去。振华继去。农祥、元鉴、刘洁亦陆续去。近十时始静。予乃就寝。夜起溲两次。

是日,阅周婴《卮林》,止于第七卷。接达先信,知日内将来京省予。

6 月 6 日 (闰四月十六日　戊寅　芒种)星期四 (24°—12°)

拂晓雨,遂濛淞不止。

五时起溲,复返床,六时乃起。坐阅《卮林》,不觉凉气袭人,至午又赤日高照,转见增热矣。午饭时,陈礼生来访,谓沪来火车方到,在济南站误点几两小时云,并言上海来京车票极难买。然则,彩英之来必遭周折,颇以为念。留之饭,谓已吃过,坐至一时许,去。予亦就榻小休,三时乃起。汉儿乘予起,即往朝内市场买豆,半小时即返。又买到八斤,真大快朵颐矣。阅《卮林》尽八卷。

夜饭后,看电视新闻,十时就寝。中夜起溲。

6 月 7 日 (闰四月十七日　己卯)星期五 (28°—16°)

多云间晴。

五时起溲,仍返床,六时半起。九时,尔松偕芝九之子来访,知芝九在苏体况有佳。湜儿以感冒未上班,因亦与谈。十时半,去。午饭用炊饼。饭后,方欲小休,上海电报至,知彩英将于八号乘十四次车,在十厢,一人行。然则,伊已得票,而闻云章夫妇不偕行,后日当可接到,一切当面得其详耳。三时起,小援来,知由陕北调回北京,已办妥手续,曾路过原平,晤芳孙,托带回旅行包等物。谈久,去。临行以老乡馈伊之绿豆一包转赠于予。极感关切。

是日,阅毕周氏《厄林》。夜九时后,湜儿为予拭身洗足,汉儿取衷衣授予,乃易以就寝。十二时半起溲。翌晨五时又起溲。

6 月 8 日（闰四月十八日　庚辰）星期六（30°—17°）

晴间多云。傍晚阴塞,卒不雨,闷损甚。

晨六时起。九时,达先来,盖自太原昨晚附车行,中途误点一小时,刻方自北京站步行诣予云。睽离两年多,握手相视,尚不见老,但鬒黑耳。遂共长谈至与汉、润、达同饭。又接漱电报,谓彩英突发高烧,缓行,则明日当不能来。而病因何属?不免斗吃一惊。昨日一电文觉多事矣。人事诚不可测哉。

午后小睡,三时,圣陶见访,即起应接之,谈至近五时,辞去。临行以前假《庋架偶识》六册归予。夜饭时仍与达先畅谈,十时就寝。十一时半及四时皆起溲。

是日杂翻《丛书集成》考据类各书。

6 月 9 日（闰四月十九日　辛巳）星期

阴沉。

六时半起。九时,接漱八号航空信,叙述续电之由,始知彩英因道渴,饮生水而致痢耳。云十一号可动身,且俟确实来电也。(此信正及时,否则萦念难释。)午后小休,三时起。刘洁来,谓左腕工作时受微挫,领导许假休息,故尔。

五时,濬儿来言,将偕昌预、桂本、迎迎去青岛、上海一游。汉、润等均以种种理由尼其行,予则视本人执志决从违。度其意,似冀其行为宜。晚饭后,潏归去,谓拟退去车票,不同行云。九时半,刘洁亦去。十时,予就寝。一时半起溲。

6 月 10 日（闰四月二十日　壬午）星期一（27°—13°）

晴间多云。

晨五时半起溲,即穿衣坐。九时后,刘洁来,元鉴亦来。予闲翻案上书。午与达、汉、鉴、洁同饭。饭后小休,颇讶上海于不意中迭来两电,今意其十一号动身之讯,颇盼确电,竟不至,是彩英行期又渺然无凭矣? 殊念之。夜饭时,汉接外来电话,乃上海潄邻周家女出差来京,潄特属转告者。知彩英已买得十二号十四次车票,在九车厢,本约周女同行,周以获得飞机票先行到京,故属伊专诚电话告知者。然则,十三号必可返京耳。

晚饭后,鉴、洁去。十时,达先、汉儿偕行车站候昌预、桂本,藉询潏昨归情况。十一时归报,遇见预、桂及迎迎如期往青岛,潏则已决定退票未偕行云。予乃安寝。三时许起溲。

6 月 11 日（闰四月廿一日　癸未）星期二（33°—16°）

晴。

晨六时起。天气骤热,适应至不易。

午后正将小休,而蕴庄、满子偕来访汉儿及达先。予假寐以听之,三时起,接谈。四时半乃去。六时即晚饭。饭后,达及汉儿往小庄访问潏儿,润亦继往,予与湜儿闲谈以俟伊等归。十时许,汉等归,知潏情绪尚好云。予即就卧。二时半起溲。

是日,阅毕宋吴嗣之(箕)《常谈》,虽寥寥百许条,名言至理不鲜也。

6月12日（闰四月廿二日　甲申）星期三（30°—16°）

晴，热。

晨六时起。九时，达先出访友。刘洁、元鉴先后来。午与达、汉、鉴、洁同饭。饭后小休，片晌即起，看书及抹牌打五关。已感炎歊不任构思读书矣。晚饭后，始移椅坐庭前纳凉。彩英南行始撤炉，明日即归，已炎景逼人，居诸迅迈有如是哉！九时后，鉴、洁同去，时闪电有隐雷，微雨即止。

湜儿为予拭身洗足，十时就寝。是夕仍起溲二次。

6月13日（闰四月廿三日　乙酉）星期四（33°—16°）

晴，热。

晨六时半起。八时半，达先、润儿、湜儿俱往车站接候彩英。本九时十分可到，因误点四十五分，至十时始安全接到，回至家中，已将十一时。濬儿携熙熙九时来。十二时，昌硕来。因与濬、汉、润、湜、达、彩、修、硕、茂、芬共餐。又设圆桌矣。

午后小休。元鉴来晚饭。夜坐庭前纳凉，九时返室，十时就寝。二时半起溲。彩英患痢基本痊可，大约将养数日必可无事。是夕，汉住鉴家。

6月14日（闰四月廿四日　丙戌）星期五（35°—18°）

晴，热。

晨六时起。上午写信五封，分寄上海漱、淑两儿及闻云章，木渎许家喜，善桥许为民，多半告彩英返京事。达先上午出购物。汉儿十时自小庄来。午饭后小休。三时半,振华来访汉,移时去。

周国英偕其同事来访彩英,迨暮亦在。夜饭后,移坐庭中招凉闲话,颇有风。九时,汉仍去小庄。十时,予乃入室就寝。是夕初御草席。一时半起溲。

日间看三山叶申芗《本事词》。

6 月 15 日（闰四月廿五日　丁亥）星期六（34°—19°）

阴转晴。炎热,入晚始有风,微作阵雨,细沫沾肤即止。

晨六时起。九时,平伯过谈,十时半去。刘洁来,以车间烈光拂眼,右目充血,得休假而来也。湜儿亦以连五日为本单位建筑劳动,今得休假,乘此机会,在家治馔,当晚为达、汉、预钱,并为彩英拂尘也。午间,达为我作葱花炊饼当餐。饭后小休。三时半,潘儿来,应湜邀与宴者。六时三刻,设圆桌于北屋,合家聚餐。涪生、文平及其女刘祎适于四时来,遂同预此席。湜儿近年锻炼学习烹饪,颇有所得,今夕出其能手,制多品均可入格,而从《文物》杂志上转袭曹雪芹遗制老蚌怀珠一味居然荐诸盘餐,殊足为惊座之珍品,亦可慰也。餐后,坐庭中纳凉,八时半以起阵,畏雨,潘、汉、洁先行返去。临行约达、润、湜乘明日星期休沐,同往福田省其母墓。伊等行后阵即过,涪生夫妇乃于九时半归去。

十时,湜儿为予拭身,彩英为予洗足,然后易净衣就寝。十二时半起溲。

6 月 16 日（闰四月廿六日　戊子）星期日（33°—15°）

晴,热。

六时起。七时半,达先、润儿、湜儿出诣福田,达先先乘车赴动物园候濬、汉等,同乘四十五路车西迈,润、湜则骑车径往耳。九时后,看书阅报。午与彩英煮炊饼为餐。午后小休。三时后,汉等先后归,知福田已成果园,属园林局,墓地无恙,据寻碑重立诸事须向民政局办理云云。伊等展墓后顺游八大处,在二处午饭,并曾到六处香界寺始折回,往返俱顺利也。

晚饭后,仍坐庭前纳凉。又有雷阵,濬、汉恐值雨,即遄往小庄。予亦屡次移坐出入,九时后,卒致雨,但未几即停。十时拭身就寝。十二时起溲。终夜未用被。

6 月 17 日 (闰四月廿七日　己丑) 星期一 (30°—15°)

晨六时起。晴。

九时后,吴慧来访。知其所拟编撰计画已有眉目,正更具体地进行安排。谈至十一时许,乃辞去。此君干劲颇足,终将有底于成乎。午饭时,元锴挈惠来来,知放麦秋假,应作劳动之馀,可得数天休息,故携入京探母耳。

午后,予小休,起看《小窗幽记》,聊涤烦襟。傍晚,达、汉赴王大鹏之约,夜饭其家,告明即由王家径返小庄,明早同赴八宝山为村公夫妇扫墓也。元锴、会来亦于晚饭后即返小庄,俾母子叙话云。茂、芬两孙明晨五时将偕同回校,各班同学出发劳动兼为拉练之举,在通县郊区住半月,故下午先送行囊去校,明日将步行数十里云。案头常使炮匣久已脱胶,屡用橡胶带凑粘,实已不堪入目。前日达先为予撤去破旧橡带,化胶粘合,居然复原。但残胶粘指,不便启闭。昨日复经湜儿用汽油擦去残膏,并打蜡上光,顿觉一新。虽木质已桥,不能吻合,而骤一观之,光彩焕发,亦一适也。晚坐庭纳凉,较昨快适。

十时拭身就寝。十二时、三时均起溲。

6 月 18 日（闰四月廿八日　庚寅）星期二（32°—17°）

晴，热。

晨六时起。茂、芬已到校，并队出发矣。午饭后小休。是日，看《西溪丛语》及《疑耀》，并摘录数条备考。下午四时后，潗儿来，刘洁来，汉儿、达先自宋云彬家午饭来，元鉴来，文平及其女友黄璐璐来。入暮，北屋又设圆桌招待洁、璐，盖文平作介，俾交友也。同席者有潗、汉、达、湜、修、锴（上午便挈会来来）、鉴诸人及彩英。饮宴后坐庭中闲谈纳凉，至九时半，鉴、洁、平、璐同去，锴及会来亦归小庄。汉与达则留居南屋茂、芬两孙之卧榻，适可应付也。

十时半入室，以较凉，未及洗拂即就卧。十二时、三时俱起溲。

6 月 19 日（闰四月廿九日　辛卯）星期三（28°—17°）

六时起。阴。御两单衣不出汗矣。九时，刘洁、元锴、元鉴及会来来，知昨夕洁送璐至西郊动物园始别，似事已洽乎。十一时，汉等出，就饮于王府大街之康乐，顿觉一清。

午与彩英炊饼为食。（昨日元鉴带来淑芬手制豆芽。）以爽口，故不觉多食。食后少停，便就榻假寐。三时许汉与达、鉴回，（锴、洁、来均径去。）携到冰洁凌，唤予起进之。坐录《疑耀》中意各条。五时，乃刚来看刘洁，汉与接谈良久，刚始去，汉与达遂同赴叶家晚饮（已电话见催。）。予与湜、修、彩同饭，润儿新熬葱油甚馨，因取以煮条面代餐。晚餐毕，与彩英、湜、修接龙为戏，一月馀不为此，至感新鲜，直至九时半，达、汉归来，元鉴归去方罢。时正雷雨，只索小坐再看汉、彩、达接龙，不意竟达十一时三刻始结束。

予洗足就寝。十二时胸次闷胀，屡起便旋，不得舒，乃唤起彩英取食母生两枚吞之，渐渐平，然仍屡起，至翌晨三时半泻后始入睡。伤食致恙，至堪自哂，老不能自节如此，可怪他人耶！识以自讼。

6 月 20 日（五月　壬辰朔）星期四（28°—15°）

节近夏至，气候忽变，连日炎热，又倏转凉，发节气乎？阴，遂凉，又御夹加裤矣。午后震雷，未致大雨。

晨六时半起。少进早食，大解后稍舒。是日，宿食为祟，不敢多食。午后小休，起觉微微发烧，测之有一分浮热，而浑身紧绷，强自支持。四时后，汉先返小庄。入晚，润儿待达先小饮在北屋聚餐，润、琴、湜、修与予及彩英皆与焉。予坐以佐谈，仅啜粥一碗耳。夜饭后，仍鼓兴接龙，十时就寝。夜起溲一次。

是日上午，子臧见过，与谈移时，留饭不肯，乃行。

6 月 21 日（五月初二日　癸巳）星期五（27°—15°）

多云转晴。

六时起。作《〈畸叟杂钞续编〉缘起》数百言，即假刚主所示金埴《不下带编》说起。午饭后小休。起看王观国《学林》。五时后，汉儿返小庄。晚与达先长谈。十时，洗足易裤就寝。一时起溲。

6 月 22 日（五月初三日　甲午　夏至）星期六（32°—17°）

晴。

六时起。达先八时三刻往动物园会汉儿及会来。

予与彩英午以馄饨为餐。午后小休，将入睡，而汉来，及达先归，知动物园之游潜、硕、熙俱与。游后共餐于新侨饭店。潜等一家已径返小庄云。予不能寐，即起阅王观国《学林》。傍晚雷阵，有雨。六时即晚饭。饭后，汉来，乘雨隙回小庄。今晚翠英由窦店来小庄也。彩英今日下午裹粽子，聊应端阳景耳。以人口众，分配广，费竟日之力，勉敷点缀云。持家之难如此乎！

夜饭毕，雨过天晴，坐庭中感凉，乃入室接龙久之。就寝已将十一时矣。二时起溲。

6 月 23 日（五月初四日　乙未）星期日（31°—16°）

晴，热。

晨六时半起。上午看《学林》。八时半，达先偕湜、修往红塔礼堂看电影。汉儿偕翠英、小红、会来来。有顷，元锴亦至。十二时，方欲聚饭，而达先之友郭建生自山西来访，因留同饭。（其时湜已归，修上班，而达却他适未返。）饭后，予小休，比醒，而达已来，遂偕建生出游。四时，潏儿来。六时，锴、翠、红、来返小庄。七时，与达、潏、汉、建等同饭。晚坐庭前纳凉。达送建生去讷家安置。潏归，汉留。十时入室就寝，二时半起溲。

6 月 24 日（五月初五日　丙申　端午节）星期一（33°—17°）

晴。

晨六时起。啖肉粽三枚，口滑又不觉贪多矣。及其老也，戒之在得，固不仅言财贿乎？至堪自笑耳。九时，元鉴来。有顷，拉其母往孟家。午刻，予与达先、润儿、彩英方饭，意其在孟家留饭矣。乃施施然来，遂共饭。饭后小睡，三时半起。天色阴翳，气转闷塞。钞《学林·名讳篇》。刘洁下班后来，潏儿亦来。六时半，与潏、汉、彩、达、鉴、洁同饭。饭前，次园从平伯所来，谈至湜儿下班归，转交孙立常画及题句与湜,然后去。

入夜无风,坐庭中亦不凉,起阵未果,潴、鉴、洁恐值雨,即归去。晋友郭建生本言今日住同伴所开旅馆,拟其不来矣,讵九时半忽来,以其友未行成故,无馀铺可宿,只得仍来,达先招呼,良久仍导往讷家留宿。

达先从弟士宋卅年未见矣。久在闽中工作,今因出差过京,知达在予家,晚饭后特来存问。接谈久之。建生来之前辞去。即夕乘车赴大连公干,然后过天津、上海,再回福州云。询其年已四十七矣。

十一时许洗足就寝。二时许起溲。

6 月 25 日(五月初六日　丁酉)星期二(32°—16°)

晴,有风。

晨五时起溲,返床复睡。六时半起。十时半,达先与湜儿往陶然亭会元锴、翠英、小红、会来同游。予与彩英同饭。饭后小休。二时许,达、汉、锴偕返,知翠等已先回小庄。四时许,建生来看达先,遂偕往天坛。予钞《学林·名讳篇》。七时,与达、汉、琴、建、彩、锴同饭。饭后,坐庭中纳凉。以风厉扬尘,并不舒快,而室中如炉,不得不延挨入屋。十一时乃就寝。十二时半起溲。

6 月 26 日(五月初七日　戊戌)星期三(34°—20°)

晴间多云,有风。

晨六时起。汉儿今晚返鄂,故终日历碌。上午,元鉴、刘洁、升埙来。升埙率队来京参加球赛,故少坐便去报到,约午后再来。午后小休片晌。三时后,升埙、潴儿、桂本、昌预、迎迎、熙熙先后至,薄暮,元锴、翠英、小红、会来至,顿时全屋鼎沸,即于庭中设圆桌分班晚饭。饭已,少坐至九时,汉儿成行,润、湜、达、桂、堉、锴、洁、鉴、翠及红、来等送往车站。越半时,潏、熙、预、迎亦去。十时后,润、湜、达归,知汉已登车出发,锴等亦各归去矣。予乃洗足就寝。二时半起溲。

6 月 27 日(五月初八日 己亥)星期四(33°—18°)

晴,热。

晨六时起。建生来看达先,知伊等同伴三人今晚回太原云。达先经手各事亦都毕办,拟于廿九号晚上乘车返并。予钞毕《学林·名讳篇》。午后小休。六时半,晚饭。饭后,坐庭中纳凉。达先去车站雇摩托三轮,拟载行李及送建生行,乃甫出门,阵雨大作,久之返,司机皆避不应,空手而归,幸润、湜俱在家,且元锴亦来送行,因于雨后各骑车挟行囊送建生至车站,时雨已止。十一时许,达、润、湜归,报建生已安全上车,元锴则径返小庄,且知其明日亦挈眷回窦店云。予就寝。十二时起溲。

是日,接刚主上海信,知到沪视其女,即住复旦大学宿舍,或且去黄山逭暑也。友琴午前见过,假去《柳文指要》三册。

6 月 28 日(五月初九日 庚子)星期五(33°—18°)

晴间多云,闷热。午后云翳涨天,入晚转有风稍爽,竟无雨。

晨六时起。精神甚不振。九时,圣陶过访,谈至十一时去。潏儿挈熙熙来。午饭后小休。三时起,潏、熙恐雨至,即归去。

达先、彩英先后出。六时,彩英归。七时晚饭,饭次达先归。有顷,刘洁亦至。为达先送车票来,乃同坐庭中闲谈纳凉。九时半,洁返厂,予于十时后洗足拭身就寝。一时许起溲。

6月29日（五月初十日　辛丑）星期六（33°—18°）

晴,热。

晨六时半起。达先为托运山西大学修好之打字机,一早即往车站雇摩托三轮,屡说不肯应,推三拉四,奔走上四处,卒无成,至八时半,废然而返。不得已,由润儿借得一平板车乃得运往车站,吁服务云何哉?

午饭后小休。阵雨大作,不半小时而止。六时半夜饭,与达先、润、湜两儿及彩英共饮,顺为达祖道也。饮后同坐庭中纳凉,话则至九时三刻,达先辞行,润、湜送之登程。十一时,润、湜归报,安全登车开出,予乃就寝。十二时半起溲。

6月30日（五月十一日　壬寅）星期日（33°—20°）

晴间多云,傍晚起阵未果。入夜,月色莹然,闷热,不如昨爽。

晨六时起。九时,潡儿来。午间,三人同饭。饭后小休。三时起。四时许,昌预偕其同院僚医来看潡,告昌硕肝疾较严重,已属人办妥转院关系(其治疗单位在隆福医院,今转朝阳医院便就近时作检查)。因知昌硕与中英间又吵架,结果殆不可问云。六时夜饭。饭后,潡惧值雨,即归去。予坐庭中与家人闲谈纳凉。九时半,入室洗足就寝。十二时、三时各起溲。

7月1日（六〔五〕月十二日　癸卯）星期一（32°—19°）

昙闷。

六时半起。九时,接廿九号咸宁、上海信,盖汉报安到,漱告托周国英带款收到也。竟日无客来,除闲翻案上所堆之书外,为彩英携归南方所摄各景题辞。午后小休,片晌即起。天色转晴,且有风。晚饭纳凉庭中,坐至月色当头始入室就寝。中宵仍起溲两次。

是日,彩英接得升基电话,知渝厂使伊出差来京,因得偕送林宜及小朔同回林家云。明日将来小雅宝省予也。

7 月 2 日（五月十三日　甲辰）星期二（33°—18°）

晴。

六时半起。九时许,有二中同学来告,参加劳动之同学今天即将返京云。十时,茂孙先归,芬孙继至。出外两周拉练,居然胜利归来,为之一喜。嘱伊等沐浴休息。午乃同饭。午后小憩,片晌即起。午前写复汉儿一书,即令润孙〔儿〕付邮。俟基、宜不至,七时乃夜饭,与润、茂、芬及彩英同餐。餐毕,基、宜偕至,谓已饭过,遂同坐庭中话黔、渝旅中情况。小朔未携来,闻在黔曾病一场云。茂、芬归后,同学便麇集看电视,适新摄《侦察兵》初次在电视中露演,于是,来者益众,室内竟挤入十馀人。予等益恋露坐矣。九时半,基、宜辞归林宅。此次自渝厂来,携赠玉米油一壶,殊感。目前生活所需油最为缺供,今得此不啻旱中获霖也。

十时半,电视毕,观众散去。予乃就寝。中宵仍起溲两次。

7 月 3 日（五月十四日　乙巳）星期三（34°—20°）

晴间多云。微风,夜有月。

晨六时半起。九时,刘洁来,午饭后去。予上午连写四信,一寄上海漱儿,复告近况;一寄合肥滋儿,告滁州照片收到;一寄原平元孙,告近状安善,兼询彼况;一寄苏州木渎许伟忠,复告其母属望之切,勉其日向光明。午饭后,小休未适。起后阅俞理初《癸巳存稿》。晚接达先一号来信,告安返并寓。

晚饭后,濬儿电话促润儿往,云苏家兄弟在小庄,得一洽谈为宜。润乃亟去。予坐庭延凉以俟其归报。坐至十时月上,遂入室洗足就寝,竟未闻润于何时归。十二时及三时俱起溲。

7月4日(五月十五日　丙午)星期四(29°—21°)

拂晓阵雨,日出止,热气郁蒸。

七时起,润儿告昨夕小庄情形,中英兄弟尚讲理,颇不右中英,似可弥缝一时云。此等事予实不欲与闻,有润儿在由其执言可耳。九时后,写信复达先。

午后小憩,起值阵雨,新搭遮阳棚一角上承檐溜纷披而下,有类黄果树之瀑布,惜久旱积尘挟而下者非清沫耳。闻雷而不见电光,良久,入暮始止。晚饭前后,汗粘难任,雨停后,移坐庭中,稍稍见凉,坐至九时,非披衣不克当。十时许,入室竟卷席而后就眠。中夜且引薄被矣。晚粥稍多,竟起溲三次(十一时、十二时、次早四时)。

7月5日(五月十六日　丁未)星期五(28°—20°)

晴间多云。傍晚尤闷,有小阵雨,夜深仍见月。

七时起。上午钞书,午后小休。四时元鉴来,共进晚餐。小雨过后,坐庭前纳凉。九时,元鉴归去。十时后,予洗足易衵衣就寝。一时起溲。

是日,撰《谐铎》题辞一首。

7 月 6 日(五月十七日　戊申)星期六(28°—20°)

晨七时起。阴。

早餐后钞书。午后小休。近晚有雨旋止。六时半晚饭。仍移坐庭前,然感凉不须扇。十时入室就寝,且不须拭身矣。一时及四时俱起溲。

7 月 7 日(五月十八日　己酉　小暑)星期日(28°—16°)

阴,晨有微雨。

七时起。早餐后钞书。午前后晴间多云。饭后小休。邻儿作哄,未入睡。起仍钞书,兼抹牌打五关。夜饭后,仍坐庭前招凉。黄昏阵作,雷电交加,乃移坐入室,雨亦随至,虽未致滂沱而檐溜如注矣。十时就寝,雨渐止。十二时半起溲。

是日接滋儿复书。

7 月 8 日(五月十九日　庚戌)星期一(28°—18°)

阴转多云,终晴。

晨七时起。午后小休。四时后,濬儿来,知昌硕住房将与桂本对换,母女同住,今后口舌或能少减。吾终恐未必终宁也。夜饭时,甚闷,匆匆食毕,即移坐庭中,无风,仍闷。今日,彩英始为予买得一西瓜,在十斤以上,因剖与家人共享之。红瓢薄皮,尚甜美。啖瓜毕,濬归去。十时,予入室洗足就寝。十二时起溲。

是日,接元镇信,侈陈乘飞机至太原观感而已。

7月9日（五月二十日　辛亥）星期二（33°—21°）

晴，热。

五时起溲。仍返床。七时乃起。八时许，正早餐，友琴入所见过，以《吴昌硕摹石鼓文》还我（《近代碑帖大观》第二册）。谈有顷，上班去。据闻，所中之事仍未能上轨道也。十一时许，又来，以有人问《集贤诗》（昔日民间流行之劝善书）中"马有垂缰之义，犬有湿草之恩"两语之出处者，转以见询，一时竟莫由相告。有顷，别去。

午后小憩，三时后起，偶翻《太平广记》竟得之，俗谚流传必有所据，信然！六时半，夜饭。饭后即移坐庭中，以无风未由延流，摇扇犹感不舒也。十时许，始入室就寝。中夜起溲两次。

7月10日（五月廿一日　壬子）星期三（36°—21°）

晴，热。

晨六时半起。早餐后，以别纸录出昨所检《广记》两事，备复于友琴。午后小休，以热难贴席，未几即起，只索抹牌打五关以遣之。六时半夜饭。饭后，即移坐庭中，馀热未散，又无风以驱之，姑拭身洗足，定心以俟。九时后，始有微风。十时入室就寝。竟夕浴汗，竟甚于南中矣。中夜起溲。

是日，接咸宁宗锟信，及上海漱儿信。

是夕，湜、修往饭元鉴所，十时后始归。

7月11日（五月廿二日　癸丑）星期四（32°—23°）

七时起。昙热。八时，作柬与友琴，寄检得《广记》两事去。

彩英接家信,知予与伟忠信已发生较好影响。午后小休,潘儿早来排队裁衣,十时归去。吴慧十一时来,出新稿属阅。顺林来省予,吴慧即行。顺林午饭后去。四时后,升埼来,时雷雨已过,仍日照高墙也。谈次知运动会已结束。明后日便须回延庆。夜饭已,同坐庭中闲谈,黄昏,闪电打雷,埼恐值雨,亦即辞归孟家。予坐至十时,已感凉爽而雨卒未至,乃入室就寝。十二时半及三时俱起溲。

是日,未拟有客莅至,而天热不能备多肴,因与彩英二人可以苟简进餐,免出采购,乃午、夜各突有客至,彩英不得不整衣出添菜,汗中排队又心记家中乏人,殊累,虽勉强应付而实已惫顿。(予所以不惮繁琐书此,正以见持家应门之匪易耳,然而无由摆脱也。)当移入廿三日。

是夕稍凉,洗足就寝。起溲两次。

7 月 12 日 (五月廿三日　甲寅) 星期五 (32°—20°)

晴间多云。午后阵雨。(下接上日括弧中语)是日写信三通,分寄汉、漱、淑三儿。复汉者兼及宗锟与瀚、淑者各附小照一帧。

7 月 13 日 (五月廿四日　乙卯) 星期六 (30°—21°)

多云间晴,仍闷热。

七时起。九时半,友琴见过,谓予信已接悉,伊亦于《虞初新志》中查得两则,与《广记》所载有异同。予因属兼钞以示问者广得广闻之益。谈至近十一时去。午饭后小休。三时起,修补破书,顺翻架上诸一折书。(一折书者,抗日战争前后,沪上各里弄小出版商利用翻印旧书,定价高而竟以一折出售,故名。)因叹当时书贾尚多知旧籍内容择要翻印，虽出牟利之心，尚见流通之路，不能不许其用心之苦而略其泛滥之责也。傍晚雷阵，黄昏檐溜有声矣。气虽转凉，而湿氛沾茵，仍不好过耳。

十时洗足就寝。十二时起溲。

7月14日（五月廿五日　丙辰）星期日（28°—20°）

拂晓惊雷，起便旋返床，气逆喘咳频作，不能仰卧，乃于六时半起。天阴欲雨，气益闷。盥洗、早餐，良久始渐平。

八时，润、湜两儿骑车去小庄，应昨晚昌预电话之招，前往帮同昌硕、桂本对搬也。饭后归，知甚调协，今后潜家宜可少安矣。

竟日为吴慧看稿。午后小休。傍晚起雷阵，黄昏中雨，深夜打雷，闪电照窗棂。九时三刻就寝。不久，突停电，十二时后始复供。予起溲三次。两次在暗中摸索，一次使用电灯耳。

7月15日（五月廿六日　丁巳）星期一

积雨随止，阴霾笼罩，近午微雨，午后日出，更不舒。

晨六时半起。为吴慧看稿毕。十时，吴来，因以稿还之，谈移时辞去。昨日彩英雨中在市场购得一母鸡，今午取脯肉裹馄饨见享。茂孙连日喉痛，昨其母陪往同仁医院求诊，据云，在割去扁桃腺处发炎致有浮热，仅给退烧药及四环素而已，但开具休息证明，今乃向校请假，属今在家好好将养。

上午彩英入市，购回鲜荔支一斤，分享家人。予竟连啖七枚，甚俊。午后小休，起看《随园诗话》。傍晚又起雷阵。雨前曾见虹，虹散而雨至。三日未能出坐庭中矣。夜饭后，仍看《随园诗话》。十时就寝。起溲两次。

7 月 16 日 (五月廿七日　戊午) 星期二 (31°—21°)

晨气逆作咳,五时半亟起。似有雨,旋转多云。午前后,阴晴不定,向晚始揭然朗晴。

午后小休。竟日看《随园诗话》。夜饭后,坐庭中纳凉,间在室中看电视,转播游泳竞赛。九时半,洗足易衷衣,十时就寝。十二时起溲。

7 月 17 日 (五月廿八日　己未) 星期三 (28°—20°)

晴。

五时半起溲,仍返床入睡。七时乃起。看《随园诗话》。元鉴来饭。饭后小睡,片晌即起。仍看《诗话》。四时,天阴欲雨,元鉴即辞归,未几又日出矣。接十五号静发复书,知宪孙已由皖返沪,患痢,须将养就痊始回皖。并告弥同将出差来京云云。以未得漱儿别报,不识究竟,徒滋悬望耳。

晚饭后,坐庭中久之,竟无风。十时后,入室就寝。二时半起溲。

7 月 18 日 (五月廿九日　庚申　初伏) 星期四 (32°—22°)

六时半起。阴间多云。午前后晴,薄暮仍多云。

九时,维洛来问字,与谈至十时半乃去。午饭后小休。三时起,看《随园诗话》,并摘录两则于别册。四时半,小文来省予。有顷,濬儿亦至。七时同进晚餐。餐后移坐庭中闲谈。无风,略散闷气而已。八时半,濬儿行返小庄,小文则续谈至近十时,乃辞去。(其女兄秀丽今日午前亦来电话问好。老友之子女亦承关注如此,实可感。)十时半入室就寝。一时起溲。

7月19日①(六月初一日　辛酉朔)星期五(33°—21°)

昙晴间施,微有风。

晨七时起。九时,友琴偕同事朱静露见访,静露为刘世德之妇,供职本所图书馆,司采访,近需予旧编《史记选》供用,而坊间已售空,须著作人名义出具证明,或可向出版社搜购,故要予出此证。谈次,圣陶亦见过,已兼旬不见,彼此正念着,于是,主客欢谈。有顷,友琴、静露先去。圣陶则坐至十一时乃行。

午饭后小休。起后,仍续看《随园诗话》。六时半晚饭。饭后,露坐庭中,连日无风,今乃拂拂然,着体生凉,至快!十时一刻,乃洗足就寝。二时许起溲。

7月20日(六月初二日　壬戌)星期六(32°—22°)

多云间晴,傍晚雷阵,黄昏微雨即止。虽有风,而闷损,北方入伏,反类南中黄梅,固体之久矣。

晨七时起。九时,静露来取信买书,顺坐谈有顷乃行。午饭后,仍小睡片晌。竟日看《随园诗话》。六时即晚饭,饭毕,吴慧见过,又以续稿两帖委阅,少谈便去。入夜,坐庭中取凉,以微雨还室,闷不耐坐,未几雨过,再出外坐至十时半,乃入室就寝,为蛾子所扰,虽点香驱蚊,而蛾却不畏而逞动,可恨也。起床追扑,因而难寐矣。中夜仍起溲。

---

①底本为:"甲寅日记第二册"。原注:"一九七四、七、十九至十一、十三。凡一百一十七天。"

7 月 21 日 (六月初三日　癸亥) 星期日 (31°—21°)

多云间晴。闷热，不能停扇，夜半乃雨。

晨六时半起。仍看《随园诗话》。十一时许，外孙弥同来，予望之已数日又不见有书信，正念之，乃施施来。询之以车票难得，欲行又止者屡矣。昨始由津门转车来京，偕同事一人，均住北大招待所。其同事洽事后游颐和园，伊乃一人来谒予。谈悉其母将放暑假廿七号左右来京，其妹曦如无他事，亦将随母同来云。因共饭。饭后，彩英陪弥同出诣市，购办什物。予就枕小休，以热闷故，竟未入睡，三时起看书。四时许，潆儿、昌预、迎迎来。有顷，彩英、弥同亦归。六时，桂本至。乃移食案于庭中，共进晚餐。餐已，基孙、林宜、小朔来，弥同不期而会诸戚，真感高兴也。叙谈至八时半，剖两瓜遍享家人诸戚。九时半，潆、预、桂、迎先行。基、宜、朔继去，留弥同住小雅宝。次第就浴讫，已十一时，予乃入室就寝。一时许，起溲，尚未闻雨声。

是日，凌晨四时许，芬孙参加校办夏令营，袱被负之而趋，前往西北郊鹫峰，期五日。出门时予曾未之闻也。

7 月 22 日 (六月初四日　甲子) 星期一 (28°—20°)

宿雨未消，黎明为檐瀑所惊觉，五时半便起。六时半，雨稍止，弥同随文修上班之后，同车去北大办事。予以闷热呆坐而已。午前后，晴渐阴，入夜似将雨，但未果。

午饭后小休。起写信两通，分寄上海漱、淑两儿，告弥同来京安况。是午，接汉儿信，本拟顺一复之，乃提笔惮思，搁下再说。

七时，弥同自北大归来，与友期明晨在车站相候，同赴天津公干云。有顷，与润、湜、修、茂及彩英、弥同在庭中同进晚餐。餐后，彩英陪弥同去小庄访潛、桂、硕三家。予等坐谈琐屑，藉以延凉。微风扇之，颇感快。十时，彩英、弥同自小庄归。予乃入室拭身洗足，易衷衣就寝。匆还未服药，竟不能入寐，转侧听时钟从十一时挨次至二时仍未合眼，而起溲两次。不得已，呼彩英为予取安宁片两枚服之，乃渐入睡。

7 月 23 日（六月初五日　乙丑　大暑）星期二（28°—20°）

阴，午后有雨，夜又有大雨。

七时起。九时，弥同赴车站会其同伴，偕往天津。接漱儿二十所寄信，只言弥同赴天津出差，伊本人是否来京，仍未说定。予去信又交错邮路矣，怅怅。寄信与顺林，告弥同来京，且告漱或亦来京云。未明时茂孙即偕同学三四人骑车联袂而出，亦往鹫峰夏令营，期明日乃归，将先其妹回家云。

午饭后小休，四时乃起，偶见案上桂本还来之《颜氏家训》，遂略翻之，颇具吸引力，不啻《随园诗话》之动人也。因置《诗话》而看《家训》。老来亦蹈作辍不恒之习，可笑已。

湜、修往左安门外琉璃井省外家，南城地势较庳，阻雨积水不得归，电话告留宿外家，明晨径自上班云。琴媳亦以加班之故，十时后雨隙中归。予已就寝，但闻雨声犹未全止耳。十二时半起溲。

7 月 24 日（六月初六日　丙寅）星期三（29°—20°）

阴晴无定。向晚雷阵作，但未雨，夜深乃雨喧达旦。

晨五时起溲，仍返床，七时乃起。看《颜氏家训》。是书包罗颇广，（社会常识至夥，但不免与黑修养等观，待批耳。）予为探索积习计,正需仔细看之也。刘洁、元鉴十时许先后来。近午,韵启亦至,谓出差越南五十馀日,昨方返国抵都门也。因共午饭,闲谈见闻。饭后,韵启到部上班。予小休,三时起。刘洁、元鉴亦辞去,恐值雨耳。六时半,茂孙御骑车自鹫峰归。予与润儿已望之久矣。询悉,雨中登山,颇历险厄云。兼知晤及芬孙,伊等明日亦将乘公共汽车返城回家。(盖野营五日期满。)

夜饭后,两次移坐庭中均阵雨之势所迫,退返室中,兀坐闷损,至十时后遂就寝。十二时、二时均起溲。

7 月 25 日(六月初七日　丁卯)星期四(28°—19°)

拦朝宿雨,八时始止,其后晴阴兼施。下午五时,又大雨,入夜稍止。未几,又雨,气乃湿闷。予大感不舒。

七时起。为吴慧看稿,近午毕。午饭后小休。三时起,看《颜氏家训》。四时许,吴慧来谈,即以所撰稿还之。恐雨未久坐,即行。行后不久即大雨。弥同本说今天自津回,予已盼望,值雨不见来,更念。至六时半,弥同自车站冒雨回我家,而芬孙亦先一步自鹫峰归。润、琴、湜、修亦先后下班,遂合坐共进夜餐。虽遭雨又得一小团聚,甚快!饭次又接漱儿电报,知廿七日廿二次车行。然则,廿八傍晚便可来家矣。益喜!十时就寝。以啜粥并啖瓜故,起溲三次。

7 月 26 日(六月初八日　戊辰)星期五(29°—21°)

凌晨五时半,弥同即偕茂孙出,将往游八达岭,一览万里长城。(弥同尚未走过,而日内公毕即须回南,故乘茂孙暑假冒遇雨之险,毅然前往。)予七时起,幸无雨。乃少顷便作阵雨,计伊二人已登车,心少定,天亦渐霁。

彩英为弥同出购物。九时,北大谷君来访弥同,携至所修录音机,予代为接受,留谈移时,乃辞去。十一时后,彩英乃归。亟治饭共餐。

饭后小休。三时起,看《颜氏家训》。天宇一清,深为弥同、茂孙幸。四时,元鉴来。四时半,弥同、茂孙归。坐定,雨作,旋止。询悉,上午之雨在车中,登长城日出,远望流云如雾,亦一奇观,下墚后,在八达岭合摄一照,即附延庆来京之汽车直达北郊市场,(去时,汽车只到南口,阻水不进,改乘火车,归途大顺利。)从容归家。真大幸矣。

六时半,夜饭。饭后,坐庭前纳凉啖瓜。九时半,元鉴去。十时,洗足就寝。中夜仍起溲两次。下颚真牙左起第三颗摇动已久,纳凉时脱去,虽今后更影响咀嚼,而眼前却似去一累。

7月27日(六月初九日　己巳)星期六(28°—22°)

阵雨时作,气湿而郁。

晨五时,弥同去车站接其同伴杨君。(自津来,约同行。)以车票尚未到手(托刘洁代办),杨姑往游十三陵,弥同归,俟下午六时往车站再与之会。八时,顺林来看弥同,托带物与其母,谈至十时去。彩英陪弥同出购物,雨中行。潏儿、迎迎适来,遇之途,比潏等到家,雨益大。

接漱儿廿五信,告决来,盖在发电之前所寄者也。

午与潏、润、茂、芬、迎同饭。饭后小休。三时,赫书诚来访,起接谈,见询《女儿经》内所涉典故出处。盖旧社会此书颇流行,影响于民间颇广,正当展阅批判耳。谈有顷,彩英、弥同归,书诚遂去。四时后,瀋与迎迎归去。五时许,即晚饭。饭后,弥同去车站候杨君。彩英、文修、茂、芬两孙及文豪、小娥与楠(先来湜所晚饭同出)偕往演乐胡同工人俱乐部看新摄电影《万紫千红》,只留润、湜陪予在家。六时许,刘洁来,仅设法买到廿八十四次卧铺票一份,越半小时弥同偕杨君自车站来,晤及刘洁,即以票交弥同,只得让杨明日先行,令弥同俟再得票后行,只索晤及其母也。八时半,看电影者一行归来,并孝达夫人偕至,盖同去电影场,看毕,复过我家也。聚谈至九时半,孝达夫人率其子媳孙回琉璃井,刘洁亦旋去。乃安排杨君宿处,稍稍定扰扰之局。十时,予就寝。起溲两次。

7 月 28 日(六月初十日　庚午　中伏)星期日 (27°—22°)

阴晴交作,偶有小雨。

晨七时起。八时,弥同偕其伴杨君出往游八大处。今日傍晚漱儿计能到京家中,不免有所安排。午饭后小休。起后仍看《颜氏家训》。韵启来。

五时,润、湜、茂往车站接漱,知误点半小时,乃折还少休复往。升基、林宜知漱来,携小朔亦来会。六时半,润等接得漱并阿曦,而瀋方在站与接。弥同亦陪友游毕,送之上车,因会合同归。

七时,设案庭中,与韵启、瀋、漱、基、宜、彩英、弥同、阿曦共进晚餐。餐后,剖瓜分享。谈至九时半,韵启、瀋、及基、宜一行辞行分道各归。又与漱、润、湜等叙话至十时后,始各就寝。中夜起溲两次。

7月29日（六月十一日　辛未）星期一（32°—22°）

晴间多云。夜月亦明，而气湿不爽。

晨七时〈起〉。九时后，弥同偕茂孙出，采购什物，近午乃返。午饭后小休。起后续看《颜氏家训》。阿曦路中感冒，竟至发烧，下午四时由彩英、芬孙陪往赵家楼建国门医院诊治。时病甚多，排队打针，至晚乃归。刘洁为弥同送车票来，潜儿亦来看漱，因共夜饭。饭后，移坐庭中延凉。九时，潜儿先行，以连日本区路灯失明，怕独行耳。刘洁近十时去。予乃拭身洗足就寝。中夜起溲两次。

7月30日（六月十二日　壬申）星期二（30°—22°）

晴间多云。晨有雾，气塞难任。北方之伏天实比南中霉天为不好过也。

六时起。八时写信复静发及宪孙，以今日弥同将启程返沪，故托带之。

九时，介泉来闲谈，至十一时乃去。午饭后小休。闷热未能贴枕，只索起，续阅《颜氏家训》。

四时，潜、硕、及预、迎俱来送弥同。元鉴亦至。五时即开饭，供登程者及送行者先餐。六时，润、茂及预三人送弥同上车。予等留家者乃饭。七时半，送者归报，弥同已安全上车。予等饭毕，移坐庭中。湜友管竞存兄弟及竞存夫人文征平来看湜。有顷，潜、预、硕、迎辞返小庄。有顷，元鉴去。又有顷，竞存等去。予与润、漱、湜等仍露坐，惮入室。

十时后始略有风，及返室就寝，已十一时矣。终宵浴汗，起溲一次。茂孙约同学数人将于明晨早发昌平之北，一探勾勾崖之胜，住同学家,定于拂晓四时联车前往云。

7 月 31 日（六月十三日　癸酉）星期三（28°—23°）

阴雾四塞,气闷损甚。

七时起,度茂孙已出发,颇为伊等值雨忧。午后,气益闷湿,大雨时行,檐溜瀑注,予虽小休,竟不能贴枕矣。起与漱儿、彩英、阿曦抹牌接龙。一以遣闷,一以忘暑,然汗沉沁肤,如涂浆糊,而呼吸艰困,可恼极矣。近暮雨止,茂孙亦归。虽淋如浴鸡,居然得畅揽勾崖之胜。安全归来,心乃大定,快然进晚餐。餐后,庭中犹湿,为透气故,仍移坐露处,至十时后,乃返室就寝。十二时始入睡。

8 月 1 日（七〔六〕月十四日　甲戌）星期四（32°—20°）

阴转多云,旋日出。

晨七时起。八时后,芬孙陪漱儿及曦孙往小庄访潜家及元鉴。予写信两通,分寄木渎、善人桥。阅毕《颜氏家训》,此书为抱经堂本,亦收《丛书集成》中。予以借与桂本还来未及收庋,便揭看之,喜其包罗弘富,大可藉以温书,遂尔从头重读,今日竟得竣事,破句讹舛等等随手点正,亦一快也。

竟日晴炎,夜月亦明。升基、林宜携小朔来,为予购得成都制药四厂所出灵芝糖浆三瓶,即年前林宜见购之样品,正式投入生产者,予甚获效。本愁秋来加咳,得此殊慰。

午饭后,基、宜、朔去。予即小休。四时,潜儿来,知漱、曦、芬往复兴门外探问病人（漱同事之子）,伊来先告知之。抵暮,漱等回,竟未寻得。遂共晚饭。饭后,露坐纳凉。八时,潜即归去。予十时许洗足就寝。起溲一次。

8 月 2 日（六月十五日　乙亥）星期五（34°—22°）

昙晴间作。

晨七时起。八时，友琴入所见过，以所假《柳文指要》还予，未坐即行。予仍续看《随园诗话》。午前十时，彩英陪漱、曦出购物，十二时，漱先归，治饭共餐。饭后，小休未果，与漱闲谈。四时许，彩、曦归来。五时，桂本来看漱。六时，顺林亦至，遂共夜饭。饭后，仍露坐取凉。九时，桂本去。十时，顺林去。予亦入室就寝。中宵起溲一次。

8 月 3 日（六月十六日　丙子）星期六（33°—22°）

晴间多云，热。

七时起。湜儿连日劳动，今日得公休，乃于八时三刻陪漱、曦同游故宫。十时许，阿曦先回，谓去故宫又突感不舒，即遄返卧床。十二时，漱、湜亦归。乃治饭共餐。幸曦未大不适，仅不愿午饭而已。午饭后小休。五时，潜儿来，六时半夜饭。八时许，漱同事之子楼世芳来回访漱，谈移时辞去。潜亦归去。十一时许，予始入室就寝。今日特蒸热，露坐无风，故延至十一时乃返室就床。未久，电光激射，雷声隐隐，仅洒雨点即止，仍未减暑氛也。中宵后起溲一次。

8 月 4 日（六月十七日　丁丑）星期日（28°—21°）

拂晓濛雨，旋止。

四时即醒。五时，湜陪漱、曦往八达岭游览长城。予仍入睡，七时乃起。接弥同二号来信，知安抵上海，照常上班，宪孙之物亦送去矣。前日,管竞存还来之《今古奇观》,(并续集,凡三本。)破烂脱落,不复成形,予乘兴颇加整治,粘贴裹装,不令散失。此等书经坊贾利用为一折书,真已不登大雅之堂,而凋丧之馀,无从取给,略有庋藏如予者,亦尝视为珍秘矣。爰发兴收拾,别为储存,切戒借人焉。

十一时,韵启来,因共午饭。饭后小休。三时三刻,漱、湜、曦自八达岭归,备述沿途畅游一切顺利,非但无雨,抑且匿日,诚合游览之需,抵家竟放晴。韵启适在,又陪漱往西郊花园村访上海市妇联旧同事杨梅英,七时始同归,遂同夜饭。元鉴适来,曦、茂、芬同往三里屯体育场看球赛。(两券韵启送来,一券元鉴送来。)予与韵启、元鉴及漱、润、湜等露坐取凉。九时半,元鉴去。十时,韵启去。十一时,曦、茂、芬偕归。予乃入室就寝。是夕起溲两度。

8 月 5 日(六月十八日　戊寅)星期一(30°—22°)

昙,热。

晨七时起。九时写信,复弥同。午饭后小休,三时起。看《随园诗话》。上午,彩英、阿曦出购物。下午五时,桂本来邀漱、曦等往饭其家。盖与濬合住后,有所表示也。六时后,桂本骑车先去,漱、修、曦随后乘车去。润、湜亦被邀,将俟下班后各自径去云。予与彩英共饭。饭后,仍移坐庭中延凉,邻人刘俊义相与闲谈,问史事若干。

十时后,予入室就寝。有顷,漱、润、湜、修、曦同归。予日来脚湿大发,影响左脚背与小胫红肿,有类流火。未暮前即褪袜洗脚,露坐时更用小凳搁起,就榻时似见好,但趾间黄液仍滋粘可厌耳。夜又起溲两次。

8 月 6 日（六月十九日　己卯）星期二（31°—22°）

昙蒸如昨。下午五时大雨一时馀，十二时后又大雷澍雨。

六时半起。九时半，写信复南汇谈店中学蒋自牧。（此人素昧平生，自称青年教师，读予《史记选》有得，愿设法弄得《左传》读本及全部《史记》。真有志读书之士。奈出版界印书奇紧，而旧籍又无由畅开供应，只得缓谢。）续阅《随园诗话》。

午后小休。起后在庭前与漱、彩、曦、芬摄影数帧，均由文修执镜，时昙而不阴，致得也。摄影毕，漱、曦由彩英陪往东四隆福寺人民市场采购什物。少顷，潸儿至。五时后，忽大雨如注，庭中溢水。六时许，润儿乘雨隙归，雨又转甚，又有顷，湜儿、琴珠先后骑车冒雨归。天渐黑，而庭中水溢益广。盖两日前房管处派匠来修地坪时，漫将原下水口圬没，反从化粪池盖另凿三眼，秽气时作，而下水乃涩，今遭此害，只得由茂孙协同同住刘俊义在原下水处冲雨凿穴，竟得原砌铁花小盖，积水始直泻而下。（前匠不但不经心，殆故作狡狯耳。可叹！）但漱等三人仍未归，不免悬悬。七时后，乃见来，淋漓尽致矣。亟属易湿就干，然后同进夜饭。饭后雨止，当然露坐，乃雨点时隐时现，扶掖予再出再入。潸亦乘雨隙回小庄。

十时，洗足就寝。红肿大退，心稍宁。睡至十二时，突为霹雳惊醒，则窗外又雨喧如马腾矣。凡三度大雷。

是日，接合肥滋儿信，知工作顺手，或有调省之望云。

8 月 7 日（六月二十日　庚辰）星期三（28°—20°）

初阴旋晴。

晨六时半起。九时，接汉儿信，因属漱并为复出，并及滋。予乃省却挥汗不鲜矣。仍看《随园诗话》。漱、曦本待元鉴同游颐和园,至十时,元鉴来云,左趾工伤暂休,不能远去而罢。午,刘云来,遂共饭。饭后,刘洁来。予小休,三时起。洁、云偕去。

夜饭后,露坐取凉。九时半,元鉴去。十时,洗足抹身入室就寝,时已微雨。三时起溲,又大雨如注矣。

8 月 8 日 (六月廿一日　辛巳　立秋) 星期四 (27°—20°)

拦朝大雨。

七时起。漱、曦本拟今日由芬孙陪同去颐和园,阻雨而止。湜儿前日下班挨浇,致不适,昨日未上班,今又大雨,又未去上班。予仍阅《随园诗话》。

午后小休。漱、彩、曦俱出购物。三时半,友琴见过,特送夏瞿禅书及其近作《鹧鸪天》为赠。读之欣然,因与友琴长谈。移时漱等归,友琴去。又有顷,澹儿来。

夜饭后,楼世芳送车票来交漱,遂剖瓜享之,遍及全家。立秋啖西瓜,真不负时景矣。为之一笑。八时雨,世芳去,借伞与之。未几,雨止,澹亦去。十时后,予就寝。是夕,起溲三次。

8 月 9 日 (六月廿二日　壬午) 星期五 (30°—20°)

多云间晴。

晨七时起。漱、曦由湜陪同至天安门为摄数景。湜顺道上班,漱、曦乃乘地下铁道西去苹果园,折回前门购物而归,已向午矣。午后小休。是日阅毕《随园诗话》十六卷。曩中师友之说,每忽视小仓山,以为浮薄庸,讵知盛名匪可浪得,必有其实,声亦随之。近展读此书,觉当时文坛消息此为翔实,议论见解亦迥非寻常流辈所可企及。一气读下，竟不能释，虽坊贾牟利，并卷简装，且破句讹字络绎行间，予得随手校误，亦思适之一道，转感得趣耳。

三时后，元鉴、桂本、濬儿俱以送漱故先后来集（濬午前即来）。至七时，设圆桌庭中，与濬、润、湜、琴、修、彩、茂、芬，为漱、曦饯饮，元鉴、桂本作陪。食已，韵启来，托带物与其家，共谈至十时许。濬儿、桂本、元鉴、韵启先后去。是日，彩英忙累倍常，予亦酬答较烦，人去不久即入室，不及洗拭而寝。夜仍起溲两次。

8 月 10 日（六月廿三日　癸未）星期六（30°—20°）

昙转晴。

晨六时起。六时半，楼世芳特来送漱。七时，漱、曦行，润、湜、茂及楼君偕送至车站。八时半，湜、茂归报，已目送车开，润则诣馆上班，并言在站遇濬携熙、熙亦送行，刻已往中山公园云。

九时，圣陶偕其孙兆言（至诚之子）来，谈及近事，有两事可纪者：一、近日中央召集各省市区（择要点派，非全国普招）负责文教宣传之代表若干人在前门饭店开法家著作编选注释会议，前数日方结束。坊选目及具体编撰人尚未揭晓，但知推选冯友兰、高亨、唐长孺、杨宽、杨荣国、赵纪彬六人为顾问，两年内出齐云。儒法斗争甚嚣尘上，莫衷一是，如此举成功必有澄清观点之益。又一前数日其同僚林励儒八十五岁生日，曾邀伊及知友陈此生、王历耕、杨东莼即其寓所茶叙，不具酒饭，叙毕各归。（圣陶八十二，陈、王、杨皆七十五，真五老矣。）踵香山洛下之风而以真率会方式出之耄年，如予者闻之更见兴奋，弥足一记。十一时，圣陶、兆言去。

十二时，予与彩英同饭，兼旬劳扰，今方清宁耳。一时饭已，元锴挈会来自窦店至。盖暑假阻雨延至今方得入城，而七姨已行，可谓缘悭矣。询已在外午饭,乃安顿会来入睡。而予亦例作小休。三时起,楼世芳送券二纸来,明晚七时三刻,工人文化宫演出之杂技票也。谈有顷,辞去。

予与元锴谈学习情况,六时晚饭。饭已,锴及会来归小庄,明日将径归窦店云。锴行后,予移坐庭际,连日蒸热,今得早退,追凉大快。十时乃洗足就寝。夜起溲两次,一十二时,一三时。

8 月 11 日 (六月廿四日　甲申) 星期日 (29°—19°)

晴间多云。

晨七时起。午前接静发复书,知弥同已将带与宪麟之物送到。午后,接潄儿电报,亦早安抵沪寓矣。阅《随园诗话续集》。汉儿托便人带来松花蛋廿枚,及绒衣数事(给刘洁者)。松花性凉,据云有祛暑降压之功,特购以为献也。

午饭后小休。彩英得元锴电话,告径返窦店云。小楼送来杂技票,夜饭后,由琴珠、绪茂母子前往观看。湜、修下午去琉璃井。

予晚饭后拭身,露坐纳凉,坐至十时,湜归乃返室就寝。琴、修、茂之归,予已在卧榻矣。是夕,眠不好,起溲三次。

8 月 12 日 (六月廿五日　乙酉) 星期一 (31°—19°)

晴间多云。

七时起。午前,书复夏瞿禅,谢招游,反赐词。又为彩英写信与家喜。九时半,叔湘见过,闲谈,移时乃行。老友不忘故旧,每多存临,而老惫跬步,需人扶掖,竟莫能一报访,殊以为歉。固不仅于叔湘云然也。

午饭后小休。起看《随园诗话续集》。晚饭后仍露坐延凉,已渐感秋意矣。九时三刻返室就寝。夜仍起溲两次。

8月13日（六月廿六日　丙戌）星期二（31°—20°）

晴间多云。

晨七时起。写信寄汉儿,告便人带来松花蛋及绒裤等已收到。九时,友琴来,闲谈移时,假《旧都文物略》一巨册去。十一时,濬儿携其孙女熙熙来。

午饭后小休。三时起,看《随园续诗话》。濬、熙归去。四时,刘世德来,携交其妇静露代购之《红楼梦》一部及《史记选》二部。顺谈所中近事,移时辞去。予即以书款属伊转还静露。

六时半夜饭。饭后,仍露坐招凉。十时返室洗足,旋就寝。中夜仍起溲三次。

8月14日（六月廿七日　丁亥）星期三（27°—20°）

阴有微雨。

七时起。雨色霏微,近午顯昼,傍晚东屋顶上现彩虹,入夜又雨。不太热而闷湿困人。午饭后小休,起看《随园续诗话》。六时半晚饭。刘洁来,坐至九时去。十时,予就寝。是夕起溲一次。

8月15日（六月廿八日　戊子）星期四（29°—21°）

晴。

七时起。午前,看毕《随园诗话补遗》,撰两跋书之。午前接漱、曦详信。午后接滋儿书,知铿孙曾去合肥。午后小休。是日,湜儿以感冒未上班。琴媳有肝炎征兆,医嘱休假七天再检验,今已在家多日矣。但愿复验无恙,病魔速祛也。

晚七时,韵启来,送票两张,看足球。时已晚餐,乃令茂孙先往,留韵启饭而后行,亦往球场同观云。八时,小援来,取带与芳孙之食物。盖前夕小援来访,言其女儿由原平出差来京,日内即返晋,询有物带与绪芳否。琴媳知芳近因工忙消瘦,遂购咸蛋等食物数事托援姊捎去也。小援回京候分配工作,尚未落局,少坐即去。十时,茂孙自球场归。予亦就寝。是夕,起溲两次。

晚上,高君之子送来汉托带之核桃、蚊帐等。

8 月 16 日 (六月廿九日　己丑) 星期五 (31°—22°)

晴。

七时起。写信复漱、曦。吴慧来谈,先还所借《西汉会要》十二册。吴去,刚写完信,而刚主来,知南游五十馀天,住上海、杭州较久,曾去徽州黄山、屯溪、新安江等处游览,与其外孙偕。前日方返京,特来看我,并以杭州茶、苏州饼为馈。老友情长可感也。适潏儿携熙熙来。湜儿晨上班后医务室仍属归休,于是,得与刚主共饭。饭后,刚主归去。予亦小休。三时起,潏、熙去。今日又感热,只索抹牌打五关为遣。

晚饭后,露坐庭中,竟绝风,至九时半,烦热甚,茂孙贾勇,愿出觅瓜,竟于演乐胡同东口一商店夜市上购得一大西瓜,十六斤,当即剖而食之,遍及合家老小,乃稍得心清。十时半,始入室洗足就寝。夜仍起溲两次。

8 月 17 日 (六月三十日　庚寅　末伏) 星期六 (34°—21°)

晴,热。

六时起。午前,接漱十六号航信,告闻云章夫妇将携同儿媳于十八号乘廿二次车来京。傍晚又得云章十五号信,亦告此事,谓将于十九号到。适值秋暑,悬揣此次旅行,恐难愉快耳。十时许,陈礼生来,知伊新买到新标点本《后汉书》,就询若干事,十一时半去。

午饭后小休,三时起。阅《广雅疏证》。六时半夜饭。饭后露坐无风,手不停扇,至九时乃略有风。十时入室就寝。竟夕未盖被,而起溲两次。

8 月 18 日(七月　辛卯朔)星期日(33°—21°)

多云间晴。热而闷。秋暑逼人,殆甚于炎夏,可畏哉!

六时起。摇扇不能休,强坐阅《广雅疏证》。凝神壹志,转得宁谧。是日,幸无客至,命湜儿为予收好前取出阅览之《丛书集成》三大叠,案头稍清。

六时半夜饭。饭后仍露坐取凉,无风,十时,怅怅入室就卧。睡至二时半,起溲后乃略引毛巾被自覆。

8 月 19 日(七月初二日　壬辰)星期一(31°—21°)

四时起溲,返床复睡。

七时乃起。天气仍多云间晴。阅《广雅疏证》,尽卷七上。午饭后小休。

下午五时,彩英往车站迎候云章等,润儿自版本图书馆,茂孙自家各御骑车往会,至七时归报,廿二次车准点到,伊等在月台上历候旅客走完,竟未接着,只得废然而返。予无奈乃进晚餐。

夜仍露坐未得凉,十时,始入室洗足就寝。竟夕浴汗。起溲两次。

8 月 20 日（七月初三日　癸巳）星期二（31°—22°）

晨五时即醒，六时起，写航信寄上海闻家，告昨日未接着而为之紧张，果否成行？抑别有事故？希即复或电告。此信由湜儿上班时带出付邮。不审客如何也，不免悬悬。九时，彩英出理发，而湜却折回，因今天伊外舅外姑及瞿家皆来晚饭，特请假回来协助文修也。十时半，门外车声喧阗，闻云章夫妇及其儿媳吴琳琳改乘昨日十四次车来京，准时安达也。十馀年不见，皤然老矣。因与长谈。彩英亦归来，乃治馔共进午饭。（深悔早发一信，为孟浪耳。）

饭后，予小休，彩英陪沪来一行出，购得郊区月票三张，并导游中山公园。四时，孝达夫妇来，彩英亦先返，至六时许，瞿振忠夫妇及其子女婿、外孙等先后至，乃在庭中布圆桌，受湜、修之宴。有顷，云章等亦归，知曾在中山公园出门后，乘坐地铁云。遂邀同共饮。惟人多分两批食。纷纭至九时后，孝达夫妇、文杰及瞿氏一家散去，乃得安排宿处，俾云章等三人有所安顿。十一时，予始就卧。仍终宵浴汗。

8 月 21 日（七月初四日　甲午）星期三（33°—21°）

四时起溲。六时即起。晴，热。傍晚至黄昏阵雨。

七时，云章等一行偕文修同出，文修上班，伊等乃往游颐和园。

十时，刘洁、刘云来。伊兄妹二人未来之前，农祥见过，谈亦秀近事，少坐便行。瀋儿携其女孙熙熙至。午与瀋、洁、云、彩等挥汗进餐。餐后小休，三时起。洁、云去，言访元鉴云。

四时后，天渐阴，闷热更甚，惧有雨，五时半，云章一行归。未久，即大雨。湜、润先后雨中下班归。夜饭后，雨益甚，因坐雨闲话。八时许,雨止,濬、熙乃去。予等又露坐共谈。湜向云章等介绍游览要略,云章为予等述海员生活,兼及第二次大战时随船栖迟印度洋、地中海各港口情形,真海外轶闻矣。十时半,返室各就寝。雨后骤凉,又引覆薄棉被。中夜起溲一次。

8月22日（七月初五日　乙未）星期四（28°—19°）

晴。

晨六时起。八时,濬儿来陪云章一行出游。九时半,子臧见过,谈及默存、晓铃诸君近状,不无念之。病躯不任出行,末由往访,徒滋悒悒耳。十一时半乃辞去。

午与彩英共饭。饭后小憩。起看《广雅疏证》。五时后,濬偕云章一行归。上午游天坛,下午游故宫,甚惬云。六时,次园见访,湜儿托其甥王石丁（邓散木门人）刻《畸叟》朱文印已就,伊特送来者,至以为感。谈至近七时辞去。

七时半,与云章夫妇、其媳琳琳及彩英、濬儿共饭。云章买来一大瓜,重廿馀斤,饭后集家人、主客共剖食之,甜甚。八时半,濬儿归去。予等在灯下剧谈,（今晚始未出坐庭中。）史迹游踪交错相映,至十一时乃各就寝。是夕起溲两次。

8月23日（七月初六日　丙申　处暑）星期五（29°—18°）

晴。

七时起。云章一行已于六时出门,往游十三陵。阅《广雅疏证》。午前,濬儿携熙熙来,因共饭。饭后小休。三时起,仍看《广雅》。四时半,濬、熙去。六时,云章一行归,知畅游定陵、长陵,往返俱顺利。且又乘地下铁道全程来回一次云。七时晚饭。饭后仍露坐闲谈,至十时半,始入室就寝。予午后洗足。是夕,十二时及翌晨五时,各起溲一次。连日多啖西瓜,小溲更畅适。

8 月 24 日(七月初七日　丁酉)星期六(30°—18°)

晴。

七时起。云章一行又已于六时出发,赴八达岭游览矣。

午与彩英同饭。饭后小休,竟日看《广雅疏证》。五时,云章一行自长城回,知尚顺利,惟在烈日下排队候车为苦耳。六时,升基、林宜携小朔来。

六时半,与云章等共进晚饭。饭已,潃儿来。七时后,露坐闲谈,九时后,基、宜、潃等先后去。十时半,予等入室就寝。夜起小溲一次。

8 月 25 日(七月初八日　戊戌)星期日(33°—20°)

晴,热。

晨七时起。八时后,彩英陪云章一行至王府井、大栅栏等处采购什物。润、湜、琴、修、茂、芬在家制馄饨,予则披览《广雅疏证》。十二时,予等在家者先食。一时后,出外者始归,遂再具餐。食后,各小休。四时俱起。六时许,有施存康者来访琳琳,取去其戚托琳琳带京之食物。谈次知其人六一年度北大中文系毕业,现在空军部队工作云。其人去,予等乃夜饭。潃儿六时来。饭后,仍露坐闲谈。有顷,闪电,恐有雨,潃儿乃亟归去。十时,果见雨,予等亦入室就寝。然数点洒落即止。十二时起溲。

是日下午,在庭前与云章并坐,摄一影,又集合两家人共摄一影。

8月26日（七月初九日　己亥）星期一（32°—18°）

晴，热。

四时起溲，复返床入睡。七时起。知云章一行又出游卢沟桥矣。

披览《广雅疏证》。午后小休。三时起。少顷，云章一行归。知卢沟桥转陶然亭，并已在全聚德吃过烤鸭矣。惟情况甚倦，因属休憩。

是日，湜儿在家未上班。晚饭后，仍露坐取凉。雷阵作，乃返室听雨，顺洗足，并属琳琳为予量血压，又为200°/80°，大概日间着恼所致耳。十时半就寝。雨不大，而雷电交作，颇厌喧阗。十二时起溲，雷电尚未止也。

8月27日（七月初十日　庚子）星期二（29°—17°）

晴。今日出伏矣，不审酷暑能从此消逝否？

四时半起，返床入睡。七时起。云章一行又已出游矣。闻今日约濬在西郊动物园会晤，或将顺道参观天文馆也。九时，接濬动物园电话，谓即去八大处，须晚饭后乃归云。予仍披阅《广雅疏证》。

午饭后小休。六时晚饭。饭已，云章一行三人返，谓已在西郊餐厅与濬同饭。饭已，濬径归小庄矣。仍露坐闲谈。至九时，不胜其凉，亟返室就寝。十二时及翌晨四时均起小溲。

8月28日（七月十一日　辛丑）星期三（28°—18°）

晴。

七时起。八时半,云章一行出游天安门广场及中山公园。九时后,平伯见过。出示最近与其夫人长环赓和《江南好》词,皆追忆五十年前情事。读之神往,白头伉俪殊令人艳羡也。十时许,平伯去,刚主来,大谈近日得书之快。十一时后亦去。

十二时半,云章一行归来。遂与元鉴、洁、云(亦午前来者)及彩英同饭。饭后小休。鉴、洁、云去。

四时,云章夫人、琳琳及文修先行,往前门肉市北京烤鸭店占座(即全聚德原址新建),盖云章坚欲请予全家也。五时,润儿去车站赁得三轮摩托一辆来,予乃与云章、彩英、润儿乘以赴前门,芬孙另乘车行。茂孙则留家守屋。予等车到,食客已挤满,幸修等已在后厅一角占一圆桌。少坐,潏儿、湜儿先后来集,乃共恣饮啖。七时,食毕,润儿扶予由肉市南出鲜鱼口,北转前门大街,满街灯火,虽扶掖而行,究得领略风光。十一阅月不出门,竟得乘此一看夜景,亦大幸矣。勉行至正阳门汽车站,已惫不能行,乃就道旁石小坐,由润儿等排队赁车。再三商量,终得优先得车,予与云章夫妇及潏儿、芬孙同载驰归,已八时三刻。九时后,润、湜、修、彩、琳亦到家,共庆安全云。有顷,潏儿去。予等稍谈亦各就寝。寝前,拭身、洗足,上床尚适,究因骤多走路,及不免多啖,至十二时犹未入睡。幸起溲两次即平,居然朦胧入睡。

8 月 29 日(七月十二日　壬寅)星期四(30°—19°)

晴。

晨七时起。云章一行重游颐和园。九时,彩英出购物,有顷,潏儿携熙熙来。十一时,彩英归。十二时半午饭。饭已,潏、熙即返小庄,以其同学李针南来京,须往照料也。予小休。云章等三时即返。六时半,与云章一行及彩英共进夜饭。饭后,仍露坐闲谈。十时返室,各就寝。仍起溲两次。

8 月 30 日（七月十三日　癸卯）星期五（29°—17°）

阴凉,偶有雨。

晨七时起。云章等在家休息,明晨即首途南归矣,（昨日下午琳琳去售票处买得卅一日廿一次车票三张。）因与之长谈。午后,予小休,云章等再游故宫,补拍照片。

是夕,治具为云章等饯行,就北屋设圆桌集家人共为饮宴。（澐未到,上午昌预电话告知不来。）润、琴、湜、修、茂、芬及彩英,畅叙绝无拘牵客气,至为愉快,与初虑所及大相径庭,亦殊足相慰矣。共谈至十时半,乃各就寝。予仍起溲两次。

元孙有讯将出差来京、津,而无确信,今接其厂中与伊书,人却未到,颇念之。

8 月 31 日（七月十四日　甲辰）星期六（28°—15°）

阴,骤凉。午后转晴,又增闷热。

六时半起。草草早餐已,与云章话别。七时十分,润、湜送云章一行至车站,乃各上班。意者元孙滞太原有日,今或在站相值乎？讵知竟未见来,殊切念也。

午后小休。起看《广雅疏证》。六时半晚餐。餐后,仍露坐至十时,入室洗足就寝。元孙仍未见来。是夕,为之不安。起溲两次。

是日下午,农祥来告,病人用手摇推动车,八面槽有售,价三百七十元云。

9 月 1 日（七月十五日　乙巳）星期日（27°—15°）

晴。

六时起。八时，元孙负笈闯然来。询悉奉厂方嘱托，仍向京、津采购材料，上月廿六号即离原平，沿途在忻县、太原、阳泉耽阁，今方自阳泉附火车到京耳。连日结念为之一舒。带到清儿信。接汉儿卅号信。又接平伯信，录示《己亥岁初至扬州》诗，并及其时在招待所与予及圣陶联句。尔时予初任第三届全国政治协商会议委员，参加分组视察。予遗忘已久，今得提示，爰钞存于此：

　　勤业无游惰，扬州夜市新。（平伯）

　　繁华殊本质，振奋动人民。（圣陶）

　　夙愿今兹遂，相偕意气真。（平伯）

　　励精期共勖，乐赞太平春。（伯祥）

午后小休，起后披阅《广雅疏证》。傍晚扶杖诣南屋视元孙卧处。因就饮润房。夜饭后，露坐取凉，十时入室就寝。仍起溲两次。

下午晴天雷雨，颇奇。

9 月 2 日（七月十六日　丙午）星期一（28°—18°）

晴，热。

晨六时半〈起〉。八时半，写信复汉儿。午后小休。午前友琴来谈，知学部将有改组办法，究竟如何，尚待揭晓。总之，因循敷衍必致崩裂，非有更张似无振作之望耳。临行假去《校注梦溪笔谈》两册、《吴昌硕画册》一巨册。下午写信，分复清、漱两儿。并为彩英复其女伟芳。馀时都披览《广雅疏证》。六时半晚饭。饭后，仍露坐取凉,十时始入室就寝。十二时起溲。

9月3日(七月十七日　丁未)星期二(30°—17°)

晴,热。

晨六时起。喘咳甚,彩英为调灵芝糖浆饮之,始渐平。是日,还热,日中及傍晚尤燠闷,不能停扇,南中有"火烧七月半"之谚,不图中元之后,此间亦秋暑如焚也。阅毕《广雅疏证》,接阅郝兰皋《尔雅义疏》。温故知新,其乐无穷,暮年送老,赖有此耳。午饭后小休未贴,不久即起。夜饭后,露坐至十时,始入室就卧。夜深起溲后,始引薄被自覆。

9月4日(七月十八日　戊申)星期三(30°—18°)

晴。

六时半起。元孙出差去天津,予起已行。阅《尔雅义疏》。九时许,圣陶偕其孙兆言来,谈至近十一时去。携还予前所假《二百年历表》,盖假去检查生日(阳历阴历对照)者。

午后小休。起后仍阅《尔雅义疏》。是午,彩英自制生煎包子,元鉴适来,因得共啖。下午,元鉴往取物(汉托人带来),送交予后,即去。六时半晚饭煮面代。是日,竟未粒食。七时,露坐纳凉,稍有风。至九时三刻,入室洗足就寝。中宵起溲两次。

元鉴云潘姨母前日蹉跌伤腕,爰命茂孙往省之,归报尚无大损,惟操作不便耳。

9月5日(七月十九日　己酉)星期四(28°—18°)

阴,时有小雨。

晨六时半起。午间昼晦,俄而大雨,寻转霹霖,黄昏又大雨,竟示秋霖厌人矣。今年天气真太不正常也。

午后小休。起检积存友好来翰,粘存于别册,俾免散失。但一着手,便不能自休,抵暮仅粘十之一二耳。神疲力悴,殆不能继,遂罢。摊牌打五关,以调节之。

晚饭后,雨不止,乃展读《尔雅义疏》。是日,湜、修竟日未见归,急雨,心颇念之。又缘元孙去津,更不知作何状,益䌷怀也。坐至十时就寝。寝后半小时,湜、修始返,谓在琉璃井外家滞迹耳。夜起溲二次。

9 月 6 日 (七月二十日　庚戌) 星期五 (27°—16°)

多云转晴。

晨六时半起。粘贴友朋信翰,仍以数起相视致累,少许即止。看《尔雅义疏》。小援来,告有消息说将分配工作于邮局,少坐便行。予亦乐其有工作岗位也。接上海玲玲信,告云章一行安抵沪。并附来国强、玲玲、小隽合影。国强小时曾见之,今得照片始谛审,甚似其祖母,设无此照,致睹面亦不能相识矣。

午后小休。彩英乘琴珠在家休息,诣市采购食物。三时,予起。有顷,彩英亦归。予又捡拾朋翰粘之,不多时,即以忩止。六时半晚饭。饭后,仍露坐取凉。今晚稍有风,九时半即返室就寝。起溲一次。

9 月 7 日 (七月廿一日　辛亥) 星期六 (29°—15°)

晴,又转热。

六时半起。竟日检粘朋翰,颇感烦,然事已入手,无可中止也。

午后小休。三时许,泗原来访,又两月不见矣。承注念见过,殊感。长谈至五时,次园来,共谈。有顷,泗原先行。次园则俟湜儿下班归来,晤,托购书,然后去。

　　六时三刻晚餐。餐后,仍露坐招凉。八时许,元孙自天津归,知所洽购用材尚得手云。十时许,入室洗足就寝。夜起溲两次。

9月8日(七月廿二日　壬子　白露)星期日(30°—16°)

　　晴。仍感闷热,不图秋老虎如此其逞虐也。

　　晨七时起。上午九时三刻,韵启来,予与之晤接,而湜儿为予清理积件,并修补画轴,久不见面之石刻毛西河、朱竹垞画像轴(石刻有汤雨生题三绝,并录纪晓岚题七绝一首。)乃得重悬斋壁。

　　午留韵启共饭。饭后,予小休,伊看书。二时,予起。彩英出购物。刘洁来。四时,韵启去。六时半,与彩英、刘洁同饭。饭后露坐闲谈。大璐之婿吴振华来,因知矿院近况,伊已暂由华莹山返京,将调赴石家庄井陉矿区授课云。九时三刻,振华、刘洁先后辞去。予亦入室就寝。宵来仍起溲两次。

9月9日(七月廿三日　癸丑)星期一(26°—15°)

　　晴,热犹昨,入晚稍凉。

　　晨六时起。早餐后拂拭残册,检点朋翰,随手粘集。不三数通后,忽见亡友西谛在布[格]拉〈格〉讲学时所贻札,披阅未终,手颤心荡,遂辍作。盖不徒不遗在远海天万里之外,拳拳之相忆,而情文交挚,真有不忍卒读之感耳。且俟心绪稍宁时再赓为之。午后小休。起后读《尔雅义疏》。

夜饭后,仍露坐取凉。九时半,入室就寝。十一时起溲。三时许又起溲,嗽作气涌,倚枕不能平。彩英闻之惊起,亟调灵芝糖浆饮,予始稍稍平,良久,竟入睡。

写信复闻云章,并为彩英作书问为民。

是日接宗锟复函,知七号已请假偕汉游桂林。

9 月 10 日(七月廿四日　甲寅)星期二(28°—17°)

晴。

晨七时乃起。元孙又往天津公干,五时半即行矣。九时半,葛志成来访,多年未见,询其年正六十,双鬓皤然矣。谈至十一时辞去。

午后小休,起后多云返湿,殊厌此还潮气氛也。摊《尔雅义疏》,纵观之,稍得宁谧。

六时半,夜饭。饭罢,元孙同厂女干部及其夫婿(经济所成员,曾来访过,竟遗忘其姓名,不便更为问询,只得存之。)来访元孙。盖新从原平请假来探亲,顺为访问也。予为接谈良久,八时乃去。去后,予与彩英接龙为戏。天暑久辍,今偶为之,亦感新鲜耳。湜、修夜出访友,十二时始归。予已久就寝矣。夜起小溲两次。

9 月 11 日(七月廿五日　乙卯)星期三(27°—18°)

多云。

晨七时起。十时许,袁行云来访,出所藏顾千里《思适斋集》,及苏舆《春秋繁露义证》相示。苏书虽晚刻(宣统二年)而已稀见,今因研究儒法斗争乃搜索得之,故特矜持耳。谈至十一时许,去。

午后小休,三时,农祥来访,谈移时去。彩英三时出购物,六时始归,仍无所果望,想见近日物资之紧矣。

是日,接漱儿、滋儿来信。七时晚饭。饭后仍出坐庭前,稍延凉飔。九时入室,少顷便寝。十一时起溲。

9 月 12 日(七月廿六日　丙辰)星期四(28°—18°)

晴。

七时起,知元孙已于昨晚十时自津返。予竟未之闻,足见甫就枕时之酣睡也。因询其前晚来访之友,乃知此一夫妇为朱家桢、李清仪云。竟日阅《尔雅义疏》。

午后小休。写信复滋儿,午后由茂孙带出投邮。四时,命元孙往小庄省问潘儿,顺将漱、滋两信带与阅看。未饭即归。谓大姑姑肘伤已大好,迎迎、熙熙正绕膝承欢也。

七时夜饭。饭后,仍露,偶有细雨,即飘过,但气已稍凉。九时半入室,洗足就寝。湿气又大作,趾间滋水颇多,不得已嵌棉絮入衾。是夕起溲两次。

9 月 13 日(七月廿七日　丁巳)星期五(23°—14°)

拂晓濛雨。

七时起。阴翳闷人。午前后雨,向晚多云间晴。竟日阅《尔雅义疏》,虽精刻,亦颇见讹字,不免旁翻他籍别本以订之。午后小休。彩英出购物。潘儿四时三刻来,右肘已见好,故憋不住出来走走也。夜饭而后去。

十时就寝,又加被矣。十二时起溲。

9 月 14 日（七月廿八日　戊申）**星期六**（25°—11°）

晴。

六时起溲，即着衣就坐看《义疏》。早餐后，照镜修剪髭须。八时三刻，友琴上班之便，过我还书（《吴昌硕画集》），未坐即行。予仍展阅《尔雅义疏》。午后小休，元鉴三时半来，晚饭后八时半去。九时觉凉，即就卧。感衾寒矣。气候忽变有如此，真难伺候也。说不定畅晴之后又反覆作热耳。十二时起溲。

9 月 15 日（七月廿九日　己未）**星期日**（25°—11°）

晴。四时起溲，仍返衾。

七时起。初御棉毛裤，并添绒衣夹袄。昨日湜儿访启元白，携回所著《诗文声律初稿》，当善读之。

午后小休。彩英先得昌硕电话，知伊等将来晚饭，乃亟出购办菜肴。四时半，桂本先来。薄暮濬儿率昌预、迎迎翩然至。六时半开饭，北屋已挤满一桌。而韵启突至，即添箸介坐。有顷，小文至，只得由润儿招饭于南屋。饭毕，集中北屋杂谈。小文言最多，热闹至九时半，韵启、小文、濬儿、桂本、昌预、迎迎皆去。

元孙以公事两次挂长途电话至原平汽车配件厂，俱无人接，只得作罢，时已十一时矣，乃各就寝。是日，被褥衾枕俱经晾晒，顿感松软，当好睡，然仍起溲两次也。

日间虽烦乱，而《尔雅义疏》仍乘隙浏览之。

9 月 16 日（八月　庚申朔）**星期一**（27°—9°）

晴。

晨六时半起。午后小休。竟日看《尔雅义疏》。六时半晚饭。十时就寝。起溲两次。

今日无客至，而晚饭后次园来访湜儿。湜、修适在琉璃井外家，予接谈良久。承为湜假来邓散木遗著《篆刻学》上下卷稿本，合一册。毕生心血所萃，而未得刊行，亦憾事也。及其去，予通翻一过，翌晨即授湜。

9 月 17 日（八月初二日　辛酉）星期二（22°—6°）

晴。

晨六时起。八时三刻，圣陶偕其孙兆言来谈，至十时去。予即以前假两书还之，而留览其携来之《现代汉语词典》。（此书试行本，正被批判，故须一阅究竟如何耳。）十时半，礼生来，问严复《解韩》一文，予为假周振甫选注本与之，俾自求之。予实不暇以为也。近午辞去。予乃午餐。午后小憩。彩英偕元孙往正阳门外购物。五时一刻，元鉴来。六时后，彩、元归。

晚饭毕，关同志来访湜儿，以荐与谢家故，馈哈密瓜为酬。事成与否，尚未定，以此为先，可愧亦可厌也。（关本在颉刚家，因病被辞，来托荐，爰属湜荐与刚主。）是诚所谓瓜葛矣。关去。元鉴偕元孙往访升基、林宜。予因与彩英接龙为戏。十时就寝。起溲两次。

9 月 18 日（八月初三日　壬戌）星期三（25°—8°）

晴。

晨六时半起。元孙早出，与元鉴期游颐和园。竟日无客来，乃得展读《尔雅义疏》。午后小憩。夜饭后，接龙为娱。十时，洗足易衷衣就寝。起溲两次。

9 月 19 日 (八月初四日　癸亥) 星期四 (26°—10°)

晴。

晨七时起。续粘朋翰十馀通,以哈腰上下裁度费力,即止。仍展读《尔雅义疏》。午后小休。四时,接滋儿十七号复信,知予十二号去信并润寄《北大学报》俱收到,正将出发组稿,而职位仍未定局,殊为焦急云。六时半夜饭。饭后闷坐。十时就寝。起溲两次。

9 月 20 日 (八月初五日　甲子) 星期五 (24°—10°)

晴间多云。

晨六时三刻起。九时,濬儿来。予看《尔雅义疏》。午后小休。起后仍续展之。濬儿同午晚两餐。晚餐后,与濬、彩接龙。八时半,濬返小庄。十时就寝。起溲两次。

是日,接清儿、云章各一信,均附照片。又接苏州幽若信,告近况甚苦。

9 月 21 日 (八月初六日　乙丑) 星期六 (26°—12°)

多云转晴。

晨六时半起。九时,平伯见过。出示伉俪合写其先公阶青先生集外诗两种,凡三十八篇。家学足征,而晚年伉俪优闲多福,尤深健羡。方快谈间,于维洛君至,知心脏病发,曾抢救住院,近始出院。今又以不能下食别求中医诊治,归途感累,过予稍憩。并出药裹相示。予不胜同情,劝其毋用功,毋多动,务善休养乃可。坐移时先去。平伯则续谈至十一时乃行。

接汉儿十八晚写,十九号寄之信,知已饱游桂林、长沙,安返咸宁。并先附岳阳楼下一照来,桂游各照俟寄到再转寄云。午与润、湜同餐。开旧储特曲尝之,颇苦烈。

午后小休。三时起。彩英诣市购菜果。予仍展读《尔雅义疏》。四时半,振甫来谈。五时,升基、林宜携小朔至。有顷,振甫去。家人杂作包饺子为餐焉。九时许,基、宜、朔归去。十时就寝。天又燥热,揭去罩被。中夜起溲后,又感凉,复引加焉。

9 月 22 日 (八月初七日　丙寅) 星期日 (26°—10°)

阴,闷燠。

晨六时半,梦扰而醒,七时起,甚不适。昨取牛乳未加热,今竟败不可食,天时之不正,影响大矣哉。午后小休。起后,看《尔雅义疏》,及整理案头积书。晚饭后打五关为遣。十时,拭身洗足易衷衣就寝。是夕,居然未起溲。

9 月 23 日 (八月初八日　丁卯　秋分) 星期一 (22°—5°)

晴。

晨六时半起。八时后,为云章题照片三帧,并作书报之,附去此件。又作书寄漱儿,复告近况,并附去幽若信,属划十元与之。在题云章寄来照片中,有可以说明两家之交往者,录存其二。

其一云:"吾与君结异姓昆弟(君为吾母附行子),历半世纪,只以操术殊途,(君业航海回翔国外四十年,吾乃从事教学与撰述,坐冷板凳到于今。)遂致会面时稀。一别往往十馀年,甚且音讯契阔,若不相问闻者。近岁君退休居沪,乃得从容出游。今秋君伉俪偕其令媳玲玲翩然北来,揽胜首都,顾吾于京寓,作十日留,抵掌倾谈,至为快慰,临别,吾两人留影空庭,俾两家后昆各知渊源,有自云尔。

又其一云:"一九七四年八月,云章携眷北来,留影于小雅宝寓庐。云章中坐,予坐其右,其左则其夫人也。立于予身后者,为予侄女彩英,其左为予长媳琴珠,又其左为予幼孙女绪芬,又其左为予三媳文修。超然特立于文修之左者云章之媳玲玲也。最后中立者为予长子润华,立其左者为予三子湜华,润华之右则予之长孙绪茂也。又其一为云章夫妇与润、湜合影,从略。"

午前,彩英往西郊采买月饼,独元孙留待,忽得翠英车站电话,谓即将携小红登车赴南京宁亲,嘱元孙立往一会云云。元孙骑车去,予适后急,不得不据桶下泄,紧张之极,幸元孙即归,而炊饭已焦矣。有顷,润儿、茂孙先后归,乃同饭于北屋。饭已,彩英始归。午后小休,起后读《尔疋义疏》。六时半晚饭。饭后打五关为戏,藉资调节。九时三刻就寝。

9 月 24 日(八月初九日　戊辰)星期二(27°—8°)

晴。

侵晨五时起溲,嗽忽加剧,气逆痰涌,彩英闻之,调灵芝糖浆饮,予气虽略平,而终不能平卧,遂着衣起。安坐案头,久之乃渐宁。读《尔雅义疏》。上午升埼、丽华说要来,久伫不至。

午后小休,三时起。元鉴来。元孙则赴和平里王大鹏家晚饭。薄暮,埼、丽及小辉乃来,因共夜饭。饭后闲谈。茂孙本定明晨偕同学三人骑车去延庆游眺,并顺便调查下放知识青年状况,以路险道远,且途中不靖而止。谈至近十时,升埼等三人及元鉴辞归。予就寝。十一时后,元孙始归。予已悬盼久矣。是夕起溲一次。

9月25日(八月初十日　己巳)星期三(27°—10°)

晴。

晨六时起,已感气促,幸起坐乃免。早餐后看《尔疋义疏》。午后小休。二时,润儿率彩英、元孙同往先晓胡同(原名贤孝牌)煤店(现称煤气供应站)购取最近配给之煤气灶,用平板车蹬回。每一户口占一副,故予仍与湜房合用,计铁灶架并附件及原筒液体煤气等全套,缴价廿四元另五分。运归后,均安置在厨房,腾挪措设,顺为大扫除。彩英擦窗扫地,元孙清理杂储破烂,皆出力异常。抵暮始竣事,然后沐浴进晚餐。今后烦事大改革,当能节省无谓劳力耳,亦佳事也。

刘洁傍晚来,送予频婆果三斤。盖甫自温泉农场购来者,倍见新鲜,堪与前日瀋儿送予之佛手柑并供时赏也。夜饭后,刘洁以尚须送与元鉴者送去,遂行。

予与彩英接龙两局,九时三刻就寝。十二时起溲。

9月26日(八月十一日　庚午)星期四(24°—12°)

阴有小雨。晚晴。

晨五时起溲,六时半亟起披衣,俾气逆不作。仍展读《尔雅义疏》。十时三刻,学部及文学所军宣代表来慰问,并致果饵节物。延坐少谈便行。学部代表为一胖子,询其姓旋忘。文学所代表较瘦,询为李姓,临行谓如有困难,可电话告之云。虽套语,亦深感关切矣。

午后小休。六时半晚饭。饭后默坐。十时就寝。一时起溲。

9 月 27 日（八月十二日　辛未）星期五（25°—11°）

晴。晨有轻雾。

五时起溲，复寝。六时半起。九时，圣陶偕其孙兆言来访，谈至十时去。潗儿来。彩英偕湜、修往东四工人俱乐部看电影新摄宽银幕《南征北战》。接元镇廿五号长治信，报近状。仍阅《尔雅义疏》。圣陶等离吾家后不久，刚主来。谈次，介泉至，因共谈食经。老去多馋，言之不觉津津矣。十一时半，刚主先去。予即以《通艺录》首六册还之（日前湜儿借归者）。介泉则过午乃行。留之同饭不肯，予乃与元孙共饭。潗儿则以看电影，在南屋先饭而行矣。饭已久之，彩英始归饭。知湜、修分别上班去，故独返耳。

午后小休。三时起。阴云四罩，雷声殷殷，未几，晦翳下雨，忽放晴，而檐溜下注，虽盛夏未之见。移时雨止，天向晚矣。今年天气真奇特哉。

予往昔偶有所作，向不留稿，即自谓可存亦仅录于日记中。今觉年光日逝，已作亦不可太轻视，爰用追录年来杂文载入别册，匪云片羽足存，亦聊便检寻耳。

夜饭后，与彩英接龙两局。十时就寝。一时起溲。

9 月 28 日（八月十三日　壬申）星期六

晴爽。

晨六时起。九时半，友琴见过，谈移时去。近午，世德见过，为予送十月工资来，极感。彩英上午诣市排队，居然买到冰冻熟虾仁（上海货）一袋、湖蟹九枚，其他节物亦有。午即煮蟹佐饮，呼元孙予以一枚。予啖两枚，皆彩英为予剥剔，乃受享，馀俱由彩英费半日之力挑取蟹肉熬油贮用,以是特高兴。

午后未休,为平伯伉俪合写之《小竹里馆集外诗》(其先人阶青先生遗作)作跋。又作书与陈次园,却书屏条与启元白论所撰《诗文声律论》。(两信并残纸,书稿将交湜儿分别送还。)今所用书跋及函之笔,昨甫由湜儿在东四旧文华文具店买来,乃圣陶介绍北京制笔厂之堆云。(似狼毫而不纯,价乃在一元以上。)讵仅写次园一信,己毫散不复中用,仍乞灵于善琏厂之笋尖式,方得集事。然则,湖笔之名尚可存,馀真等诸自郐耳,亦可叹也。

六时半晚饭。饭后,灯下看《尔雅义疏》。十时,洗足就寝。两足将趾之侧胼重作痛(俗所谓鸡眼),乃泡软以手剥之,良久始脱,如小豆大,剥时颇苦楚,及剥除竟大快。可见,苦乐无定,随境转变,殊不足怪。十一时半及二时皆起溲。

9 月 29 日(八月十四日　癸酉)星期日(25°—10°)

晴。

晨七时起。儿、孙均照常上班、上学,以明日为中秋,后日十一国庆,有两天例假,因于星期例假提补上班,乃得于明日起连假三天耳。展读《尔雅义疏》。十时,潜儿携其孙女熙熙来。十二时,元锴携其子雅来,自窦店至。因共午饭。

饭后,略休即起。彩英往朝外工人俱乐部看电影。四时,潜、熙返小庄。予与元锴长谈。彩英七时归,予等乃得晚餐。餐后,锴父子返小庄。

湜儿下班携得启元白所临董香光草书《琵琶行》长卷一大束归。视其款盖为予属临者,如此稀有之件,固宜欣然,而予心有戚戚焉。无艺干求,累人清袖如此,予却未之前知,将何以为报乎?

湜儿好事而罔知轻重，若不自戢，必将取憎于人也。奈何！十时就寝。中宵起溲一次。

9 月 30 日（八月十五日　甲戌　中秋节）星期一（18°—9°）

阴雨。

晨六时起。以喘逆故，彩英为调灵芝糖浆饮，予久久始宁。早餐后，撰《清仪阁杂录》跋，并编次年前所录各件之目，颜之曰《遣兴丛钞》，盖从其实也。

午后小休。起后仍阅《尔雅义疏》。夜在北屋设圆桌召集润儿、琴媳、湜儿、修媳，芳、茂、芬三孙与予及彩英同餐，藉庆中秋，所惜阴翳无月，终为缺典耳。十时就寝。十一时后，月乃朗照，予已在衾中矣。足征天时亦犹世态，固无可怪也。一时半起溲。

10 月 1 日（八月十六日　乙亥）星期二（21°—10°）

多云间晴。夜月甚皎。

晨七时起。今日为中华人民共和国成立二十五周年国庆。在京诸亲属先后来集。升基、林宜、小朔最先至。继则潘儿、昌硕、中英、熙熙、元锴、会来、刘洁、升埠、丽华、小辉、桂本、昌预、迎迎齐来。午乃聚饮。润儿一房仍归南屋自理，湜、修则一早即往琉璃井。午餐时，除四孩别具吃局外，圆桌挤满十二人。越一时许始罢。三时后，潘等各家均以晚间国庆路塞为虑，陆续引归。四时半，俱行矣。予乃由元孙扶持，润儿、彩英扈从，漫步自禄米仓出南小街，在副食品商店驻足闲眺，则橱窗琳琅满目，节物甚夥。北侧肉柜排队人尤多，予不堪久立，即扶掖走归，已感极累矣。然而活动是好事，自谓不差也。坐甫定，黎和平偕其女弟一青来访元孙，皆景山同学也。和平在北大学物理已两年,一青在宝鸡市,参军亦已四年,从事医务工作。姊妹偕来,元孙亦欣为接谈也。坐谈移时去。

　　夜与润等在北屋同饭。饭后,闻施放焰火声。润儿坚欲予出观,乃扶掖出,即在羊圈胡同口(即我家邻屋外东侧)北望,正值工人体育馆放送,炮声连连,五采缤纷,邻儿妇子嘻嘻聒耳。盖停止此举已三年,今始复行,民乃忘疲矣。(知天坛、紫竹院、中关村等同时行。)立半时,即扶归,已喘息难宁矣。是日,升基为升埌分喜糖。盖亦中秋结婚,明日循垍例发电报贺之。

　　十时就寝。寝后,湜、修始归。芬孙出当国庆标兵,在天安门站立至十一时乃散归,予竟未之闻也。一时半起溲。月色犹溶溶焉。

10 月 2 日 (八月十七日　丙子) 星期三 (20°—8°)

　　晴。

　　晨六时起。上午看《尔雅义疏》。午后小休。三时,元鉴偕碧华来。有顷,大璐挈其子小昕来,因共夜饭。饭后,碧华先行,去观节日演出。八时许,璐、昕去。近十时元鉴乃行。十时,予就寝。

　　孝达夫人薄暮来就湜、修饭。饭后,三人同出访旧,比湜、修归,予已在床矣。夜起溲一次。

10 月 3 日 (八月十八日　丁丑) 星期四 (21°—10°)

　　晴。

　　七时起。午后小休。起后,小文来,谈至五时去。夜十时就寝。起溲两次。

　　是日,为《小竹里馆集外诗》再书跋文,并为童碧华题词于予所赠与之手册,且检架存《史记选》贻之。馀时仍读《尔雅义疏》。

10 月 4 日 (八月十九日　戊寅) 星期五 (22°—10°)

　　晴。

　　晨六时起。续读《尔雅义疏》。午后小休。惠来又突患肺炎,今晨送入朝阳医院,赖桂本之力,始得收容。元锴十一时半来告,见其焦急万状,予宽慰再三,酌酒劳之。

　　午后三时,锴往医院视惠来,谓明晨将赶回房山,料理一切再来京管惠来。(傍晚来电话谓问题不大。)晚饭后,七时半,彩英偕元孙出观电影于西长安街首都电影院(八时四十分开始)。予九时半即寝。伊等归,予已入睡矣。

　　是日写信两通,一复汉儿寄棉花票去,嘱为购置絮胎。一复漱儿,告代买诸物须觅便始可捎去。是夕起溲两次。

10 月 5 日 (八月二十日　己卯) 星期六 (24°—11°)

　　晴。

　　七时起。看《尔雅义疏》。午后小休。彩英出购物,并顺缴房租、电话、电灯各费。四时后,潏儿来,带到上海捎来之月饼,盖伊写信与漱托买,而交由陈丹秋携京者也。入夜,彩英始归。乃与潏共进晚餐。是日,过录所撰书跋多篇于《庋架偶识》。八时半,潏归去。十时,予就寝。起溲两次。

10 月 6 日 (八月廿一日　庚辰) 星期日 (25°—10°)

　　晴。

七时起。九时,元锴来,知昨已遣返房山后回小庄。惠来已见好,惟胃纳欠佳耳。午刻,在南屋与润、琴、彩英、芳、芬两孙及锴孙同饭。茂孙今早又偕同学往勾勾崖访胜矣。是日,读毕《尔雅义疏》。

午后小休,三时起。锴孙往视惠来,顺返小庄,将晤元鉴及碧华,因将持赠碧华之书册属其带交。彩英出购物。韵启来。傍晚,彩英归,乃治饭共进,并以酒酌韵启。饭后,与韵启及润儿闲谈。九时半,韵启辞去。十时,予就寝。是夕起溲两次。

10 月 7 日 (八月廿二日　辛巳) 星期一 (21°—8°)

晴。

七时起。碧华偕元锴来谢,坐有顷,约同元孙同出,三人往游八大处,兼省福田公墓云。发箧取丁仲祜所编《说文解字诂林》读之。久镉不看实对不起此书,将好好看之。勉为"读已见书"之真,学人不能效高唱"读未见书"之伪君子过此一生也。

午后小休。六时即望元锴等回,至七时未见归,只得先饭。饭已,乃见伊等三人归,知饱游竟日,往来俱由地下铁道,在福田寻求珏人墓碣则未能得耳。乃为三人再具餐。餐后,闲谈至九时半始罢。锴、碧各归。十时,予就寝。十二时起溲。

10 月 8 日 (八月廿三日　壬午) 星期二 (22°—5°)

多云转晴,西北风紧。

六时起溲,又大咳,乃亟穿衣起,并调灵芝糖浆饮之,良久始渐平。九时,圣陶偕其孙兆言来访。十时半去。元锴来,潜儿挈熙熙来。午饭后小休,三时起。元锴已去医院看会来。(看后径返小庄。)四时半,潏、熙归去。六时半夜饭。

竟日阅《说文解字诂林》前编萃群书之序跋,真如入琳宫而登宝山,快哉! 十时就寝,又加被焉。是日,为碧华作书介见漱儿(函交元锴转去)。

10 月 9 日(八月廿四日　癸未　寒露)星期三(20°—5°)

晴,有风。秋深矣。

五时起溲,感冷,加咳,亟调饮灵芝糖浆,再睡至七时,乃披衣起。又添衣并易御绒裤。十时,元锴来共饭。饭后小休,起后阅《诂林》前编。元锴接桂本电话,知会来痊愈,可出院矣。锴拟明日往接之。五时,元锴偕元孙去元鉴家。六时晚饭。饭后,湜、修、彩英偕出看电影于公安部礼堂。十时乃归。予俟伊等归,乃就寝。起溲一次。

10 月 10 日(八月廿五日　甲申)星期四(20°—5°)

晴。

六时起。九时,于维洛来问事,逾时去。十一时,潏儿挈熙熙来,因同饭。饭后,潏、熙即去。予小休。彩英又出购物。予未几即起,展阅《诂林》前编外,为维洛书字留与之,应其请也。薄暮,彩英始归。七时夜饭。

接扬州顾伟成信,知其妇姜继任将出差沈阳,归途拟在北京略事游览云。

十时就寝。二时起溲。

10 月 11 日(八月廿六日　乙酉)星期五(21°—2°)

晴。

晨六时起。早餐后,写信复伟成,欢迎继任。又写信至漱儿、敦婿、汉儿及为民,分别属事。

颉刚伉俪见过,谈至十一时去。颉刚最近又住医院,予却以老去谈语譬慰之,未必中其夫人之意也。然而,自谓直道而行,非有所怍耳。

是晨六时,元孙即出差赴天津,将奔走于武清、杨村等处,照料提货发货,宜有数日耽阁。伊虽能干,而予总以其稚弱而惠之,亦只得任其经受锻炼耳。明日,茂孙亦将偕同学七八人徒步往东北顺义、密云等地参观调查,最远当至遵化,为期一个月,此一役殆将什百于以前几年所谓拉练者之艰苦也。时代使然,奈之何哉!

竟日看《诂林》前编。午后小休。夜饭后与湜儿、彩英接龙数局,十时始就寝。三时起溲。

10 月 12 日(八月廿七日　丙戌)星期六(21°—4°)

晴。

六时半起。七时半,茂孙之同学程生偕其父程君来访,谓与润儿同事,出版总署旧人也。谈次知为歙人汪孟邹之高足,绩溪程氏,现尚在文化部干校,近以家中乏人,尚有八十二老母在堂,故乞假归来,今值少子远行,躬送过予家云,相与嗟叹。九时,茂孙及程生负囊出发,渠亦顺返径归矣。予仍看《诂林》前编。

午后小休。三时起,仍续展前书,大约老朽只能为旧书所吸引耳。四时半,彩英往车站接翠英,以昨日元锴电话知之。彩行未久，元锴踵至，稍延亦即往车站。讵知车行误点，比彩英还已七时半。据云，车甚挤，而不许接客者入站台，颇窘。携回长江蟹一蒲包，而锴、翠、红则径返小庄，明日将来看予云。少停，同饭。

十时就寝。颇念芳、茂两孙，今晚究宿何所，殊难入寐。三时半起溲。

10 月 13 日（八月廿八日　丁亥）星期日（20°—2°）

晴。

晨七时起。十时后，锴、翠夫妇及元鉴挈小红、会来来。彩英为缚蟹治馔以款之。午饮时，遍及在家各人（除芳、茂出行外），下午一时方罢。予未午睡，看《诂林》前编。锴一家四人先返小庄。未几，鉴亦归去。彩英剔蟹肉备用，至三时半，偕琴媳往大华看电影。近七时乃还。始同晚饭。据告，所看电影为成昆铁路通车，自开山筑基，以逮通车。在在动人，惊其伟大。予因思我国建设之绩诚能副一日廿年之预言，而敷设铁路尤足忭庆。继成昆通车之后，今秋浙黔铁路又以全线通车。闻东起株洲与京广线接，西达贵阳连通成渝。自此，血脉灌注，全国之周转益便。老朽如予犹跃然兴奋，后生有为之士宜其更奋更欣矣。

晚八时后，彩英继剔蟹肉膏黄杂糇，所谓蟹粉也。刀剪手抉，至为麻烦，至十一时半乃克竣事。口腹亦真累人也。予俟其终事乃就寝。贴枕后，仍注念两孙不置，久之乃入睡。二时半起溲。

10 月 14 日（八月廿九日　戊子）星期一（18°—0°）

阴转多云间晴，午后畅晴。

七时起。看《诂林》前编，并闲翻丁氏另编之《说文钥》。饭后小休。三时半小关来，谓在谢家甚好，一月有两天休息，今直休息，特来省予，并谢湜介绍之雅云。少坐辞去。

夜饭后。刘俊义访予，欲予为讲解刘子玄《史通·疑古》、《惑经》两篇，盖其厂中分到此两篇作为批判孔及儒法斗争史之参证云。予允于明日下午为略讲之。

十时就寝。一时半起溲。

10 月 15 日（九月　己丑朔）星期二（15°—0°）

晴。

六时半起。九时，平伯见过，携示孙玄常赠画和诗及为予《遣兴丛钞》题辞，并为湜、修临写其伉俪合书之《小竹里馆集外诗》作跋语，极感其挚诚。方谈顷，友琴来。十一时，平伯先去。友琴再谈，逾刻亦去。临行还予《梦溪笔谈校证》两册。

午后小休。三时起。俊义过问《史通》事。予为揭示《疑古》、《惑经》两篇大旨，并及刘知几之生平及著作之大凡。阅时罢，不暇及细节也。

六时晚饭。饭后，与彩英接龙两盘。九时三刻就寝。十二时半起溲。

是日接滋儿信，知返合肥矣。

10 月 16 日（九月初二日　庚寅）星期三（19°—4°）

晴。

晨七时起。知昨晚十一时许，元孙已归。予正在睡乡，竟未之知。今询之，据告，畅游泰山及济南大明湖、趵突泉，并办了津事云。予责其卤莽而嘉其勇。真难解之矛盾矣。写信复滋儿。

竟日阅《诂林》前编。午后小休，三时起。夜饭后，正念茂孙究否到达遵化而芳孙恰在侧，转嘉其独登泰山之勇，为赋一绝句与之。十时就寝。寝前由湜儿扶掖往东屋、南屋，新换之日光管，果大见光亮也。中宵一时起溲。

是日，接宗锟、汉儿信。

10 月 17 日（九月初三日　辛卯）星期四（16°—7°）

阴雨。

晨七时起。看报闲翻外，无所事，亦无客来。汉、锟来信，湜已复出。午后小休。夜饭后仍与彩英接龙二盘。十时就寝。十一时半及翌晨四时各起溲一次。将来天气日寒，若夜必起溲，真苦累矣。

10 月 18 日（九月初四日　壬辰）星期五（16°—6°）

阴转多云间晴。

晨七时起。镇日看《诂林》前编，六书之说太纷纭，在聚讼中求定谳，非耐心多思不为功，遂亦不觉费时耳。

接汉儿托人在京所投函，知其同校付良存返京，将已购之棉胎托其带归（其人住南池子缎库廿二号），可凭函往取。拟明日属湜儿下班时取归。

晚饭后与彩英接龙两盘。十时就寝。中夜起溲一次。

10 月 19 日（九月初五日　癸巳）星期六（21°—3°）

阴转晴，入夜甚感冷。

晨七时起。仍看《诂林》前编。湜往取棉胎，谓昨慢件托运，须一星期后始可到。

午后小休。四时后,元鉴来。夜饭后,约元孙过宿其家,俾明日同往香山看红叶云。伊二人行后,予仍与彩英接龙三局而罢。十时一刻就寝。起溲一次。

10月20日(九月初六日　甲午)星期日(14°—0·1°[①])

晴,真有初冬之感矣。距霜降尚有三日,已如此,今冬殆将寒于往年乎?

七时起。仍阅《诂林》前编。撰书《三自说勖湜儿四十初度》。(本月二十日,湜生日,予预撰此说以勉之,所谓三自者:自强、自立,及自求多福也。)

午后嫌脱衣小睡冷,仍坐看书。四时,濬儿来。时已风作,较晨起更冷。润儿即为予出购烟筒(添三数节,价已七八元矣),赶与芳、芬二孙共为安炉(先安西侧近床之炉),未及黄昏即竣事。乃亟点火试之良合,室中始略温,竟未能遽熄矣。予虽畏寒,而重阳前之日,即升火拥炉尚是生平第一次,可记也。

七时夜饭。八时,濬儿归去。予与彩英、文修接龙三局。十时就寝。

10月21日(九月初七日　乙未)星期一

阴转晴。

晨五时起溲,赖炉有馀温,仅免哆嗦,返床后,居然入眠。七时起,添换厚棉袄,并初御棉裤及棉鞋。老态十足,可笑甚矣。镇日看

---

①底本如此,表示零下一摄氏度。

《诂林》前编。午后小休。四时后,书《史通》大略,答出版图书馆问。

夜饭后,与彩英、湜儿接龙四局。十时半乃就寝。是夕,炉不熄。一时半起溲,窘态稍好。

10 月 22 日（九月初八日　丙申）星期二（9°—0·2°）

晴。

六时半起。九时,湜儿、彩英、元孙协同为北屋再安一炉,仍如去年旧样,用四十分时间始克竣。万一骤寒有备无患矣。

午后未睡,看《诂林》前编。下午元鉴、刘洁先后来。夜饭后去。是日,润儿、彩英协同腾挪箱物,翻出予应用之件,搬入北屋。因此,暂将北屋正门堵住,以小桌靠上,出入由东边侧屋之门。俟开年春融撤炉时再恢复,免寒风之袭人也。接漱儿十九号复信,附照相底片来。

十时后就寝。中宵仍起溲。接伟成信,询其妇姜继任到未。

10 月 23 日（九月初九日　丁酉　重阳节）星期三（15°—2°）

晴。

七时起。八时半,圣陶见过。九时,元孙辞予赴天津,为伊厂办提货事,大约又需耽阁多日始能返。介泉旋至,因共圣三人快谈。十时许,礼生来。十一时圣、介同行辞出。礼生则留问史事,近午乃去。

午后,略盹,仍续看《诂林》前编。姜继任仍未见至,彩英颇以为念,而无如未接其信,末由揣其时而往接之也。

夜饭后,与彩英接龙两局。十时后,乃就寝。是夕,又加厚褥子为垫,并易盖丝棉被,翌晨炉火中熄,幸预有所赖耳。二时半起溲。

10 月 24 日 (九月初十日　戊戌　霜降)星期四(14°—2°)

晴。略还暖。

七时起。仍看《诂林》前编。午后小休。三时半,泗原见过,长谈。五时,潛儿来。六时半,泗原去。七时夜饭,饭后,与潛儿、彩英接龙三盘。八时四十分,潛儿去。十时就寝。中夜起溲一次。

10 月 25 日 (九月十一日　己亥)星期五(16°—4°)

晴,暖

七时起。八时半,涪生来,以其厂中写作组所撰柳宗元〈天说〉稿就正,予允下星一回复之。少顷便行。九时,友琴过谈,略及学部即将有整顿方案。谈次,子臧至,共话文坛佚事,抵午乃偕去。

午后小休,起后仍看《诂林》前编。四时,润儿偕其馆中同事倪子明来访,为注释《史通》事,有所咨商,予允为标点《疑古》、《惑经》两篇,以酬之。谈移时去。

接云章航复,知予题之照片已收到。

夜饭后与文修、彩英接龙三盘。十时,易中衣就寝。二时起溲。

10 月 26 日 (九月十二日　庚子)星期六(16°—8°)

阴转多云。

七时起。昨日夜饭后,彩英接扬州长途电话,盖伟成询其妇姜继任到未也。据云,扬州蚕种场有信发与继任,属过京。想日内当能由沈来京耳。

元孙昨夜十一时半自津归,予已睡矣。

为涪生看所送《天说》译注文,略注意见三四条,备后日俟伊来时交之。仍阅《诂林》前编。叶德辉《六书古微》几于将许书全部引到,宜其冗长难了也。

夜饭后,仍与彩英接龙三盘。九时三刻就寝。起溲两次。

10 月 27 日（九月十三日　辛丑）星期日（14°—0·1°）

多云转晴,西风紧。

晨六时起。七时,彩英出,前往西郊动物园车站,赴潡儿约,将同诣香山看红叶。昨日接高祖文信,知病废在京寓,曾去宁夏干校四年云。多年不见,竟有如许周折,颇为念之,暇当复慰之。十一时三刻,潡儿、彩英同归。盖已畅观红叶（在玉华山庄坐观之）,顺利返回。遂共午餐。

午后小休。三时,潡得昌硕电话,知昌颉由蜀出差来京,因即返小庄。昌颉赴蜀,竟不别而行,今偶返京,□□□□□。接茂孙第二信,自遵化西铺发,知旅中所得不少,深引为慰。少年能结伴徒步四五百里,历访沙石峪等村庄公社,非予少年时所能想象者,一何壮耶! 仍阅看叶奂彬《六书古微》。

傍晚,韵启来,知将出差去沪、粤,因共夜饭。夜饭后,小坐。九时半,韵启去,予即就寝。十一时半及翌晨四时各起溲一次。

韵启借钞《历代统系录》今日见还。

10 月 28 日（九月十四日　壬寅）星期一（15°—5°）

晴。

七时起。九时,涪生偕其厂中徐师傅（向臣）及徒工曾小华来访,因以前送来阅定之稿柳文《天说》还之,顺为谈之。知徐系河间农民,参军后转入工厂,曾则景山学生,与芳孙同学。其叔祖曾昭抡,北大教授也。伊插队吉林三年后,转入今厂者。现为执行儒法斗争材料的任务而脱产为之,能有此成绩,可嘉也。谈至十时半去。

午后小休。起即写信两通,一复云章上海;一复祖文本市。予颇念之一晤祖文,而悉莫能行,济胜又乏具,只得寄酬一笺,聊示同病相怜耳。夜饭后,仍与彩英接龙三盘。十时就寝。十二时起溲。

10 月 29 日(九月十五日　癸卯)**星期二**(12°—4°)

阴,有细雨,下午转晴。

凌晨三时起溲,感寒鼻塞,返床竟不能平,只得起坐。彩英闻之,为扶予穿衣。开灯伏案,以待明。伊虽返室再寝,恐亦难入睡矣。大约又感冒(清涕直流,喉痒难忍),怕引起大喘,不敢偃卧。至七时乃熄灯盥沐。虽照常早餐,而鼻观不清,殊觉不舒。湜儿亦以感冒在家,未上班,益增恶氛。

九时,圣陶来访,为芳孙独登泰山壮其志,制《夜游宫》词一阕与之。同时,为予《遣兴丛钞》篆检并题赠《踏莎行》一阕归予。把谈至十一时去。殊自忘疾之在躬也。

饭后,服羚翘解毒片两枚,小休一小时。醒后,似觉鼻子稍通,乃为版本图书馆标点《史通·疑古篇》,勉完三节,终以气逆而止。夜饭后,强坐至九时半就寝。服羚翘解毒片,并饮灵芝糖浆,虽亦起溲,而终夕稍安。

10 月 30 日(九月十六日　甲辰)**星期三**

(但报降温,未报确切最高最低度)

多云间晴,风紧。

晨五时即起。仍服羚翘片。五时,彩英即出门,径往车站接姜继任,盖接到伟富沈阳来信,知姜行程也。七时一刻,彩英偕姜同来,予等乃早餐。餐后,伊二人去王府井购物。予续为标点《疑古篇》。十二时,彩、任回,遂同午饭。适元鉴来,因同餐。

饭后,予小休。彩、任往游故宫。予起后,点毕《疑古篇》。六时半,彩、任归,遂同元鉴共进夜饭。

九时,元鉴去。十时,予就寝。仍服羚翘片,仍感鼻塞,良久始入睡。一时半起溲。

10 月 31 日(九月十七日　乙巳)星期四(10°—0·4°)

晴,有风。

晨七时起。上午彩英诣市买菜,继任则独往王府井购物。予乃标点《史通·惑经篇》,抵午毕之。十一时,彩英归,十二时,继任归,遂同进午餐。午后彩、任往游天坛。予续阅《诂林》前编。六时半,彩、任归,因同进夜饭。饭后,坐息至十时就寝。十一时、十二时、一时一刻迭起溲,以是增喘,莫奈何也。

是日,接圣陶寄钞件至,清、汉皆有,寄湜书。惟致高祖文信则连经四局试递无法查得,故退回,则大奇耳。

11 月 1 日(九月十八日　丙午)星期五(11°—0·3°)

晴。

晨六时半起。八时,彩、任往游明陵。予因以圣陶抄件录入《丛钞》续编中,并补记一则。午与润房共餐,啖蛋炒饭。饭后,续阅《诂林》前编。三时半,元孙出,为继任买车票。潚儿来。五时半,彩、任自十三陵归,而元孙亦回,徒事排队,竟未得如旨购得也。任自出别择之。时六时,予等将晚饭,为俟其来,久不至,彩英乃复出候之。七时许,继任归,居然改换指向,买得三号六时廿分快车开往镇江之票。而彩英未归,又久之,乃见来。始得同毕晚餐。餐已已八时半矣。少顷,潚即归去。

汉属傅君带来之棉胎,是日由湜亲往取,仍未到。

十时半,予亦就寝。三时起溲,喉痒引起喘咳,彩英闻之,又为调糖浆饮之,始未见大作,渐入睡乡。

11 月 2 日 (九月十九日　丁未)星期六(11°—0·1°)

初阴,寻转多云间晴。午后又渐阴。

彩、任今日游颐和园,须早发,予却在睡乡。七时,彩英诣予,唤醒,正由梦中突转也。披衣起,俟予晨餐已,伊二人乃行,已八时一刻矣。予仍阅《诂林》前编,《六书总论》纠葛纷纭,殊难悉辨也。

午仍如昨,啖蛋炒饭。饭后,在坐略盹,仍看《诂林》。四时,潚儿来。六时半,彩、任亦自万寿山归。

是夕,在北屋设圆桌合家聚餐,盖明日为湜儿四十初度故,先夕举行家宴也(独继任凑巧与焉)。八时始罢。九时后,潚乃归小庄。十时就寝。

11 月 3 日 (九月二十日　戊申)星期日(15°—2°)

多云转晴。

六时起。六时三刻彩英送继任往车站,八时半归,居然安送启行矣。八时,元孙之友胡新华自太原来,元孙即伴出同访旧同学。晚饭后始返。予仍镇日看《诂林》前编。

午后小休。三时后,孝达及其夫人、儿子文杰、儿媳、孙女并其姨甥苏亮皆至。盖来吃湜儿寿面者,独其次女文平一家未来。(昨晚先来,未饭,有引避者,家庭间琐事亦殊难言耳。)夜仍在北屋开圆桌,仅予一人参与,亦八时罢。九时三刻,孝达等归去。予亦就寝。二时半起溲。

11 月 4 日(九月廿一日 己酉)星期一(19°—5°)

阴。

七时起。旋转多云。看《诂林》前篇。午前升基、林宜、小朔来,遂同饭。饭后,予小休,升基等去。予小休后仍续看《诂林》前编。夜饭后,予湜儿、彩英接龙。湜儿下班时过访傅君,取回咸宁带到之棉胎。盖接有傅君电话,再由元孙转电其叔故也。

是夕,胡新华宿于我家,支床北屋中间以处之。九时三刻,予就寝。十一时半起溲。

11 月 5 日(九月廿二日 庚戌)星期二(13°—5°)

晨雾,似有细雨。

五时半起溲,又犯喘咳,彩英为予调糖浆饮之,勉再睡。七时起,新华与元孙已出门往游八达岭矣。接上海漱儿书,知韵启到沪,核桃已收到。且知曦孙即将结业,分配留校教学,并按工人待遇云。又接茂孙蓟县发第三信,知连日参观游览,甚有收获,将仍由平谷、顺义等处回程,十一号当可返回云。二信均极令人喜悦。

镇日看《诂林》前编。午后小休。天气转多云。三时半,顺林来省予,即嘱为予购换半导体电池,因留共夜饭。饭后少坐,顺林去。予与彩英接龙两盘。十时就寝。元孙及其友八达岭返城后,过饭其友王大鹏家，十时后乃归来。予十二时起溲。翌晨四时半又起溲，返床心跳甚，两耳又轰轰作声，不得已唤彩英起，扶予倚枕，坐以待明。

是日，湜儿持退信往访祖文，一寻即得，畅谈而归。邮递员真梦梦也。

11 月 6 日（九月廿三日　辛亥）星期三（15°—5°）

晨大雾转多云。

七时强起，进早餐。八时半，元孙、新华出游故宫及天坛。九时后，元鉴偕碧华来。碧华于前日南游归京，今来看予，遂由其为予检量血压及心肺。结果血压为 196°/84°，心跳 84/分，心率尚匀，惟肺部左侧呼吸略粗，属服烟草酸，心为大慰。因与共饭。刘洁亦至。饭后，碧华先行。予小休。元鉴亦去。小休起后，耳鸣心跳都较平矣。

六时，与彩英、刘洁同饭。顺林适以修车得休，四时即来看予，因同预晚餐。九时半，刘洁始去，予于十时就寝。仍起溲一次。

11 月 7 日（九月廿四日　壬子　立冬）星期四（17°—4°）

雾转多云。

晨七时起。十时许，鸣时见访，谈移时去。午后小休，起后仍有耳鸣，并气急，坐息良久，乃稍平复。夜饭后，与彩英接龙，至十时就寝。

是晚九时，胡新华返太原，元孙送之，顺购明日一早车票赴天津，为伊厂催货云。

中夜仍起溲。

11 月 8 日 (九月廿五日　癸丑)星期五 (13°—3°)

阴森终日。

晨七时起。六时,元孙已赴天津首途已。

气稍平,仍看《诂林》前编。午饭时,茂孙负背包到家,适元错、翠英、小红亦正自窦店来城参观,同予会餐,因畅说旅游经过,予深喜茂之能获此行也。虽饱历风霜,不免消瘦,而精神奋发,足抵半年在校读书耳。

午后二时,元错等去,予亦小休。起后耳鸣仍时作时止,真莫名其妙,且蠲置之。夜饭后仍与彩英接龙。十时就寝。中夜仍起溲。

11 月 9 日 (九月廿六日　甲寅)星期六 (8°—1°)

阴。

晨七时起。耳鸣心跳稍□,精神仍不舒也。午后,茂孙为北屋两火炉彻查烟筒过道,并用青灰泥墐缝隙,于安全顾虑少减矣。接云章七号复信,知风庆号远航归来,伊大感动云。四时后,潜儿挈迎迎来同夜饭。饭后,与潜、彩接龙为遣。八时半,潜、迎去。十时,予就寝。一时许起溲。《人民日报》未见送到,类是者已多次。

11 月 10 日 (九月廿七日　乙卯)星期日 (11°—2°)

阴,已见雪。

晨四时半起溲,返床感寒,又大咳,彩英急调糖浆饮,予始渐平,仍入睡。七时起。九时半,昌预、桂本、迎迎来,为茂孙细书题东陵摄影。午与彩、桂、预、迎同饭。饭后风,又飘雪花。潜未来,而桂、预、迎返小庄。

予小休片晌。茂孙为予制风斗,劈篾扎架糊纸,抵晚乃成。夜饭后,润、茂父子乃安装于气窗之外,从此冷风拒不入,而窗内重浊之气乃得排除出去。大家放心,真一大好事也。

十时就寝,用热水袋取暖,咳亦较松。三时起溲,又着凉,终不免烦彩英调饮糖浆,而后安。

11 月 11 日（九月廿八日　丙辰）星期一

晨七时起。屋面有积雪,须臾日出,转多云,午后晴。

九时后,写三信,一复云章;一复漱儿;一复伟成夫妇。

终日心跳耳轰,未能好好看书。午后小休,三时起。农祥见过。谈次知亦秀问题将解决,察势年内或可返京也。因代为称慰云。

六时半晚饭,正念元孙天津未回,而天忽转冷,乃伊竟闯然来,谓甫自车站归家,予为一快。是夕,较安。晚饭后,与彩英接龙四盘。十时就寝。三时,彩英起添炉火,予闻之亦起溲,返床小咳,未服药,亦渐入睡。

11 月 12 日（九月廿九日　丁巳）星期二（5°—0·6°）

晴。

晨七时起。耳鸣依然,其声初飘忽,继沉着,或若筑场之敦敦,或若锯木之所所,或若抽鞭之呼呼,或竟若机车之轰轰,其敦敦、其所所、其呼呼,犹断续有节奏,迨至轰轰,则身如在急行车中,心乃摇摇如悬旌矣。他人无闻,而予耳无时或释还,其为怔忡无疑也。以是,看书写字举无兴,犟为之,竟连写四信,一致高祖文,送《史记选》。（今午,润儿托人文出版社熟人觅取,据告,只存三本,以著作人名义勉购一册,欲求全售不得也。)一致启元白,谢临赠董玄宰《琵琶行》大卷。一寄汉儿,告棉胎已取得。掷笔几瞑瞌矣。(三信后,复为彩英书,属其儿为民。)晚饭后,仍强持精神,接龙为娱。十时就寝。三时起溲,返床幸无大咳。

11 月 13 日 (九月三十日　戊午) 星期三 (7°—0 · 3°)

晴间多云。

晨七时起。仍略看《诂林》前编。午后小眠片晌。起仍耳鸣心荡。九时后,高氏尔松、尔柏昆弟见过。两老鳏茕茕对坐,殊堪矜怜,谈有顷去。转忘予眼前之苦痛矣。午后小休,起仍看《诂林》前编。无精打采,强度而已。

元鉴午后四时来,因同晚饭。饭后,韩金晨(元锴之友,近亦与湜儿、元鉴相稔。)来访予,少谈即过湜房谈。

九时半,予就寝。金晨与元鉴之行,予竟〈未〉之闻。十二时许起溲。二时半恶梦干扰,猫入于衾,大作魇闷而极呼久之,彩英闻而就唤,始苏,几气闭死矣。饮茶少润乃复入睡。

是日,湜儿下班后,往访咸宁返京之云君,顺取回续买之棉胎。

11 月 14 日[①](十月初一日　己未朔) 星期四 (8°—0 · 3°)

多云转晴。

七时起。九时,碧华来,特为予检量血压(194°/92°),并听心力(70/分,率仍调匀,惟微弱耳)承告,照服旧药,可不更张。予甚

---

①底本为:"甲寅日记第四册"。原注:"一九七四、十一、十四至一九七五、二、二十。凡八十八天。"

感之。留之饭,坚不肯,即归三里屯。午饭后小休,以精神欠佳,不能看书,聊翻前三月之日记,亦昏然不甚省。四时后,潏儿来,因共夜饭。夜饭后,勉作精神,与潏、彩接龙四盘。八时三刻,潏归小庄。九时三刻,洗足,十时就寝。翌晨四时半起溲,又惹起心跳耳鸣,喘咳频,仍彩英为起调药,似不甚效,竟不曾再合眼,疲惫之极。

11 月 15 日(十月初二日　庚申)星期五(4°—0·2°)

阴霾闷损。竟日小雨夹雪。

晨七时起,勉坐支撑。午后小休,未几,瞿然而起。下午五时,元鉴来告,近接其母信,大约年内外准可还京矣。因同夜饭。饭后,与彩、润、鉴、芳杂语。湜儿晚归。据告,往谒祖文,面交书件,畅聆教益而返。且知高君精神甚好,步履却甚艰云。八时三刻,元鉴归去。十时,予就寝。一时起溲,返床略咳即平,居然未惊动他人也。

11 月 16 日(十月初三日　辛酉)星期六(5°—0·1°)

阴。午顯昼,仍即阴。

晨七时起。耳鸣稍好,精神亦略振,惟看书仍看不下。十时半,礼生来访,询问史事若干,近午去。午与彩英包饺子作餐。居然能馀剩一盆分给元孙也。午后未休,打五关为遣。元鉴传方,谓老年平喘以白木耳作饵饮极佳,且得清肺滋补,大有益云。予亦夙知之,惟以直太昂,似太奢,非予所宜,数十年来,仅在宾朋盛设宴会上偶以甜菜名义获尝一二,未敢取为补品也。今默坐无聊,颇思一尝,因属元孙以一元九角人民币在前门中药店购得二钱,当夜即由彩英加冰糖纳磁盂中隔水煮炖之。夜十时就寝。十二时起溲,旋入睡,尚宁谧。

傍晚接滋儿合肥禀,知职事仍未落局,而省中仍羁挚不令返新博,或将有调整下放干部之势耳。并告佩华工资、户口俱已转到当涂,铿孙初中即将毕业,以年龄不及格转得仍上高中,学二年。明孙则入托儿所居然充大班班长云。然则,全家搬入城中,只待伊本人职位定即可以与新博公社不相关涉矣。

11 月 17 日（十月初四日　壬戌）星期日（7°—0·4°）

晨有雾,旋晴,西风作。

七时起,白木耳尚未大融,只索等候,且待火功到时再服。早餐后,居然又看《诂林》前编。

彩英在东四文具店又为予购得善琏湖笔厂制笋尖式笔十枝。据售货员说,此种毛笔不经常有到,故整买其一封,予习用此,得之甚喜,爰记其包装题字云:浙江省吴兴县石淙湖笔组,该县工艺美术工业公司经销。俾用完后可按索之。

午后小休,三时,所中同事劳洪(本编辑部人,近亦调入古代文学组者。)偕其夫人冀勤(本亦所中同事,后调往中华编所,近亦在咸宁干校与汉儿同事,日前返京,汉托伊带花生呈予,故今天乘星期休假挈儿来访。)见访。谈次,知学部近经整顿,风气大肃云云。四时许辞去。

是午,湜儿过饭刚主家,座遇印人刘博琴,现仍为人治印云。劳洪等行后,彩英始以熬就之银耳进。此物经一夜半日之功,乃克成,予为啜一小盅。年登大耋,今始为颐养滋补之饵,寒素如予,不可谓非非分之享矣。特识之固不必避伧荒之诮也。

六时半,夜饭。夜饭后,与彩英接龙两盘。十时就寝。十一时、十二时迭起溲,因失寐。翌晨一时后,始入睡。五时复起溲。引动咳呛,彩英又调灵芝糖浆饮,予遂渐平。枕上听广播以待旦。

是日,润儿生日,默过,亦一善也。

11 月 18 日 (十月初五日　癸亥) 星期一 (8°—0·3°)

雾转晴,有风。

晨七时起。精神仍不振,耳鸣不辍故。

午后写信两通,一复滋儿,勉其安心调回当涂。一寄汉儿,告两次棉胎均取到,并告干校撤回似可实现,归来时为我购白木耳半斤。(啖此颇感兴趣,久服或且有效。)夜饭后,与彩英接龙三盘。十时就寝。起溲两次。

11 月 19 日 (十月初六日　甲子) 星期二 (10°—0·2°)

晴。

七时起。耳鸣稍戢,精神亦稍振,惟看书仍觉眼花耳。午后,撰《惊鸿集》(朋翰粘存之册)序,及所取样册缘起,追往述旧,转饶兴味,竟一气写成之。

浞儿今日又以感冒家休。予属其带出付邮之两信,乃转委芬孙投筒。予晚饭后,策杖过南屋始知之。其时浞、修又偕出访友矣。

八时与彩英接龙三盘。九时三刻就寝。十时半,浞、修归。十一时元孙自津归。予皆闻之,因以起溲,幸返床未大咳耳。

11 月 20 日 (十月初七日　乙丑) 星期三 (10°—0·3°)

晴,有风。五时起溲,仍返床。

七时乃起。九时,写《惊鸿集》序。午后小盹,录此序于《皮架偶识》。午前十时,元鉴往接刘淑芬未着,即偕同碧华及其他友人,男女各一人,特承过访老人,接谈移时,均云精神大好,握手辞去。

午后五时,刘洁来,询其午前见访之人,伊均知之,谓男女皆淑芬之邻居,男为染化部支左之军人,女则垂杨柳医院之大夫也。因留与同饭。

晚饭后,润儿来北屋与刘洁闲谈,予乃与彩英接龙。九时三刻,刘洁去。予亦就寝。湜、修看电影晚归。予就枕,文修乃归,而湜儿却久不至。往日伊夫妇偕出,湜以骑车故,每先返,修乘公共汽车,必继至。今乘车者先到,而骑车者却须后,不无诧念。予倚枕不能寐。十时半始来,谓途中遇友,在西单同进宵点耳。十一时及三时均起溲。

11 月 21 日（十月初八日　丙寅）星期四（6°—0·6°）

晴,风紧。

七时起。早餐后,阅《诂林》前编群书引《说文》。午饭后小盹。起后为茂孙题勾崖所摄照片。

夜饭后,与彩英接〈龙〉两盘,藉资消化。九时三刻,洗足服药,十时就寝。一时起溲。

11 月 22 日（十月初九日　丁卯）星期五（0°—1°）

晴转多云。

七时起。早餐后,题照片七帧,皆秋初漱、曦在京时所摄,今乃放大留念也。今日精神较爽,捉笔愉快,所以一挥即下耳。午后稍息,起看《说文诂林》前编。六时半晚饭,饭后仍与彩英接龙为遣。

十时就寝。起溲两次。

11 月 23 日（十月初十日　戊辰　小雪）星期六（9°—0·3°）

晴间多云。

七时起。九时，圣陶偕其孙兆言来，又廿天不见矣，正欲电话相讯，而翩然戾止，极快慰。谈次知忙于参观本市各工厂、学校及新建筑北京饭店等处，行二百馀人，近始结束，故亟来访候耳。故人情深，声气相应如此。垂老有是相慰之旧侣，致足乐已。十一时许，去。予以《惊鸿集》序示之，并乞其署检，彩英亦以前借小说两册还之。

午后小休。三时，彩英出购物，元孙甫自广安门站为其厂中发货归，因留待。四时半，潴儿来，五时半，彩英归。六时半，与潴、彩共餐。餐已即接龙，至八时半，潴归小庄。予坐至十时就寝。一时及四时俱起溲，返床尚安，盖气又回暖，室中并不感冷耳。

11 月 24 日（十月十一日　己巳）星期日（11°—0·2°）

多云转晴。

晨七时起。是日，开始阅《说文解字诂林》正编。午前，小文来访，因共进蒸馄饨。午后，彩英出，为继任购衣料（日货快巴也）。润与小文长谈，四时半，小文辞去。五时，彩英乃归，代人办事毕矣。六时夜饭。饭后，仍与彩英接龙三盘。十时就寝。一时及四时皆起溲。

11 月 25 日（十月十二日　庚午）星期一（8°—0·4°）

晴，西北风紧。

晨七时起。看《诂林》。午后，琴媳始送汉托人带交之鄂产银耳及湘橘，旋返出版社。昨晨得汉禀云云，今已带到，至快也。前日接当涂铿孙信，及上海陆高谊信，于是，并复之，乃执笔兴沮，索然而止。晚饭后，先打五关，后乃与彩英接龙。十时就寝。中夜一时及翌晨四时俱起溲。室温未遽降，居然安睡无恙。

11 月 26 日（十月十三日　辛未）星期二（10°—0·3°）

晴，有风。

晨七时起。九时写信，至十一时，昨拟三书俱成。已眵糊难拂，不得不止。潜儿适携熙熙来同饭。饭后，予小休，伊两人亦归小庄，乃以三信属便付邮。三时起，阅《说文诂林》。四时许，兆言来，送到包天笑遗作《钏影楼回忆录》一厚册。（全书四五一面，去年六月香港大华出版社出书，为杨东莼所得，假于圣陶，日前谈起，故今日命其亦送来。）作者既乡里前辈，所述社会生活状况尤为我童时所熟知，展阅亲切，竟不能释手，且借阅必当赶时，遂舍去《诂林》，专事此书。

夜饭后，与彩英接龙两局。接看包书。九时，洗足服药就寝，已看过五十面。惜五号小字究与老眼不能相称耳。中夜仍起溲两次。

11 月 27 日（十月十四日　壬申）星期三（10°—1°）

晴。风稍戢。

晨七时半起。阅《钏影楼回忆录》。十时,元鉴来,因与共进午餐。彩英裹馄饨蒸以作供。食后小憩。三时,均正见访,五十年老友,又经年不晤矣。知伊患喘怕风,所以亦不轻易出门也。谈至五时,外孙昌硕来省。有顷,均正辞去。

六时半,与鉴、硕及彩英同进晚餐。餐后,正与湜、修等共谈时,润儿过邀琴珠同看武汉杂技团表演于白石桥首都体育馆。小关突然来访,诉述谢家主妇之不当,有干不下去之势。幸湜儿在旁敷衍,良久,然后去。足征好意之招惹多事也。如之何可以不讲处世之方耶?鉴、硕先小关归去。十时半就寝。润、琴亦观毕杂技归来矣。予仍起溲两次。一在十一时半,一在翌晨二时。

11月28日(十月十五日　癸酉)星期四(8°—0·1°)

多云,终阴。

晨七时十分起。早餐后看《钏影楼回忆录》。近午,彩英正溲面粉作蝴蝶片将以代餐,而小关至,知今日去谢家,谢夫人正式辞绝,伊特来说明,予以好来好去喻之,此一介绍之事总算告一结束。留之吃面片,不肯而去。下午,仍看《钏影楼回忆录》,所叙人物大都熟悉,看下去倍觉有味,竟不能释手。傍晚,元孙自津归,盖昨晨又赴津公干,办却一批发货,今日赶回,过几天还须去津也。夜饭后,仍看包氏《回忆录》。十时就寝。中夜起溲一次。

11月29日(十月十六日　甲戌)星期五(7°—0·4°)

多云转晴。

七时一刻起。九时,接圣陶书,谓士敳转为林光求字,已径送去,顺谈《回忆录》。予正因《回忆录》专注看下,直至晚上八时,全部看完(全书凡四百五十一面)。近年来只有假自平伯的《花随人圣盦笔》及此次假自圣陶的《钏影楼回忆录》一气看完,足见此两记之感人深也。以五号小字颇损目,看黄记时,尚可耐看,包记竟难忍,以毕之大觉昏,而且痛矣,甚矣! 我衰也,奈之何哉!

昨晚接伟成电话,谓扬州有其同事吴金者来北京参观,托带东西与予,今到京,住新侨饭店云云。话忽中断,接话后,彩英约元孙姑往一试,将代继任购办之衣料及鞋子带去,以便交托携回扬州。阅时归来,则新侨不招待国内旅客,而附近崇文旅馆又无从盲叩,只得抱原件嗒然而归。今日晚饭后,正在议论此事,电话忽响,接之则吴金打来,谓昨方住定,今且忙于参观,刻方回馆(住崇文旅馆三五九号),属去取物。

是夕,月全蚀。因令彩英、元孙按址前往,顺看月食景象。九时出门前往,十时一刻回,居然顺利交付,一路走归,仰看月食云。取到花生米、糯米粉、豆油一瓶,大为欣感。闲谈至十一时许乃就寝。一时许起溲。

11 月 30 日(十月十七日　乙亥)星期六(10°—0·1°)

阴霾。

晨七时起。先解溲,而后穿衣。早餐后写信复伟成,告带京之物都收到。继又答版本图书馆倪子明问(昨润儿携归,问《史通》中两句,今答之,告以出《周礼·春官·外史》)。午后小休,三时起,又为《武则天研究》(北京印刷厂一车间女工理论小组所作,亦润儿所代询者。)提意见,仅一条关于唐初官制地方制之概念耳。

六时半夜饭。饭后,与彩英接龙三盘,十时就寝。十二时及翌晨三时起溲。

12 月 1 日（十月十八日　丙子）星期日（3°—0·3°）

阴，曾飘小雪，终日细雨。

七时半起。十时，韵启来，带到漱儿信件，（知滋儿出差去瓯，在沪与谈，并带来滋信。）知渠在广州、上海顺利公毕，日前安返部中，今日例假特来看望，并送物云。因与长谈，下午四时乃辞去。临时假去罗订《纪元编》，谓将钞存备查云云。可见，此次为研究儒法斗争一事，颇引起一般人之历史兴味不鲜耳。

六时半方毕晚饭。有北大张至善者，持弥同函来取物，适湜儿自外归，因与同诣予屋，询悉其人，为张星烺之子，清桃源（今泗阳）张蔚西先生（相文）其令祖也。星烺有遗作《中西交通史稿》在觉明处，觉明物故，此稿展转流落在岭南朱谋勤手，现正访查，不知能否印出？问世则真值得关心之一大事也。其人已改习无线电事业，当然难能绳其祖武矣。谈有顷，去。

八时后，与彩英接龙三局。十时就寝。一时、三时均起溲，迩来夜必起溲多次，亦老征耶。

12 月 2 日（十月十九日　丁丑）星期一（4°—0·2°）

阴，终日微雨夹雪花，向晚又见霰，因而骤寒。

晨七时半起。阅《说文解字诂林》。午饭方已，顺林夫妇来。据告，顺林工作已调至长辛店机车工厂（内燃机车队），与其妇同厂，而家又在彼，从此可以不经常到北京站服务矣。予大为之高兴，幸其得所也。彩英乃炒年糕煮蛋汤飨之。长谈家常，至三时半辞归，即乘车去长辛店。

六时半夜饭。饭后，与彩英接龙两局，因灯下不任看书，不得不废读而乞寄托于花骨头也。可伤亦复可笑,旁人不能解此意味耳。十时半就寝。一时半起溲,仍返床入睡。

12 月 3 日（十月二十日　戊寅）星期二（1°—0·8°）

晴。

晨七时一刻起。竟日阅《诂林》。昨接为民信,介绍其公社领导同志二人来京,将乞予为适馆授餐之举,且谓其人将于今晚乘廿二次车抵京。于是彩英不免起忙,我家晚餐亦推迟至七时始举箸。而其人竟不至,至十时尚未见来,则空待矣。大约购票有问题,或竟挨后,或竟不行耳。予即服药就寝。

是夕,骤寒,又易厚丝棉被,竟未见加暖,而一时半、五时仍不免起溲,大为感冷也。

12 月 4 日（十月廿一日　己卯）星期三（3°—0·8°）

晴,风寒。

晨七时起。仍看《说文解字诂林》。此编为丁仲祜毕生精力所萃,嘉惠后学实非浅鲜。每究一篆,众罗异说而求一是,故阅一字如同时读数十种书,尤适于耄年温故知新之用。因是,一卷在握,竟难遽释矣。

下午四时,潏儿来。仍延至七时乃夜饭,恐藏书公社之人戾止也。饭已,未至,乃与潏、彩接龙三局,近九时,潏归去。客仍未到,想中止耶,抑别有故耶。

润儿晚往印刷厂送予所提《武则天研究》意见,阅时归来。据云伊等极满意,正想觅一画像印入书中而不可得云。予思旧藏《无双谱》中似见之,因发箧看之,果得之,题为《女主昌画武氏冕衮执书象》,佩带飘扬,夭矫如翔凤,即检付润转借铸版焉。十一时,始就寝。一时半起溲。

12 月 5 日 (十月廿二日　庚辰) 星期四 (4°—0·8°)

晴。

晨五时起溲,仍返床卧,在枕边听广播新闻。七时起,穿衣。早餐后略考《无双谱》来历,仍看《说文解字诂林》。午后小休,起后,为略考《无双谱》来历,备告前途。

六时夜饭。饭后,与彩英接龙两局,十时就寝。为民介绍之两人竟不至。一时起溲。

12 月 6 日 (十月廿三日　辛巳) 星期五 (4°—0·7°)

晴,寒。

晨五时起溲,仍返床。凌晓感冷而醒,乃西首一炉闷熄,适近床也。彩英起重燃。予延至七时始起。十时,为答子明问两则。竟日阅《诂林》。午后小休。下午,彩英出购物,顺付房租、电话、电灯费,傍晚始归。六时半晚饭。饭后仍与彩英接龙三局。十时,彩英为予洗脚翦爪,然后就寝,已十一时矣。一时起溲。

12 月 7 日 (十月廿四日　壬午　大雪) 星期六 (6°—0·6°)

晴。

晨七时起。竟日读《说文解字诂林》。无客至而群书奔凑,极快,读书之福乃如是乎。午后小盹。晚饭后,与彩英接龙三局。十时半就寝。夜起溲两次,在十二时及三时。

12 月 8 日（十月廿五日　癸未）**星期日**（4°—0 · 4°）

阴转晴。入晚又阴。

晨七时半起。仍读《诂林》。午后彩英出购物。三时，潽儿来。有顷，韵启来，正谈次，刚主见访。已两月未晤矣。谈悉学部整顿状，据推测，元旦必纳入正轨云。近六时，刚主去。彩英亦归。

七时，与韵、潽、彩同饭。饭后，韵启过南屋与润、琴闲谈。茂孙则在予案头修半导体。（曦孙手制以赠彩英者，今日韵启带来，声细而时哑，故修。）予与潽、彩接龙四局。八时半，韵启行。九时，潽儿返小庄。十时，予就寝。一时半起溲。

12 月 9 日（十月廿六日　甲申）**星期一**（0°—0 · 8°）

雪，薄有积存，午后止，终阴。

晨七时一刻起。竟日看《说文诂林》。上午写信两通，一复漱儿，告韵启带物都到；一寄为民，询所介之友究成行否？（连候五六天未见至。）六时即夜饭。饭后予彩英接龙三盘，连北，又为钓八九之戏，仍北。琴媳晚十时犹未见归，芳、茂二孙骑车出迎候，未遇，而琴乃先到。良久，芳、茂亦归，已十一时，予乃就寝。

是晨接云章七日来信。

12 月 10 日（十月廿七日　乙酉）**星期二**（1°—0 · 11°）

晴。

晨寒颇甚。予虽未起溲，而感瑟缩，乃引起痰咳，鼻塞气涌，殊难受，彩英亟扶予起，为调灵芝糖浆饮之，穿衣解溲，始稍稍平。及进早餐，坐良久乃复。仍续阅《说文解字诂林·示部》诸篆适完。

此部关于古代礼俗极夥,民俗学之例证在在而有益饶兴趣。人云钻故纸,惟其实真如入宝山而恨空手无所得耳。

午后,彩英出购物,又垂暮始还,为漱儿之姑访购快巴衣料,费时太甚也。六时半夜饭。饭后仍与彩英接龙两局,十时半始就寝。以晨寒致嗽,又加一棉胎荐褥焉。一时半起溲。

12 月 11 日(十月廿八日　丙戌)星期三(0·1°—0·8°)

晴间多云。

晨七时起。读《说文解字诂林》。午吃菜饭。下午小休。刘洁、刘云兄妹来,起应与谈。垂暮,元鉴亦至。乃购馄皮及肉,裹馄饨代晚餐。餐后闲谈至九时后,鉴、洁、云乃去。予十一时乃就寝。一时、五时均起溲。

12 月 12 日(十月廿九日　丁亥)星期四(0·3°—0·8°)

多云,偶晴。

晨七时起。九时,介泉见过。有顷,圣陶与其孙兆言亦至,因共闲谈。介泉善谐,笑谑间作,近十一时皆辞去。彩英上午出就浴于宝泉堂女室,至是亦归。午后小休。彩英复出购物,四时乃归。予仍披览《说文解字诂林》。夜饭后,与彩英接龙三局,九时三刻就寝。三时、五时俱起溲。

12 月 13 日(十月三十日　戊子)星期五(0·2°—0·11°)

晴,风吼大类虎啸。

予七时起,不胜寒威,爰取十馀年不着之丝棉袍御之,始觉腰际稍和。否则竟同无裤矣。思之可笑。竟日看《诂林》。夜饭后,

与湜、修、彩闲谈至十时许,就寝。一时半及五时许皆起溲。真感
累也。

12 月 14 日（十一月己丑）星期六（0·2°—0·12°）

晴,寒。

晨七时起。八时许,为民所介之蔡、马二君自车站寻至,盖先
往承德、隆化公干,由密云一路来京,前云去东北讹也。故返途得
顺利过京耳。九时,两人出游,彩英陪送上电车去故宫。十时,维
洛来谈,十一时半去。彩英归,治馔又为为民之友着忙矣。予阅读
《说文解字诂林》。下午五时半,蔡、马两君来,谓游览故宫后,并
已游览天坛云。湜儿下班归,遂同酌陪客。晚饭后,与客谈故宫及
十三陵故事,盖伊等明日须往游十三陵也。十时,各就寝。彩英支
床中屋,乃以东屋腾让为客房。予夜起溲一次。

12 月 15 日（十一月初二日　庚寅）星期日（0°—0·11°）

多云转晴,风亦转微。

晨七时起。八时前,彩英陪蔡、马二君往十三陵。乘星期之
暇,湜儿照呼予。十一时,潘儿来。有顷,昌硕亦至。据昌硕云,近
已检查病体,一切复常,稍养护巩固便可上班工作。予为大慰,特
嘱注意将养,务必抛却疾病包袱,勿再萦念为要。于是,四人同饭。
饭后,昌硕归去。潘则午睡。湜乃往省其外家。予独坐读《诂
林》。下午四时,彩英归,蔡、马则往购车票云。六时许,〈润〉亦来
至,因与蔡、马、潘、彩同饭。饭后,润儿来北屋,与客闲谈。蔡为藏
书公社副书记,其人曾参与殖鱼、养蚕、培茶诸业务,谈次津津于碧
螺春之采摘、制作、分等诸程序,言之尤为详晰。谈至十时,各就

寝。十二时,予起溲。

12 月 16 日（十一月初三日　辛卯）星期一（1°—0·7°）

阴霾。

蔡、马二人破晓即起,匆匆出门,往游颐和园。予仍七时起。阅《说文解字诂林》。下午四时,蔡、马二人归来,知游颐和园后又游动物园,并全程往返试乘地下铁道云。今日之游足称畅快矣。

接漱儿十四号复信。夜与蔡、马、彩同饭,并小酌焉。饭后,与蔡、马长谈,于公社之组织、民情之祈响〔向〕、生产之发展言之娓娓,至十时乃各就寝。

是夕,湜儿在局中值夜,须明日八时始归睡,轮值三天云。十二时起溲。

12 月 17 日（十一月初四日　壬辰）星期二（0°—0·10°）

多云转晴,早晚寒。

七时起。湜七时半归休。蔡、马二人早出,复游故宫,十时半归。予与湜、彩于十一时即饭,为二人饯。十二时半,彩英送二人去车站,一时归,谓已安排座位专待发动矣。

下午,予展读《诂林》。午接汉儿水果湖（武昌）电,确告明日卅八次车抵京。想明晚家中必又添一番热闹耳。七时,夜饭。八时,元孙自津返。盖昨晨去津为其厂中催货,此刻始返回也。九时半,洗足,十时就寝。十二时及翌晨四时俱起溲。

12 月 18 日（十一月初五日　癸巳）星期三（2°—0·11°）

晴,寒。

七时起。湜儿已值班退归矣。九时半，写信复潄儿。十时，潜儿来。午饭后，元锴、升基先后来，盖皆准备接晤汉儿者。四时半，润、湜、锴、基及茂孙等同去车站。元孙今晨去杨村公干，亦赶回同到车站迎候。六时半，接到来人，一同到我家，汉儿、宗锟、元锴、元鉴、升基、刘洁、刘云暨润、湜、芳、茂凡十一人，顿时室如鼎沸，潜在家坐等，彩英则张罗酒肴。七时晚饭，煮汤饼待餐。饭罢，闲谈至九时半，汉、锟、基、鉴、洁、云皆归去。潜亦偕汉同行，惟锟留宿予家。予因与之长谈，不觉至十一时，乃各就寝。翌晨二时半起溲，犯冷促咳，返衾后喘逆难宁，彩英起调灵芝糖浆饮，予似效不逮前，挨延至五时始入睡。

12 月 19 日（十一月初六日　甲午）星期四（3°—0·8°）

晴。

七时一刻醒，七时半起。九时，元锴返小庄，并知今日下午即回窦店矣。九时半，维洛特送方玉润《星烈日记汇要》上函十册来，即行。盖上班时特为专送也。诚恪可感，当选读其中《名胜》上、下两册观之。竟日披览，灯下毕之。其人为滇籍，咸同间参戎幕，老于兵间，游踪所至江、皖、赣、鄂、湘、粤、豫、直皆有涉历，最后在陕西。此书即刻于陇东官署，时为同治癸酉，方官陕西陇州州同也。上函十册均为日记汇要，盖分类辑录而成。扉页署称《鸿濛室丛书》，想下函必为专著。予曾见其所著《诗经原始》单行本，颇具特识，不知下函是否即包此作？《鸿濛室丛书》未见收于上海图书馆所纂《丛书综录》，则传流稀罕，至可珍惜矣。（书为北京图书馆所藏，维洛介友借出，予俟其来当促伊从速归还。）

是日无客，得从容阅方日记之一部，亦罕遇耳。夜十时就寝。

二时半起溲。

12 月 20 日（十一月初七日　乙未）星期五（4°—0·8°）

晴。

七时起。九时半，泗原见过，谈至十时许，汉儿至。有顷，宗锟亦至。盖今日各向其原属单位报到，然后来省予耳。十一时三刻，泗原辞去。十二时，予与汉、锟、彩同餐，仍小酌焉。

午后予独坐翻方玉润日记之论学、谈艺各方面若干条，知其人不满空谈性命，标榜道学，并于曾涤生之提倡桐城古文大有微词，宜其不终曾幕，远官陇东也。但侈谈禨祥，崇信风水，纪梦述果报而自命不凡，触处牢骚尤嫌江湖积习，其不终曾幕者亦以此欤！

四时，汉、锟去。予又展阅《说文诂林》。六时半夜饭。饭后仍看《诂林》。九时三刻就寝。十二时起溲。翌晨六时，里急甚，强起解溲，仍返床就衾听广播以待旦。

12 月 21 日（十一月初八日　丙申）星期六（4°—0·7°）

晴。

七时起。竟日展读《说文解字诂林》。明日冬至。今夕俗称冬至夜，先期具馔，期于今晚合门聚餐。下午四时，潽儿来。因同餐，俗例不回母家，但又为家庭琐屑藉故离家，特来母家飨饮也。彩英为煎炒，一欠慎油溅下颏及右颊，予颇为不安，伊却无所谓，足征其真挚云。七时合餐，八时乃罢。饭后，与潽、彩仍接龙为戏。九时半，潽归去。十时就寝。二时半起溲。

12 月 22 日(十一月初九日　丁酉　冬至　头九始)星期日(5°—0·7°)

阴转晴,仍多云。

七时半起。看《诂林》发见缺页,颇恚。装订者轻心乃尔耶。彩英烫伤未愈,但愿不恶化则大幸。

昨接滋儿合肥来信,知由瓯公毕,过沪返当涂宁家,现又回省工作云。

夜十时就寝。起溲两次。

12 月 23 日(十一月初十日　戊戌)星期一(2°—0·7°)

晴,晚风作,吼吼有声。

晨七时半起。仍竟日阅《说文解字诂林》。下午四时,汉儿来,谓行李已送到,惟少缺一件,因电话询问下落,而主其事者找不得,恐丢失矣。颇为扼腕。并知宗锟亦以忙于整理奔走,竟感冒发烧云。六时夜饭,与汉、彩共餐。餐后汉即归去。彩烫伤尚未愈,殊为耽心。九时三刻就寝。十一时半及翌晨三时俱起溲。

12 月 24 日(十一月十一日　己亥)星期二(1°—0·12°)

晴。

晨七时半起。九时写信三封,一复滋儿,一复云章,一致为民。并以茂孙同学程静为予治印,爰赋诗一章书以酬之。仍阅《诂林》。下午四时,维洛来,携到方玉润《星烈日记汇要》下函十册,顺谈方之生平。五时,潘儿来,有顷,维洛辞去。

六时半,与潘、彩夜饭。饭后,又与潘、彩接龙为戏。九时,潘归去。予看方著大旨,分类如前,其中以韵语类占多卷,即诗话也。

馀则谈书画铁笔,下至技击、堪舆、风鉴等等,都从日记摘出,足征多能。惟此两函总署为《星烈日记汇要》,版心又皆有“第三十六种”五字,而扉页冠以《鸿濛室丛书》,颇费解,以数序推之,至少此前尚有三十五种,何以《诗经原始》外殊不见有他著,岂故弄狡狯迷人耶? 是真江湖气派矣。十时就寝。十二时半起溲。

12 月 25 日（十一月十二日　庚子）星期三（3°—0·10°）

晴。

五时醒,枕上听广播,又入睡。七时里急甚,亟唤彩英起,为予穿衣就桶解溲。盖入冬以来,衣渐多渐重,予又不胜自理,须乞灵他人矣。艾怨甚而无可如何也。竟日看《说文解字诂林》。刘洁上午来,候其父友朱君。有顷,接其妹云电话,谓朱君已到小庄,洁随即辞去。

夜饭后,坐打五关。九时三刻即寝。一时半起溲。

12 月 26 日（十一月十三日　辛丑）星期四（4°—0·8°）

晴。

七时半起。九时半,圣陶偕其孙兆言来访,谈至十一时许去。借去《周词订律》一函四册。午饭顷,汉儿来,知今日已向新华报到,定明日起,下午二时前往参加学习,察其势,将动员退休矣。为具饭享之。下午三时去,即归小庄。接吴县藏书公社蔡、马二君信,知石磨已定做,十日后可寄出云。予仍阅读《诂林》。六时半夜饭。饭后,坐至九时三刻,拭身洗足易衷衣就寝。一时半及翌晨五时俱起溲一次。犯寒闹咳,吐痰许多,始渐就平复,竟硬忍未饮糖浆也。

12 月 27 日（十一月十四日　壬寅）**星期五（5°—0·8°）**

多云间晴。

晨七时一刻起。看《诂林》。十时，汉儿来，午饭后去上班，五时半下班，当径返小庄矣。午后写一信复藏书公社蔡、马二君，因思工农质厚可亲，绝鲜巧讳。

昨日下午本坊房管处有工人三来，查看房屋病态，备七五年度整修作参考。予因瀹茗接谈，头头是道，较文人酸态（或失之傲，或失之谄）相隔何止一尘耶！夜饭后，坐至十时就寝。十一时即起溲。翌晨四时半又起溲。

12 月 28 日（十一月十五日　癸卯）**星期六（3°—0·7°）**

阴。

七时四十分起。天渐转小雪，傍晚有霰，入夜止。久买七五年农历不得（每年十月即有发售），昨晚始由湜儿在甘家口商场购到，今晨即据本查填干支，乃眼昏手涩，字几不能入格，而轮次挨写，竟屡致错误，幸赖每月定朔干支，方得前后校定，足费半日之力，仍未惬心至意，足见精力日退，耄及已迫耳。

午后仍展读《说文解字诂林》。四时，子敦独子永祺来访，盖同汉儿同时由咸宁干校调回者，今乘暇，特来过访也。谈悉子敦病况甚苦，闻之不胜同情。五时，湜儿归。有顷，潏儿来。永祺乃辞去。六时半与潏、彩同进夜饭。

是午，小援知元孙今晚启程返晋，特来看伊，予遂留之同饭。饭后，始归去。盖甫自邮局值夜班下来，不得不归家就眠耳。

予夜饭后，与潏、彩接龙，至九时，潏归小庄。九时半，元孙辞予登程,润儿、茂孙送之往车站。予十时就寝。润等返,予已在衾矣。十一时半起溲,翌晨四时半又起溲。

12 月 29 日（十一月十六日　甲辰）星期日（0°—0·8°）

阴霾如晦,近午始渐露日,闷损之至。

晨七时三刻起。冥坐至十时始获看报。午饭后仍读《说文解字诂林》。三时半,袁行云见过,携示新得书三函,一乾隆刻陈景云《文道十书》(极少见),一同治金陵刻张文虎《史记札记》(初印本),一近人董康刻《青琐高议》。《青琐高议》为乡先生章式之藏本,函外原签题作"青琐高议",以下侧书"董搜经精刻本贻茗簃"。行云初未之识,予提示之乃恍然。

五时,湜儿归,因共谈,掌灯时袁乃行。谈甚畅,并知其为研究儒法斗争,方从事王符《潜夫论》云。夜饭后与彩英、湜儿接龙三盘。

日前,圣陶为予言东风市场新华书店有影印怀素《自叙帖》出售,今日令湜儿于下班时购得之。灯下展玩,甚惬。即《故宫周刊》曩载之品,今由文物出版社重加汇印,当然较期刊相间翻阅为便。可见文物渐为人注意,可以公开印售矣。十时就寝。十二时及翌晨四时俱起溲。

12 月 30 日（十一月十七日　乙巳）星期一（3°—0·10°）

晴。

七时一刻起。九时半,学部临时领导小组张、马二君(派在文学所领导者也)来访,以铅印慰问信见付,询问有无困难,抄予电话号码去。维洛踵至,予即以方玉润《星烈日记汇要》两函归之,嘱其即送还北京图书馆,伊即出袂裹之,遄往文津街也。

午后元锴来言,昨日挈眷自窦店来小庄省亲,将有五日勾留,顺为予负米廿斤来,坐有顷,即归小庄。五时,彩英乘茂、芬散学归,诣市购菜,阅时归。七时乃共晚饭。

接滋与湜书,知即将离合肥归当涂,工作尚未定位,且俟之云。

八时与彩英接龙,十时就寝。一时许起溲。

12 月 31 日(十一月十八日　丙午　二九始)星期二(1°—0·8°)

雾转晴。

晨七时一刻起。八时,元锴来,谓为亲购月票,顺道过此。即辍所食粉衣享之。食已,即行。彩英亦出门购菜,盖明日阳历元旦,大都有人要来吃饭也。俗例难蠲如此,空喊何益。

十时,章元善见过。一晃又多月不见矣,健步如常。谈次,出近作寿内八十长诗一章,备见老境恬适,伉俪情深,佩之。谈至近午辞去。时彩英亦已归来。

午饭后,看《诂林》。二时,元锴又来,奉母命送来大鲤鱼半爿。盖咸宁带回,已敷少盐者。正谈顷,吴慧来访,还予前假去之书,并以外贸公司所印七五年月历为赠。又有顷,湜儿下班归,遂与慧、湜、锴共谈。彩英则乘间又出诣市矣。五时半,吴慧辞去。彩英亦归。元锴乃返小庄。文修又偕彩英往公安部礼堂看电影(新摄彩色片《渡江侦察记》)。予与湜在家坐待。七时半,修、彩归,乃共进夜饭。饭后,彩英忙于糟鱼切肉,直至深夜。予就寝已十一时矣。失眠至一时后乃入睡。其间又起溲一次。

1975 年

1 月 1 日 (十一月十九日　丁未) 星期三 (3°—0·1°)

晴间多云。

晨五时起溲,返衾就枕上听广播,《人民日报》、《红旗杂志》、《解放军报》七五年元旦社论,题为《新年献辞》。七时起。十时,韵启来。十一时,升基、林宜携小朔来,告以汉家正望待,乃转往小庄。濬儿乃来。午间因与韵、濬、彩同饭。下午三时,大璐挈小忻来,谈悉振华或将再去蜀校。四时半,大璐、小忻去小庄。韵启亦行。韵启还予《统系录》,承校正讹字若干。

五时即晚饭,为濬儿须于七时赶往吉祥原址看木偶戏也。六时十分,濬儿看戏去。予与彩英接龙至九时三刻,予以觉冷,即寝。湜、修下午往瞿家,晚十时乃归。予已入衾卧。十二时起溲。

1 月 2 日 (十一月二十日　戊申) 星期四 (4°—0·8°)

晴间多云。

破晓六时后急甚,亟起解溲,乃返床大咳,痰喘难宁,彩英闻之,为予穿衣起,久之,方稍稍宁。早餐后始复。

八时三刻,汉儿、宗锟、元锴、翠英、刘洁、小红、会来都来。有顷,昌硕亦来。午间聚饮,在北屋布一圆桌,润儿归饭,亦与焉。午后,长谈至三时,汉、锟、翠、红、会、硕俱归去,锴、洁留。四时,小文至,遂又闲谈,抵暮,锴、洁去,留小文共进晚餐。七时半,小文去。予竟日酬接,不及看书,倦矣。勉坐至十时就寝。一时半起溲。

是日傍晚,接元孙抵原平信,备言途中辛苦,带物重累状,但厂中同事都欢迎,开新即将参加生产,则大慰。

1月3日（十一月廿一日　己酉）星期五（5°—0·7°）

晴。

七时起。仍把卷读《诂林》。午后,元锴来,谈至三时半辞去。将径往永定门车站会翠英及儿女同归窦店云。

将暮,潇儿来。湜儿亦以文修去母家,同在北屋与予及彩英共饭。饭后,予与潇、彩接龙四盘。九时半,潇返小庄。十时,润、茂看电影归。又有顷,文修归。迨予就寝已十一时矣。十二时半及翌晨四时半各起溲。

1月4日（十一月廿二日　庚戌）星期六（0°—0·11°）

阴。

七时一刻起。仍看《诂林》。竟日无客。夜六时晚饭。十时就寝。十二时半及三时半各起溲。

1月5日（十一月廿三日　辛亥）星期日（2°—0·11°）

晴间多云。

晨七时起。八时写信两通,一复漱儿,一寄为民。九时,次园、吕剑来访。十时,汉儿、宗锟来。次园、吕剑去。午与汉、锟、彩英同饭。饭后,彩英出缴电话费,顺购物。汉、锟、湜、修打桥牌,予一无所知,当然没兴,乃独坐看《诂林》。六时,汉、湜往干面胡同访颉刚,越时返,知近又不适,其夫人颇厌人去打扰云。与汉、锟、彩同进夜饭。饭后,稍谈,至八时一刻,汉、锟回小庄去。予坐息至十时就寝。十二时半及二时半俱起溲。

1 月 6 日（十一月廿四日　壬子　小寒）星期一（0°—0·9°）

阴,渐见飘雪。午后见晴。

晨七时起。仍看《说文解字诂林》。竟日无客至。夜饭后,与彩英接龙四盘。十时就寝。十二时及翌晨四时半俱起溲,返床入衾,幸未大喘。

1 月 7 日（十一月廿五日　癸丑）星期二（1°—0·10°）

晴。

八时起。仍看《诂林》。为元孙写信,复告近状,并勉以学习技能,勿再接受出外采购任务云。

下午三时半,汉儿、宗锟来,谓刚从叶家出,知今日圣陶正出席四届人民代表大会。然则,颉刚、叔湘等亦必趋赴此会,兼旬以内把晤必阙焉尔。五时,汉、锟归去。七时始夜饭,盖汉等来时略进点心,竟影响及于正餐也。饭已,静坐至十时就寝。一时三刻起溲。

是日接童碧华信。

1 月 8 日（十一月廿六日　甲寅）星期三（2°—0·10°）

晴。

七时半起。仍阅读《说文解字诂林》。接上海闻云章信,告此次人代名额海员占三名,甚为欢庆云。茂孙接芳孙信,云将展开设计,属代搜材料。

夜饭后,与彩英接龙四盘,十时就寝。十一时、一时及翌晨六时均起溲,幸不引起剧嗽耳。

1月9日(十一月廿七日　乙卯　三九始)星期四(3°—0·9°)

晴间多云。

七时半起。仍看《诂林》。竟日看之,已毕第七册,第八册亦已阅十之二矣。群籍聚拱,左右采获,颇以为乐。下午四时,彩英出看电影于朝外朝阳区工人俱乐部,小文赠票,片为罗马尼亚彩色故事《爆炸》。湜儿亦得一张,将会同观看也。茂、芬二孙已散学在家,迭付左右,至七时,湜儿先归,彩英继至,遂同夜饭。灯下不任看书,仍与彩英接龙两盘。十一时许乃寝。中宵起溲两次。

1月10日(十一月廿八日　丙辰)星期五(4°—0·9°)

晴。

七时四十分起。九时,刘洁来,为予买米,坐移时始去。予仍续读《诂林》。下午,彩英出购物。三时,汉儿、宗锟来。五时,潜儿来。六时彩英始归。七时,与潜、汉、锟、彩同饭。饭已,汉、锟即归去。潜留下与予及彩英接龙。九时乃去。是日,接铿孙复信,知一放寒假即来京。又接为民复信,知茶叶、炒米粉已寄出,石磨已途至木渎,设法代运京云。十时就寝。十一时及三时俱起溲。

1月11日(十一月廿九日　丁巳)星期六(3°—0·8°)

晴。

七时一刻起。竟日读《诂林》。写信复铿孙,令伊一假即来,务独自求行,以资历练。接敫婿信,亦以元孙宜车间工作为言(其实,予与润儿早以为言)。

下午五时,彩英往东单邮局取为民寄来茶叶、炒米粉等件,顺投寄致铿孙信。茂孙亦为予往缴本月房金(今年新本子刚送来也)。

七时始夜饭。饭后,以形寒似将感冒,因与彩英接龙强遣之。十时就寝。停止常服药,改羚翘解毒片,盖为感冒让路也。讵知并安宁片而捐之,竟致失寐,展转至三时,起溲三次,迄未能入睡,不得已唤彩英起,为予取安宁片补吞之,始渐入寐,及醒已塑晨七时半矣。

1 月 12 日(十二月 戊午朔)星期日(6°—0 · 8°)

晴。

近八时起。幸昨后半夜得宁睡,否则,今晨将无精神起坐矣。八时后,潘儿、硕孙、熙熙及桂本、预孙、迎迎皆至。勉与周旋,至十二时半与共饭小饮。饭后,彩英属桂本为予量血压,听心肺,居然稳定无大变异,甚以为幸。二时后,潘等六人皆去。予仍读《诂林》。

夜九时半即寝。十时半及二时半俱起溲。仍得入睡,比醒已塑晨七时矣。

1 月 13 日(十二月初二日 己未)星期一(7°—0 · 9°)

晴。七时三刻起,精神复矣。早餐后,写信复敫婿及为民。九时,介泉来。有顷,升基来。又有顷,汉儿来。介泉健谈,正谈锋四射时,平伯见过,介泉言盖如泉涌,平伯似不耐,少坐便引去。介泉与汉等絮语不休,直至十二时半始行。留之饭,不肯,又不即行,颇为尴尬,伊殆又将疾作乎?奈何!予等午饭已将一时。刘云亦来饭。饭已升基见告,昨接其母电报,知将于明晚到京,澄儿初无一信,突如其来,颇令人纳闷,张罗一切又得大费周章也。

三时后,升基去。四时半,汉接宗锟电话,谓今日甫到黄村基地,经医务室诊治,腰疼,嘱仍回城治疗,故已到小庄,嘱即返。汉与刘云遂亦返小庄矣。

予为无谓酬应相缠,殊感无措,虽亦抽空看书,竟无由得入,大恚。夜饭后,九时三刻即就寝。仍先后起溲三次。平明又喘咳大作。

1 月 14 日(十二月初三日　庚申)星期二(5°—0·5°)

晴。

七时半起。仍读《诂林》。下午,汉儿、宗锟来同夜饭。饭已,得升基电话,谓贵阳来车误点,须当晚十时始可到。乃嘱其来小雅宝坐候,届时再往。有顷,升基、林宜偕来,因共谈。九时,汉、锟返小庄。九时半,润、湜偕基、宜往车站接澄儿。予坐待至十一时,润、湜果接得澄偕来。基、宜则径返后百户胡同林家矣。予乃就寝。澄与彩英同榻。中夜予仍起溲两次。

1 月 15 日(十二月初四日　辛酉)星期三(5°—0·8°)

晴。

晨七时半起。十时,基、宜、小朔来。午后,彩英出购物。磊庵夫妇来看澄儿。四时半,汉、锟来。抵暮,磊庵夫妇去。掌灯时,彩英始归。六时三刻,乃与澄、汉、锟、彩、基、宜同进夜饭。八时许,基、宜挈小朔返林宅。汉、锟亦旋行。十时,予就寝。扰扰竟日,未得好好读书也。十一时及二时均起溲。

初睡时,颇觉头晕,醒来尚可。

1 月 16 日(十二月初五日　壬戌)星期四(4°—0·9°)

晴。

七时半起。早餐后,与澄谈家常。午后,澄往省其亲家孟家。四时,潏儿来。六时晚饭。澄返,因同餐。餐后,与潏、彩接龙。八时半,潏去。又与澄续为接龙之戏,十时罢。予乃就寝。二时及翌晨五时三刻俱起溲。

1 月 17 日(十二月初六日　癸亥)星期五(0°—0·10°)

晴,北风大作,转冷。

晨七时半起。九时,澄往省其亲家林家。十时,振甫偕王煦桯来访。煦桯仍在南京教学,此次有事来京,住在戚家,特来访予云。十八年未见,鬓有微霜矣。谈悉胡佳生近状,常住吴江梨里,往来上海省其母、弟,身体尚好也。谈至十一时辞去。予病废不能答访,道歉而已。

午饭啖面,与润、茂、芬同餐。午后,正看《诂林》,而汉儿偕刘云来,遂辍阅读。彩英出购物。五时半,元鉴来。彩亦归治晚膳,与汉等同饭。八时,汉、鉴、云归去。九时,澄儿自林家归,遂与予及彩英接龙。至十时,予洗足就寝。三时起溲,仍入睡。

1 月 18 日（十二月初七日　甲子　四九始）星期六（2°—0·10°）

晴。

七时半起。九时，澄儿出购物，将径小庄饭于濬儿所，并知晚饭汉儿所也。予仍展读《说文解字诂林》。夜饭后，八时收听广播，知四届人大已召开，并于十七号结束，发布公报宣告人大第一次会议主席团名单、人大常委名单，及国务院总理、副总理、各部部长、各委会主任名单。历时一小时馀。十时，湜儿先从小庄返。有顷，澄儿亦归。十一时就寝。予右胁神经昨晚忽闪痛，今竟日不愈，就衾后更甚，用热水袋熨贴良久始入睡。中宵仍起溲两次。

1 月 19 日（十二月初八日　乙丑）星期日（3°—0·8°）

晴。

七时起，右胁闪痛仍未宁。八时半，茂孙陪澄儿去延庆探升埙，在北郊乘长途汽车以行。茂仍襆被随行，不失拉练本色，可嘉亦可哂也。展读《诂林》，草改字不翔说。

午后四时，韵启来，同夜饭。八时同听广播，四届人大通过之新宪法及张春桥所作修改宪法草案报告。九时半，韵启去。十时就寝。十二时半及翌晨六时，皆起溲。右胁闪气痛略好。

1 月 20 日（十二月初九日　丙寅）星期一（2°—0·8°）

晴间多云。

七时半起。早餐后，展读《诂林》。下午三时，汉儿来，夜饭后七时半归去。八时，收听广播，国务院周总理在四届人大会上作政治报告。九时三刻,易衷衣就寝。一时半起溲。

1 月 21 日(十二月初十日　丁卯　大寒)星期二(0°—0·8°)

晴间多云。

晨八时乃起。九时三刻,文修之表甥女吴宁娜从内蒙呼和浩特来探亲,予初不之识,而文修适又去琉璃井母家。予款留午饭,芬孙适休学在家,乃电话通知浞儿,嘱于午后遣返。一时半,浞儿归,遂偕送宁娜去琉璃井。二时,彩英出购物。予展读《诂林》。五时,彩英归。六时半,晚饭。九时一刻,浞、修归,路遇外文局同事袁华清(治意大利文),邀之同返。袁日内即将回沪探亲,彩英因以漱儿所购核桃、白糖等物托伊带沪。浞儿遂偕伊同往车站,以此一捆作行李附去。十时,浞归。予已就寝。知此件行李费竟达七元二角(昂贵将抵原价三分之一)。二时三刻起溲。

1 月 22 日(十二月十一日　戊辰)星期三(4°—0·9°)

晴,仍多云。

晨七时四十分起。展读《说文解字诂林》。接滋儿十九号来信,告全家将于甲寅岁除夕动身北来,乙卯岁元旦到京云。

下午三时半,所中工宣队员张、王二同志来访,欲予写告情况,予以艰于系统记忆谢。至四时一刻去。六时半,夜饭。饭后,坐至九时三刻就卧。二时五十分起溲。

是日,茂孙言自延庆归,未果,甚望之。

1 月 23 日(十二月十二日　己巳)星期四(5°—0·6°)

阴寒转晴。

七时半起。看《说文解字诂林》。接袁行云书,问《刘宾客集》若干事。茂孙五时乃归来。汉儿、刘云下午来,晚饭后去。十时就寝。起溲两次。

1月24日(十二月十三日　庚午)星期五(1°—0·10°)

晴间多云。风紧。

七时半起。写信三封。一寄合肥滋儿,允其全家来探省;一寄上海漱儿,告运出物件,并介袁华清见弥同(俱由彩英携出付邮);一复袁行云,答《刘宾客集》之问,备潜儿来时属带面交之。

下午四时,潜儿果至,同夜饭后与接龙,九时归去。竟忘带袁信,甚怅。林宜夜饭后来,盖茂孙在延庆来京时,丽华属带一鸡与其家,电话招来取去也。十时半就寝。三时起溲。

1月25日(十二月十四日　辛未)星期六(5°—0·8°)

多云转晴。

晨七时半起,即加封另邮寄行云,适下午芬孙去小庄省候其大姑、六姑,遂令伊带去。予仍看《说文诂林》。午后三时许,圣陶偕满子来访,谈别来相念状,近五时归去。夜十时就寝。中宵起溲两次。

1月26日(十二月十五日　壬申)星期日(2°—0·9°)

晴。

晨八时起。十时,汉儿、宗锟来。彩英与茂孙出看早场电影。芬孙亦另场看电影,偕小安同归。

午与汉、湜、彩、锟、小安同饭。饭后闲谈。四时后,澄儿自延庆来。夜与澄、汉、锟及彩英同晚餐。小安则在润儿所饭。八时半,汉、锟、安同返小庄。十时,予就寝。三时及翌晨七时俱起溲。

1 月 27 日 (十二月十六日　癸酉　五九始) 星期一 (3°—0·9°)

晴。

八时起。为彩英写信告为民,嘱凭条去城内取物。盖今日大璐返苏,伊托带东西也。十时许,汉儿来。升基携小朔来。十二时午饭,林宜来。饭后,汉、彩同往车站会送大璐母子上车,顺以带与为民家之物交托之。澄儿与其媳林宜出购物,基、朔留家。二时许,汉、彩归,云已目送大璐开车。有顷,振华亦来,闲谈至四时半,汉、振同辞而去。五时半,澄、宜返,少坐后,升、宜、朔归去。六时半,与澄、彩同进夜饭。饭后,三人接龙为娱。十时后寝。十二时及四时俱起溲。

是日接清儿来信,大都对澄、湜言,以伊等将于春节旅游并垣,因而有所属托也。彩英亦接阿曦信,知分配工作已定,为之大慰。

1 月 28 日 (十二月十七日　甲戌) 星期二 (1°—0·10°)

晴。

七时三刻起。八时,澄儿往隆福寺街看电影。予受版本图书馆之托,为北京第二轧钢厂工人理论组看刘知几《惑经篇》注释稿。午澄儿归,因与彩英同饭。下午看《诂林》。夜饭后仍接龙。十时就寝。起溲两次。

1 月 29 日(十二月十八日　乙亥)星期三(2°—0·13°)

晴。

七时半起。澄儿十时去林家。予展阅《诂林》。午后,农祥来,以手制腐乳见贻。四时半,小文来,因共谈。五时,农祥去,小文亦旋去。六时半晚饭。七时半,澄儿自林家归。因与彩英、茂孙、湜儿先后接龙。十时三刻,洗足就寝。十二时、二时两次起溲。颇咳喘,幸就暖衾紧裹,得渐平。

是日,接漱儿信,知组青病深。

1 月 30 日(十二月十九日　丙子)星期四(5°—0·10°)

晴。

七时起。仍看《诂林》。十时许,昌硕来。有顷,昌顯来,盖自青岛出差去哈尔滨返,过京特来我家一行也。汉儿亦先于伊等来。午间与澄、汉、彩、顯、硕同饭。饭后,谈潘家琐事,似与昌预有龃龉矣。家庭问题之难处如此,真可谓多子为累耳。三时三刻,汉、顯、硕皆还小庄去。

夜饭后,与澄、润等谈潘家事,谋所以融洽之。十时就寝。起溲两次。

1 月 31 日(十二月二十日　丁丑)星期五(3°—0·9°)

晴。

晨七时起。八时半,介泉来,十时许去。午后三时,澄儿去小庄看汉儿。予仍阅读《诂林》。夜静坐至十时就寝。润儿十时自小庄归,知澄留宿汉所。据了解,潘家纠纷仍在其自己,难责怪预、硕等也。付之一叹。一时、三时俱起溲。

2 月 1 日（十二月廿一日　戊寅）星期六（3°—0·9°）

晴。

五时起溲，返床暂休，未入睡，七时半起。十一时，澄、汉来，因与同饭。饭后，三时，汉儿回小庄。宗锟电话来，谓已径返小庄，爰告之。晚六时潘、顯、安、铃自动物园来，遂共夜饭。饭后，潘、顯又与润、湜谈家务。予殊厌闻，任其所云耳。检出新印本《史记选》题词付澄儿，盖坊间已买不到，而伊校同人颇有询及者也。

迩日目光滋昏，日色稍暗即无法辨小字，因而《诂林》亦不能连续多时阅读也。晚九时，潘、顯一行四人去。十一时，予乃就寝。三时起溲。

2 月 2 日（十二月廿二日　己卯）星期日（4°—0·7°）

晴。

七时一刻起。为版本图书馆倪君看稿，签注交润儿带还之。看《诂林》，眼昏不易辨细书，即用放大镜移动照视，亦不能逞志。以是，颇为不怡。

升基、林宜、小朔来。德中来，以须往晤其母，未饭即行。基等则同饭。傍晚乃去。下午五时，彩英与茂孙同往朝外工人俱乐部看电影《杂技英豪》。韵启来。予与澄儿留同晚饭。七时半，彩、茂归。九时半，韵启去。十时三刻，予就寝。夜起溲两次。

2 月 3 日（十二月廿三日　庚辰）星期一（1°—0·8°）

晴，未几即飘雪，遂阴霾终日。

　　七时半起,仍看《说文解字诂林》。未能久即辍,无已,打五关为遣。润儿得昌预、昌硕两甥电话,下午下班后即径去小庄。想为调停纠纷事。予在家与澄儿、彩英同夜饭。饭后,与彩英、芬孙接龙为戏,以俟润儿之归。乃候至十一时,未见返,外还寒雪深,夜有未归人,如何能睡?尤其是芬孙,屡至门前窥伺,终于在十一时四十分才见安归。大家略问经过,知安排尚得暂平,即各就寝,已十二时矣。三时起溲。

2月4日(十二月廿四日　辛巳　立春)星期二(1°—0·8°)

　　雪止放晴。

　　八时乃起。接元孙信,知厂中不放假,伊本人在专区机厂所办夜校受课,春节不离原平矣。九时,澄儿应升基约,去前门购物,且午餐云。午后,汉儿来,谓晨间大雾乘车不前,因退回之。澄儿及基、宜、朔来。汉四时后便行,返小庄。基、宜等夜饭后始行。伊等行后,予与茂孙、彩英接龙,正值立春时(六时五十八分),忽感地震,悬灯摆荡,壁架作声,历二三秒钟,始渐定,虽仍接龙,而心神颇不安矣。十时,洗足就寝。三时起溲。天明时,气别而醒,胸次至不适。

2月5日(十二月廿五日　壬午　六九始)星期三(2°—0·7°)

　　阴,飘雪。下午加大。

　　八时起。方在盥漱,所中工宣队员二人来,致橘、梨一篓为问,嘱好好过春节。少坐便行。国家对老年干部慰劳有加,虽病不遗,殊为激动。有顷,圣陶、满子偕至,以手钞《集评清真词》见假。乃平伯及伊二人手迹也。暇当录而赏之耳。连日气逆目昏,心神交瘁,今得此宜有以振之矣。正谈次,汉儿来,共谈至十一时,圣陶、满子去,雪始加大。午饭后,汉返小庄。茂孙为芳孙送年物去弓弦胡同转托山西同事带与之。芬孙出看电影,二时半始归。

傍晚,升埙来省母,因留同夜饭。谈悉,伊校厂进行亦有不愉快情况。九时辞归孟家。予虽与澄、彩接龙,实已勉强。十时半就寝,屡为别气所催醒。四时起溲后,此象更甚。

2 月 6 日（十二月廿六日　癸未）星期四（0·2°—0·10°）

多云间晴,西北风甚烈。

晨六时气别甚,勉开收音机听广播,知前晚地震震源在辽宁省南部营口、海城等处,报道强烈,损失必大,为之引起馀悸,益增不适。七时半起床,至感不适,勉坐而已。彩英八时半出办年货。十时,澄儿往孟家。

写信复漱儿,询前信到未,并问袁君所带之物收着否? 彩英排队购物,仅得两事而归。已十二时半,乃煮切面为餐,草草鼓腹。午后勉强看《诂林》。渐坐渐寒,遥见檐际凌泽,五条如指下垂,盖融雪所致,急添半臂,仍寒,遂犟打五关以遣之。夜与彩英同餐。九时半,澄儿归。湜、修去琉璃井省视,夜十时半乃返。予俟伊等到家乃就寝。三时半起溲。

2 月〈7〉日（十二月廿七日　甲申）星期五（1°—0·11°）

晴。

晨七时半起。八时早餐。九时,彩英出办副食。九时半,为芬孙书新春联及横额两副。盖街道组织中小学生寒假活动,提倡社会主义大院,芬孙当选为委员,乃徕此任务耳。十时,元错来,前晚挈眷自窦店返京省其母,今来省予也。有顷,彩英归,元错出购物,径返小庄。

午后一时,澄儿往蟾宫看电影《闪闪的红星》,芬孙陪去。二时后,德中来候澄,予与接谈。知其母蔡颖系四川大学历史系毕业,现在乌鲁木齐历史研究所工作,治边疆史,近因调查新疆发展过程来京工作。据云,尚须去南京,大约两三年后乃能返乌鲁木齐也。然则,其母为一女史学家,予愧未一知之耳。傍晚,澄、芬归,晤及德中。又谈许久,留伊夜饭未果,以即须往访其姑母也。

彩英下午做蛋饺,黄昏做肉圆,都为春节忙。予日来颇不舒,勉坐至十一时始就寝。三时起溲。

2月8日(十二月廿八日　乙酉)星期六

晴。

七时半起。八时半,错孙来为茂孙理发。九时半,友琴见过。友琴已两月未晤,谈悉学部整顿近况,十一时辞去。错孙已先行返小庄矣。澄儿十时半去孟家。

彩英出购菜,至午后一时未见归。予既盼食又恐路滑人挤,有闪失,殊焦虑。呼茂、芬两孙出探之,施施而来,盖排长队为累,欲罢不能耳。予欲怪无由,乃俟其煮糕为餐已二时矣。

餐后,展阅《说文解字诂林》,眼昏而止。四时,文修之弟文豪及弟妇梁小娥挈其子小楠来,浞、修留之晚饭。饭后,浞偕文豪出访友,小娥挈子先归去。九时半,浞归。近十时,澄始归。予就寝。三时起溲。

2 月 9 日 (十二月廿九日 丙戌) 星期日 (3°—0·11°)

晴。

七时起。九时，刚主见过，谈至十时半去。午后小盹，旋写信两封，一复闻云章，(二月八日来。)一复唐坚吾。(六日来，十馀年不通信，近函乃知迁居浦东矣。)又看《诂林》，则目花不任久阅矣。

五时，濇儿挈小安来，遂同澄、彩共进晚餐。餐后，闲谈至八时半，濇、安归去。九时，与澄、彩、芬接龙。十时，洗足易衷衣就寝。二时半起溲。

2 月 10 日 (十二月三十日 丁亥) 星期一 (5°—0·10°)

晴。

七时半起。九时，振甫、元锴来，谈至十一时，振甫去。锴孙则留此午饭。饭次，刘洁有电话招元锴及茂孙去首都剧场看电影，适茂已先得票去甘家口看同样电影。于是，饭后，锴乃偕芬孙同往首都也。接达先八日信，祝贺春节。予却厌烦此等琐屑，正作一元旦致语，云："送去甲寅旧年，迎来乙卯新岁。社会百度更新，一切陈规当删。废止往来送礼，取消请客吃饭。主要安神息虑，况更省费节财。凡我儿孙晚辈，各宜紧把此关。"明知能说不能行，亦道我心中实话耳。

下午展阅《诂林》。傍晚，茂、芬都归。六时半，召家人在北屋吃年夜饭，乃设圆桌，合澄、润、湜三儿，琴、修两媳，予与彩英及茂、芬两孙，凡九人。年终合餐，雍如也。食次连接两电报，先为滋儿南京所发，知明日十四次车到京。继为元孙原平所发，代表现在原平之亲属祝贺春节。有顷，基、埙两孙先后来，为送其母上车赴晋晤清家也。

　　八时许，饭罢。近九时，澄儿启程，湜儿陪同去太原，润、茂、埙、基四人送之上车。彩英与文修切装盆菜，搓制汤圆，备献岁、自享及待宾之用。十二时，予就寝。彩英犹扫除室内杂尘，大约又逾时乃睡耳。予就枕即睡，中宵未尝起溲，近来希有之遇也。

2 月 11 日①（正月元旦　戊子　春节）星期二（5°—0·8°）

　　晴。

　　晨七时起。八时三刻，润儿、茂孙往车站接滋儿一家（昨接电报，知乘十四次车，今晨九时十分到）。车误一小时多，十时始接得同归。滋儿、佩媳、小铿、小明俱安抵。

　　刘世德来访，携到学习材料三本，殊以为感。其时，汉儿、宗锟、元鉴、刘洁、刘云已先在。未几，潜儿、小安亦至。

　　午间南北屋各设一席，共进年朝饭。昌预、桂本、迎迎与焉。午后二时罢。汉、锟、鉴、铿同往西四中直礼堂看电影。刘洁、刘云去。七时许，小铿独归。潜已返小庄。

　　是夕，润招滋儿一家晚饭。昌预、桂本、小安及予与彩英皆在南屋饭。饭已，回北屋闲谈。八时后，昌预、桂本、迎迎归去。小安则留与芬孙同榻。小铿与茂孙同榻。湜儿陪澄儿去晋，文修亦返母家暂住，因得腾出房间让滋、佩及小明住。比安排略定，已十一时，乃各就寝。一时许起溲。

　　①底本为："乙卯日记第一册"。原注："一九七五年二月十一日至五月十日，凡八十九天。乙卯岁芒种后三日，容叟自署雾中捉花，可晒可叹。"

2 月 12 日 (正月初二日　己丑) 星期三 (5°—0・10°)

晴。

晨七时半起。八时半,叔湘见过,坐有顷,辞往圣陶所。九时后,升堉、丽华、小辉、元锴、翠英、小红、惠来、昌硕、中英、熙熙、升基、林宜、小朔先后至。午间如昨例开饭,攘攘达暮。堉、基、硕三家皆去。韵启及潘儿来,因同与夜饭。九时,韵启去。十时半,潘乃去,茂孙送之上九路。(为家庭纠纷与润、滋告语之故。)伊等去后,予与润、滋、佩等闲话家常,至十二时始就寝。夜起溲一次。

2 月 13 日 (正月初三日　庚寅) 星期四 (6°—0・8°)

晴。

七时半起。八时半,顺林、伟华挈其子女(长女申兰,次子靖)来,有顷,小文亦至。因与共饭。饭后,小文即去,顺林一家则三时后去。薄暮,潘来,夜饭后,九时乃去。

予连日周旋,不免多食,大感不适。十一时就寝,头晕,胸次作恶,十二时唤彩英起,扶我坐便桶大解,虽稍松,而反复难瘥,终宵不安。黎明五时又自强起便旋,仍返衾强睡。

2 月 14 日 (正月初四日　辛卯　七九始) 星期五 (8°—0・8°)

晴。

七时一刻起。八时后,滋、佩偕芬孙、小铿、小明、小安同往颐和园。圣陶、至善父子来,谈至十一时去。予晨仅饮牛乳一盂,午亦啜粥一碗,然心头尚未宽舒也。下午三时,汉儿来,四时,宗锟来。五时,滋、佩一行归,知潽亦与昌硕、迎、熙赶至颐和园,归途同游动物园,已径归小庄云。潽之好游,亦甚矣哉。六时半夜饭。予仍进粥一盂。八时半,汉、锟返小庄。予与润、滋、佩闲谈,至近十时乃就寝,似稍舒服矣。起溲两次。

2 月 15 日 (正月初五日　壬辰) 星期六 (9°—0·7°)

晴。连日回暖,似不正常。

晨七时半起。十时,佩媳率铿、明及小安出游。午前,滋为予复书,致漱儿及静发夫妇。盖年前皆有信至,予未暇复,今特命滋代复也。午与滋儿、彩英同饭,以汤饼为餐。以今日为元孙生日也。

午前,高尔松及王芝九之子来访,移时去。谈悉芝九退休在苏,近况尚好。

下午四时,佩媳等归。夜与润、滋、佩、修、彩及铿、安等同进晚饭。澄、湜说定今晚归,因在中间支床以待。十时,尚未见返,予因洗足先寝。翌晨四时起溲,知澄、湜竟未归,不知途中如何,颇为萦念,枕上待明。

2 月 16 日 (正月初六日　癸巳) 星期日 (11°—0·4°)

晴。

七时半起。早餐后,滋、佩、铿、明去小庄,小安亦随之归潽所。十时,袁行云来,谈至十一时半去。夜十时,修媳归自母家。滋、佩、铿、明归自小庄。(午在潽所饭。晚在汉所饭。)惟澄、湜仍未归,待至十一时就寝,深念之。起溲一次。

2 月 17 日(正月初七日　甲午)星期一(5°—0·5°)

晴。

晨七时半起。十时后,澄、湜归自晋。盖清留伊等至初五乃动身,途经原平,在心农家饭,晤及元孙等,当晚去大同,初六游石窟等胜迹,当天上车来京,误点迟到,故此刻始到家耳。

小安、迎迎早来。午后,汉儿、宗锟来。元锴来。宗锟有事先返小庄。潸儿来。升垍、丽华、小辉来。夜饭又设圆桌以容之。扰扰至九时后,潸、汉及垍、丽等皆去,予竟头晕心烦,至不宁贴。十一时乃就寝。三时起溲。

黄昏曾飘雪。

2 月 18 日(正月初八日　乙未)星期二(5°—0·5°)

晴。室外以风紧加寒。

七时半起。九时,鸣时见过,谈至十时半去。小铿与小安去定陵游览,滋、佩、小明去中山公园,澄去小庄,俱未归饭。午,予与彩英同饭,积日烦劳,今始稍松。

下午四时,铿、安归。有顷,滋、佩、明亦归。薄暮小安回小庄。六时半,与滋、佩、彩、铿、明同进晚饭。澄儿适归自小庄,乃与焉。夜饭后,升垍来,家人共谈至十时后,垍去。茂、铿骑车送之,乘机教铿也。及归,已十一时半,各就寝。三时起溲。

2 月 19 日(正月初九日　丙申　雨水)星期三(2°—0·10°)

晴。仍有风。

七时半起。八时三刻,澄、滋、铿去新车站会汉等,乘地铁前往

平果园,将游八大处,并过福田为珏人扫墓云。下午四时,伊等回,
潚儿亦与焉。夜饭后,家人杂谈。九时后,潚乃归去。十一时许
就寝。

起溲一次。

2 月 20 日（正月初十日　丁酉）星期四（2°—0·12°）

晴。风吼甚急,突转寒。

晨七时半起。下午四时三刻,汉挈元鉴及刘淑芬与一虞姓者
来,潚儿、小安亦继至。昌预、迎迎、桂本亦来。夜饭时,又设圆桌,
予烦恼已极,实不暇周旋,终席默坐而已。日来心情不舒,饮食锐
减,尝自叹绝少分忧解愁之人,偏多添闷益烦之事,晚年遭际如此,
真不可解矣。九时后,潚、汉等人皆去。十一时许,乃寝。起溲
一次。

2 月 21 日（正月十一日　戊戌）星期五（0°—0·13°）

晴。风沙,寒。

晨七时半起。上午,升埙来为澄儿整理行李。林宜及其弟同
来,以雇车不得散去。

午后,升埙及林宜之弟复来,假得平板车,始车送广安门车站,
作慢件运出。午前,潚来送滋家返皖,饭而后去。午后,易小安来
送澄儿,下午去林家晚饭。

晚七时,予与润、滋、湜、佩、修、彩在北屋共饮。铿孙、小安等
在南屋吃蒸饺。九时,小安归小庄。澄儿归。久不接龙,今夜始勉
接龙数盘。十一时就寝。起溲一次。

2 月 22 日 (正月十二日　己亥)星期六 (2°—0·12°)

晴。风稍戢,寒犹未止。

晨六时即起。小安来。七时,滋、佩、铿、明启程返当涂。润、茂、芬、安俱送之上车。澄亦往焉。八时三刻,澄等归,知小安已径返小庄,滋等准时开车,至顺利。润则径去版本图书馆上班云。

十时,汉儿、宗锟挈会来来,因同午饭,藉与澄儿话别。下午三时,汉等返小庄去。四时后,升埼抱辉至,有顷,丽华亦至,俱来送其母者,遂共夜饭。饭次,潘儿来送澄,林宜亦至。同谈至九时许,潘与林宜、丽华及小辉各归。升埼又留谈至十时许,乃辞去。说明明晨六时,其母即行,由润、湜亲送上车,不必与升基拂晓前来云。埼行后,予等皆就寝。三时,予起溲。

2 月 23 日 (正月十三日　庚子　八九始)星期日 (8°—0·8°)

晴。

五时即醒,澄、润、湜陆续起。五时三刻,润、湜送澄登程。天尚未晓也。七时半,润、湜归报,赴贵阳车已准时开出。一月来,紧张气氛至此始得缓和,不识此后能稍感松舒否?

十时,吴慧来访,谈移时去。又借去吕思勉《秦汉史》及陈登原《国事旧闻》三册。午后,展阅《诂林》,目昏特甚,未几即辍。夜饭后,与彩英、茂孙接龙。有顷,茂为同学叫去,遂罢。湜、修去琉璃井,十时后始归。予已就寝。三时起溲。

是日下午,茂孙等帮同拆除北屋板铺,室内始得复原。

2月24日（正月十四日　辛丑）星期一（6°—0·6°）

晴。

晨七时半起。九时半，介泉见过，闲谈至十时三刻去。午饭后，润、茂二人为北屋火炉通烟囱，盖涉冬经春，囱中积灰已厚，恐蹈去年覆辙，及早处理（彩英已感心跳头眩）也。予目昏手震，稍展《诂林》即止，莫奈何也。夜饭后，打五关自遣。九时三刻就寝。起溲一次。

今日始接滋电报告到，必有故也。

2月25日（正月十五日　壬寅　元宵）星期二（8°—0·5°）

晴。风紧。

晨七时半起。九时半，平伯见过，手评圣陶《兰陵王》词及湜儿摹本诗册题跋相赠。长谈至十一时许别去。

午后四时，汉儿来。五时，小文来，以电影票三纸见赠。少坐即去。汉儿则晚饭而后行。以小文所赠票一纸属带与刘云。

九时前后，茂孙约其同学杨惠敏共修已坏电视，焊接之后，居然顯影发声，虽暂而亦不可不称其巧手矣。予于放映终局之前，看到电视新闻，至慰也。十时就寝。一时半起溲。

是日接云章信，知带食物与予。

2月26日（正月十六日　癸卯）星期三（0°—0·8°）

晴间多云。

七时半起。八时，茂孙约一同学共往海运仓军医学院礼堂看电影《创业》。盖昨日小文所送之票也。彩英以家中无人，独为予留。午后,强看《诂林》,用单照放大镜,逐行移视,殊吃力。四时后,潜挈小安来。夜饭后,与潜、彩接龙三盘。九时,潜、安去。十时就寝。一时及六时均起溲。

2 月 27 日(正月十七日　甲辰)星期四(5°—0·7°)

晴。日中仍有风。

晨七时半起。九时后,写信两通,分寄漱儿及元孙,俱附湜儿信中去。

午与彩英同饭。饭后小休,即写信复铿孙,盖昨接伊到当涂详报也。下午仍强看《诂林》。湜儿下班过月坛大乘胡同取得云章托带之维美思酒及烘制蛋糕归。(昨已去过,未晤,今乃取得之。)

茂孙与其同学杨惠敏、刁凯帮同借得平板三轮,将修好之电视机车送至东单三阳委托商行求售,该行声称须家长到场始可行,茂即电话告禀,予饬湜儿前往后,然成交易,得人民币二百元。此机自购入至屡次加修,积十年馀,已费千金,今得脱手,收得什之二,亦幸矣。

汉儿适于下午四时来,遂同晚饭。饭后,九时去。十时,洗足就寝。一时及五时均起溲。

2 月 28 日(正月十八日　乙巳)星期五(13°—0·5°)

晴,仍有风。

七时半起。九时,圣陶由满子陪侍来看予,闲谈至十时四十分,去。临行以泗原所撰随笔一大帖(数十页)交予,谓伊将来访自取也。午后,予为谛读此随笔,其中对文学结构及家乡掌故,颇有论述,且多具特识。可佩也。

写信寄云章,谢其厚赐。夜饭后,与湜儿、彩英接龙三盘。十时半就寝。翌晨五时,天尚未明起溲,返床大咳喘,彩英闻之,起调灵芝糖浆饮,予渐获平复,竟又入睡。

3月1日（正月十九日　丙午）星期六（5°—0·5°）

晴。

晨七时五十分起。九时,刘云来,为予在西单商场购得张裕金奖白兰地酒一瓶。(此物已将绝迹,汉儿告云,云竟为予物色得之。)少坐便辞归小庄。予仍勉看《诂林》。六时半夜饭。饭后,与湜儿、彩英、茂孙接龙数盘。十时就寝。是夕未起溲。

3月2日（正月二十日　丁未）星期日（5°—0·6°）

多云转晴。

晨七时半起。九时半,汉儿、宗锟来,以地震警报频传,小雅宝房屋薄劣,坚劝予偕同彩英暂住小庄伊家。因略为部署,由茂孙往车站雇得一小汽车,于午饭后趋赴小庄。从此一住十四天,至二月初三庚申(三月十五)下午四时始归小雅宝。其间有可记者:平伯闻讯特来小庄访慰。一度邀圣陶、满子来小庄小饮(正月廿九)。往中山公园中山堂参加孙中山逝世五十周年,及两度接晤袁行云携来书画及版本书多种,相与赏析。尤足特书者为茂孙之干材,十一号接政协通知后,奔走于学部小庄之间,得由所中发车接送,躬侍左右,与颉刚同车安全往返。初三回家,又奔走两小时,展转三五处,始在日坛公园拦得一三轮摩托,乃成行。到家后又于翌日为购得上海出品九寸电视机,藉供清娱云。

3 月 16 日（二月初四日　辛酉）星期日（13°—0°）

晴。

七时半起。十时，升基、林宜来，为言将偕返渝厂述职，星四启程。因共午饭。饭后，基、宜去。

予目力日昏，看报看书都大为吃力。傍晚濬儿、小安来共进晚餐。餐后，茂孙适为予买得小电视机回，因共试看至九时，濬、安辞归小庄。予于十时就寝。十二时起溲。黎明又起溲，竟又犯喘狂咳，彩英惊起，为调灵芝糖浆饮，予良久始渐平，只索穿衣起坐。

3 月 17 日（二月初五日　壬戌）星期一（15°—3°）

晴。

六时半起。早餐后，强持写字，补记以上所述。仍勉展《诂林》看之，竟不能离单照也。下午四时，汉儿来，因共夜饭，仍小饮。饭后，七时半，同家人看电视，坐既近，又戴眼镜，尚能正观。是夕，除电视新闻外，为科教片《风雪流》、动画片《小号兵》、故事片《战洪图》，均毕事而后已。久不得接触电影，得此解闷，亦良佳。九时半完，十时洗足就寝。二时半起溲。

3 月 18 日（二月初六日　癸亥）星期二（13°—3°）

阴转晴。

七时半起。九时半，濬儿来。予上午为北京第二轧钢厂工人理论小组（介由版本图书馆倪小明）看《刘知几著作评介》稿件两大帖，目力不济，颇累。午饭后，濬儿去，予乃擘看《说文解字诂林》，幸引书大多出经史旧文，尚能推类详求，虽不离放大手镜，居然十得七八也。下午二时半,汉儿来,旋出购物,四时后复来,因同进晚饭,并小酌焉。饭后,看电视新闻及天津杂技表演与故事影片《闪闪的红星》。茂孙与同学数人为予在室内装置天线,此后将更收清晰效果云。九时,汉儿去。十时半,予就寝。三时半起溲。

3 月 19 日(二月初七日　甲子)星期三(17°—0·5°)

多云间晴。有风,气候又忽变,真是最难将息时乎?

晨七时半起。竟日无客至,阅《说文诂林》第九册,毕之,口部诸篆犹未了也。是日,报载四届人大常委第二次会议通过国务院承党中央指示,将全部在押战犯(包括蒋帮军官、党政人员、特务及前伪满、伪蒙战犯)特赦释放,并予妥善安置。是诚昭示天下咸与更新矣。不可以不书。

晚饭后,正在看电视,润儿导原驻版本图书馆工宣队成员赵、王两同志来看予,因伊等前编《武则天故事》曾见询数事,特来慰访也。谈有顷,去。假得《无双谱》一册去。或将采用武则天画像耳。

是夕电视看得科教片《毛竹繁殖》、广东部队音乐会及故事片《列宁在一九一八年》。十时就寝。三时起溲。

3 月 20 日(二月初八日　乙丑)星期四(14°—0·1°)

晴。

七时半起。十时子臧见过,知学部正日上轨道,谈至十一时半去。上午接清儿、铿孙信各一。下午三时,泗原见过,谈其所作随笔,相与赏析,傍晚乃去。汉儿四时来,在美术服务社购得苍珮室制百寿图墨一匣为献。夜饭后,共看电视,八时后,去。予看至竟场乃已。以此为遣,远胜接龙多矣。

是夕,接当涂铿、明两孙电,祝予八十六寿辰。昨日湜儿亦购献塑料方壶一器,为予贮酒之需。儿辈盛意固足受,而为此扰扰,终感不甚安帖也。是诚难解之矛盾矣。十时半就寝。二时起溲。

3 月 21 日(二月初九日　丙寅　春分)星期五

晴。晚有风。是日广播及报纸皆只有大风降温警报,无最高最低气温报告,知明日将有五至七级西北风,后晨气温将骤降至零下四至六度云。

七时半起。十一时许,潘、汉两儿自西单来,车中遇刚主,因偕来。盖皆为予八十六初度之辰来吃面也。潘买蛋糕一蒸,汉为清代买金奖白兰地一瓶,皆所以为寿者。十二时与刚主及潘、汉、彩同饭,并小酌。饭后,刚主去。予小盹后仍阅《诂林》。

傍晚,宗锟、刘洁、元鉴、小安皆至。七时,分设两桌吃面。予与汉、锟、润、湜、鉴、洁在北屋,潘、琴、修、彩、茂、芬、安在南屋。茂孙以孤丁自嫌,来北屋凑热闹,亦佳。面毕,予与汉、润、湜、锟等闲谈,馀多趋东间看电视。九时许,汉、锟、潘、安、鉴恐起风,先行各归。洁则十时乃行。予于伊等行后即寝。三时起溲。

3 月 22 日(二月初十日　丁卯)星期六(8°—0·5°)

晴,有风。

晨七时半起。午前写信两通,寄上海漱儿及善桥为民。午与彩英同饭,始感清静。午后,茂孙为予发出二信。予小盹后,又奋笔写信,连书四通,分寄沪上静婿、淑儿,原平元孙,石庄刘云,当涂滋、佩暨铿、明两孙,详告近状。虽不无感累,而笔债一轻,殊快意也。此四信亦由茂孙发出，并为弥同寄喜糖与太原清家焉。

六时晚饭。七时看电视，近日以此为常课，今日主要为看《平原游击队》影片耳。近十时毕，予即就寝。二时起溲，尚不觉特冷，天气预报犹与实际有距离乎。

3月23日（二月十一日　戊辰）星期日（16°—1°）

晴。

七时半起。九时，徇刚主之请，撰赠言一首，贻其弟辰生，随写于别笺，行款尚不欹斜，涂自引慰，但求保持不再恶化，当可延长读书耳。继续展阅《说文解字诂林》。

下午三时，汉儿来，五时许，宗锟来。六时半夜饭，与汉、锟小饮。七时，看电视。有话剧《风华正茂》，反映当代教育路线之斗争，颇可观。九时三刻，汉、锟归去。十时半就寝。十二时、二时皆起溲。

3月24日（二月十二日　己巳）星期一（18°—1°）

晴。

晨七时起便旋，即穿衣盥漱，坐而进食。八时半，展阅《诂林》。九时，圣陶、满子来。有顷，颉刚、近秋来。不约而会，快甚！七十年老友握手长谈，洵难得之乐矣。谈至十一时，圣、颉等皆辞归。而汉儿至，乃共饭小饮。颉刚为予《惊鸿集》题两绝句，又为《遣兴丛钞》作长题，备述我两人之交往，颇足存念也。

下午三时半，汉儿归小庄。四时半，毛之芬见过，以报上见予出席中山堂，伊亦与焉，而未之见，故特来相访云。谈移时去。夜饭后，看电视《湘黔铁路》，影片宏伟感人。湜儿往访刚主、平伯，顺为予致赠辰生短言。及电视完,湜乃归。携到俞、谢两家所藏抄本及拓片多种,备予阅览。予以就寝,未及览。十二时、三时半俱起溲。

3 月 25 日(二月十三日　庚午)星期二(15°—0°)

晴。

七时一刻起。早餐后,翻阅昨晚湜儿携归之件,费两小时之力毕览之。均精品。十一时许,汉儿来。

接廿二号元孙原平来信,附有心农致予及湜儿信。予去信尚未收得,故未提及。午后,汉、彩同出购物。三时,农祥来言,亦秀事又中变,闻之慨。四时许,汉、彩归,农祥去。有顷,刘洁、小安来。六时半共夜饭。饭后,看电视新闻赦释战犯及话剧《云台战歌》。(此剧反映农村阶级斗争甚烈。)九时半,汉儿、小安先归去。剧终已十时,刘洁亦去,予乃就寝。十二时及三时半均起溲。

3 月 26 日(二月十四日　辛未)星期三(20°—2°)

晴,暖。

晨七时半起。上午勉阅《诂林》。小文十一时来,因与同饭,饭后去。

午后小盹。起后,草《怀素自叙》影本跋,信手用元珠笔在纸上乱画而已,亦莫之办也。六时,与彩英晚饭。饭后仍看电视新闻及抗美援朝影片《打击侵略者》,近十时毕,即洗足就寝。十二时许起溲。

3 月 27 日（二月十五日　壬申）星期四（5°—0°）

晴。

七时嗽作，大不安，彩英为调灵芝糖浆饮，予并即穿衣如厕，良久，乃少平。早餐后，大定。只索勉坐握笔绳书《怀素自叙》跋，并及湜儿所藏复印本《唐人摹兰亭序三种》跋，虽运笔如在云雾中，及毕，再视，居然尚中绳墨，大幸！大幸！

午与彩英同饭。饭后，又看《诂林》。下午三时，友琴见过，知下午未上班，就医回家，特承过访也。谈顷，农祥至。又有顷，小安来。四时后，友琴先行。汉儿来，晤及农祥，为亦秀事有所谈。五时，农祥去。六时，予及汉、彩、安同进晚餐。七时看电视，儿童节目，颇可观，继为唐山市影调剧表演，知识青年上山下乡，在农村作阶级斗争。此一剧种颇新颖，盖采用滦州皮影戏之唱腔改为歌剧者，大概应调演来京也。近十时始完。汉与安返小庄，予即寝。十二时许起溲。

3 月 28 日（二月十六日　癸酉）星期五（16°—2°）

晴。

六时起溲返床，又嗽作，幸未久即止，居然入寐。七时半乃起。早餐后，写信两通，一致平伯，一致刚主，谢其赐诗及假视珍籍。将属湜儿送还之。

仍续看《诂林》。十时，汉儿来同饭。饭后，看彩英裹粽子。晚饭后，汉携粽子归去，将自煮。予等于七时开看电视。先为工艺美术片，雕塑《矿工的儿子》，继为京剧影片《杜鹃山》。十时始毕，予即寝。

连日大风,今尤烈,黄昏时竟有飞沙走石之势。北地春风迥殊南中,非久习者,莫能了解也。

湜、修去琉璃井晚饭,十时后乃归。予中夜起溲。

3 月 29 日(二月十七日　甲戌)星期六(13°—2°)

晴。风吼如虎,厌甚。

晨七时起,展阅《诂林》。午与彩英同饭。饭后,彩英出购菜肴,以昨接昌预电话,桂本等都来晚饭也。四时半,昌预、迎迎来。有顷,桂本来。又有顷,小安来。垂暮,潏儿至。六时乃与伊等共饭。

七时看电视新闻,并及评剧《向阳商店》。九时三刻始毕,潏等一行五人归去。予亦就寝。

湜儿是日归来特晚,知往访启元白,为友人所邀,同饭于成都饭庄也。且知元白近赋悼亡,无子女,深感孤寂云。十一时三刻起溲,返床甚安,至三时半又起溲,则返床喘逆咳呛大作,彩英闻声来视,为调灵芝糖浆饮,予乃略平,旋亦入睡。

3 月 30 日(二月十八日　乙亥)星期日(15°—3°)

晴。晨七时一刻起。仍有风刮沙。

勉看《诂林》,殊费力,恚甚。湜儿往访谢、俞两家,送还假示各籍,又携回谢赠诗两首,步颉刚韵者。晚六时,润、茂送琴珠到北京站,盖伊奉命出差,前往武汉大学组稿也,为期一周云。

予等仍看电视,《杜鹃山》剧团往访非洲阿尔及利亚及其他电视新闻。十时就寝。十一时半及三时俱起溲。

3月31日（二月十九日　丙子）星期一（14°—0·2°）

晴，仍有风。

晨七时半起。竟日无人见过，乃勉看《诂林》，得终口部诸篆。六时晚饭。饭后，看电视，与彩英及茂、芬两孙俱。润儿则往看其甥昌硕，闻伊肝疾未痊，勉强上班，颇感劳顿耳。

今日电视有长春电影制片厂摄制之《艳阳天》，盖根据浩然同名小说改编者。农村阶级斗争之烈，何可忽视。十时完场，少坐，以润儿之归，据告，昌硕身体尚能支持，只要心情舒畅，病魔就能退避也。十一时就寝。十二时半起溲，返床尚安。及四时又起溲，则喘又大作，连咳不止，彩英亟来调糖浆饮，予始渐平，竟得入睡。

4月1日（二月二十日　丁丑）星期二（17°—0°）

晴。

七时一刻起。八时，接滋儿、元孙及菊芳上彩英信，知滋曾去上海贺弥同婚礼；元孙工作极忙，精力却弥好；菊芳信中说予所需新茶已托蔡君留意云。接汉儿中关村电话，谓应顾公绪夫人之邀，暂住其家，有事可径用电话知照云。

勉看《诂林》，至午后四时，终以目昏而止。正伏案抹牌打五关自遣，忽有人闯然来，则丁晓先及其子女士秋、士中也。晓先近忽患精神分裂症，其家电告南京士秋，故赶来相视，则狂态已成。今姊弟伴同前往建国门医院就院，属转院治疗，先至协和医院，以该院无精神科，属转安定门精神病院。本人不肯往，径走来小雅宝，秋、中只得随以来，入门即大哭，谓死已三年，死已三年。盖其子士方三年前死于陆军医院，丧明之痛，久郁于中，遂致痛悼失心，一至如此耳。予睹此情况,万分难受,竟无语可以慰藉之。士中即去车站雇车,良久乃乘车至,接伊父女共载以往安定门,或收,或仍回翠微路,则未之知。总之,此一印象实以磨灭矣。伤哉!丁等去,即暮色笼罩,予与彩英乃惘然。

晚餐未释箸而濬儿偕小熙、小安来看电视矣。七时同看电视,至九时半,濬挈熙归去。小安则润儿留伊小住。十时后,各就寝。十二时起溲。

4月2日(二月廿一日　戊寅)**星期三(18°—1°)**

晴,风略和。

七时一刻起。续阅《诂林》,不胜吃力,时作时辍,殊为怅然。

接平伯信,慰予目翳。又接漱儿信,详告弥同婚礼情状,虽沪习俗尚奢,伊家断不及此风之什之一而已,感过分矣。去信时尝一为提警也。

小安上午去小庄,午后复来。六时半,与予及彩英同晚饭。七时看电视,科教片《核桃嫁接》及煤矿文工团歌舞节目。升堉来省,以参加市中会议,伊代表延庆县旧县中学校办工厂出席也。电视罢后,予及润儿、茂孙与升堉长谈,至十时三刻乃辞去。予亦就寝。十二时及三时俱起溲,幸未引起大喘咳,未几仍入睡。

4月3日(二月廿二日　己卯)**星期四(21°—3°)**

晴,仍有风。

晨七时半起。九时三刻,鸣时见访,告晓先狂疾已成,日前亦曾去其家胡缠云,兼及汉达家近事,均不愉快。何不幸消息如此其多乎!谈至十一时许去。予仍勉看《说文解字诂林》,恃放大单照从事,终觉雾中看花,依稀想像而已。

午晚小安俱与予及彩英同饭,仍留宿润所。夜七时看电视,北京木偶剧团演出《草原红花》及解放军总政治部文工团演出交响乐《智取威虎山》,十时毕,即寝。十二时及翌晨五时俱起溲。是夕,润儿在版本图书馆值夜班。

4 月 4 日（二月廿三日　庚辰）星期五（17°—4°）

阴,时有细雨,晚转多云。

晨七时起。九时,圣陶见过,独自扶杖而来,可感也。方坐定,而维洛来,遂共谈。知维洛曾往西安疗养,服中药,病已大减,现仍在家休养云。十时半,圣陶归去,茂孙送之上车。维洛则近午始去。

午后三时,汉儿来。甫自中关村回小庄,即来看我也。小安午后返小庄,傍晚来小雅宝,知濬儿亦将来饭。有顷至,遂与予及汉、彩、安同进晚餐。七时看电视《铁道卫士》,抗美援朝时破获特务阴谋破坏案件也。九时,濬、汉俱归去,小安仍留。十时,电视毕,予洗足就寝。十二时起溲。

4 月 5 日（二月廿四日　辛巳　清明）星期六（18°—2°）

晴。

五时起溲返床复睡。七时一刻起。九时后,仍看《说文解字诂林》。午后略眠。彩英出购物,上下午都在排队。夜乃以馄饨代饭,小安佐之。六时,茂孙出看电影。琴媳归。先接电话,润儿往人民市场前接候,盖自武汉公毕返京,乘飞机行,故直送至民航大楼,以晕眩,故不任再乘公共汽车,遂特电知家中往接也。予仍看电视,长春制片京剧《奇袭白虎团》,武打各场均出色,亦抗美援朝之故事也。十时就寝。十二时、一时均起溲。

4 月 6 日(二月廿五日　壬午)星期日(22°—6°)

晴,微有风。

晨七时半起。九时,次园见过,知工作确定,户口亦由昆迁回北京,并顺游苏州六直、上海等地,一切顺利,致并相贺。十一时去。临行,以木渎麻饼及上海梨膏糖享予。乡土仪物倍感亲切矣。

汉儿、宗锟十时来,午饭后去中关村,谓明晨锟将径返黄村干校云。下午四时,孝达一家五人、金凡一家三人先后来湜儿所,因于东屋共进晚餐,坚邀予参加。饭将毕,瞿珮珮来,七时半一起在北屋看电视《青松岭》,九时许毕,孝达等同去,予再接看京剧《红云岗》,十时乃就寝。十二时、四时俱起溲。

4 月 7 日(二月廿六日　癸未)星期一(18°—4°)

多云间晴。仍有风。入夜加大,又作撼户之势。春风多厉,北方实见之。

七时一刻起。十时,汉儿来。予仍勉阅《诂林》。午与汉、彩、安同饭。午后,汉、彩出购物,予鼓劲写信,一与为民,复告所需新茶量,并以该价廿元汇去(其母亦附汇廿元济之);一与澄儿,为堤孙所生之子取名锐;一与漱儿,复告所悉弥同婚盛况,似嫌过分,深致儆戒,不识能否领会耳。

六时夜饭。饭后,汉儿即归小庄。予仍看电视新闻及科教片,并重看故事片《无影灯下送银针》。十时就寝。胸口感不舒,任其自然,十一时后亦入睡。三时半起溲。

4月8日（二月廿七日　甲申）星期二（17°—3°）

晴间多云，仍有风。

晨四时起溲，返床喘作，俄延至曙，气逆不复可忍，彩英闻之，调灵芝糖浆饮，予稍稍平。至七时穿衣亟起。早餐后，仍强看《诂林》，昏昏不怡。

午后小睡，起，打五关以资调节目力，而农祥至，乃舍牌与语亦秀事。消息杳然，神情索莫，无语可慰，移时辞去。正与农祥谈话时，窗上大玻璃碰然作声，碎碗大一块，幸未洞穿。盖顽童自瓦屋之外，用弹弓飞来一小石所致，亟令茂孙剪纸护之，恐其坠落也。顽童不率教已成恶风，为害社会，正无压止，可痛甚矣。

升埒来，因共夜饭。七时仍看电视，除新闻及科教片外，见到广西壮族剧团之话剧《主课》及上海京剧团之短剧《审椅子》，均表演农村阶级斗争之剧烈。十时洗足易亵衣就卧。十二时起溲。

是日，接漱儿信，知托人带物来京。

4月9日（二月廿八日　乙酉）星期三（25°—12°）

晴。

凌晨四时起溲，返床尚好，至五时咳喘渐作，正惧剧，转而彩英已闻，亟为调浆饮，予居然平复，且悠然入梦境，至恬适。盖已开收音机竟藉为催眠之剂也。及醒，已七时，乃穿衣起。八时后，风又大作，黄尘塞天。十时，汉儿来，十一时宗锟亦至，因共饭。饭后闲谈，二时半，汉、锟去。汉取昨接漱信去，谓将代予复之。盖带物都收矣。四时后，抹牌打五关，眼已无从看书矣。六时晚饭。七时看电视。主要新闻有追悼董必武同志大会。董为中共创始人之一，毕生尽瘁革命,享年九十。素受人民爱戴,宜其令名克终,世界震悼也。其它报道有鞍钢、前进、胜利油诸片。最后仍为《无影灯下送银针》。十时毕,就寝。三时起溲。

4 月 10 日（二月廿九日　丙戌）星期四（17°—7°）

晴间多云。

晨七时起。仍强看《诂林》。下午气闷甚,想索取大字之书以解之,乃启柜取影宋本《艺文类聚》观玩。初看亦清晰悦目,稍久便又蒙然,只得阁置,抹牌打五关为遣。彩英上下午俱出购物,夜又与小安及芬孙往红星看彩色电影《杜鹃山》。下午五时,潏儿挈熙熙来。夜饭后,与同看电视。八时后,即携熙熙回小庄。湜儿晚又走谒平伯、刚。润儿亦往东单青年剧院看云南上调演出之白剧。只茂孙伴予,复不时离去,予深感沉寂。时西北风又大作,哮吼不已。十时,电视完,始见彩英、湜儿、润儿等先后归。予亦解衣就寝。不复忆及所看电视为何物矣。十二时起溲。

4 月 11 日（二月三十日　丁亥）星期五（22°—5°）

晴,仍有风。

晨五时半起溲,返床嗽作,不敢平卧,披衣拥衾倚枕而坐。至六时三刻,乃下床,徐徐盥漱,始渐平复。仍强阅《诂林》,兼读《类聚》。十一时,金永祺见过,坐有顷,去。

午后仍强自看书。小安回小庄。盖留润儿所已十馀天,潏儿昨亦招之矣。四时半,汉儿来,因留同夜饭。七时看电视,京剧《磐石湾》。正凝神时,宗锟来,谓自黄村返小庄,知汉在此,特来接候耳。十时观毕,汉、锟去。予亦就寝。十二时、四时俱起溲。

4 月 12 日（三月　戊子朔）星期六（22°—6°）

晴。

七时半起。九时，为湜儿草谢陈从周贻画稿，并书谕认清时代，勿再蹈我老路也。十时，小安来。有顷，汉、锟来。因同饭。饭后，与锟闲谈。三时汉、锟偕去。闻汉将暂时住往黄村也。小安仍宿南屋，谓将其外婆之命而来，明日约与大舅公同游万寿山后始返小庄云。晚七时，仍看电视新闻及儿童节目小小运动会、舞蹈等，并记录影片《国庆颂》。十时毕，各就寝。十二时、三时俱起溲。

4 月 13 日（三月初二日　己丑）星期日（20°—6°）

晴，仍有风。

六时半起溲，即穿衣坐。今日润儿携小安往颐和园会潜儿同游。湜、修亦陪其亲戚同游香山。琴媳去人教社值班。茂孙往地质部礼堂看电影。家中惟予与彩英及芬孙在。予仍强阅《诂林》。午刻，与彩英、芬孙啖饺子。琴媳、茂孙适回，乃共享之。午后小卧。三时起。小休时，孟昭生为送小米来，予未及接晤，歉甚。润儿已还，谓潜未到，而小安则已径返小庄云。四时，韵启来，谓事忙不得暇，故久不至，因留同夜饭。饭后，同看电视，湖南话剧《枫林湾》，九时半毕，韵启去。予于十时就寝。十二时及翌日五时俱起溲。

4 月 14 日（三月初三日　庚寅）星期一（23°—10°）

晴，仍有风。

七时起。九时，圣陶、满子来访，闲谈至十时三刻去。约初八日过饭其家。彩英、茂孙扶予出送,在门口遇对邻刘家大妈,邀往其家小坐。予自住小雅宝廿年多,乃初次访其院,可见予之不喜串门,实已成习,垂老得此,亦足记也。

午间,彩英自打饨皮裹馄饨代餐。盖昨日吴振华来访,携来大璐、小昕母子亲手挑取荠菜,遂用以作馅也。

午后小盹。彩英出购物,留茂孙在家。予小盹后,仍强看《诂林》。傍晚,彩英始购得明虾三斤归。当晚即制虾饼分馈孝达及金凡两家。孝达家晚饭后,即由湜儿骑车送去。金凡家则明晨仍由湜上班时带去。

夜饭后,予仍看电视,初仅与芬孙两人看,九时许,彩英事竣,亦来看。盖北京市各界学唱样板戏大会在工人体育馆大规模演唱也。十时方毕。予就寝后,湜儿始归。十二时及五时均起溲。

4 月 15 日(三月初四日 　辛卯)星期二(23°—10°)

晴间多云,有风。

七时起。仍强看《诂林》。九时三刻,陈礼生来,坐移时辞去。以前假之《严复诗文选》还予,又杂问若干事。礼生未行时桂本忽至,迨午与予及彩英同饭。饭后,桂本即去。有顷,彩英陪芬孙出购物。三时许农祥来,坐至四时半,去。彩英、芬孙亦归。无所于得(选裙料未中),竟白费半日,可哂也。

六时夜饭。予正与彩英对啜小米粥,而小文忽至,只得以小米粥分享之。七时,看电视,八时,小文去,予等看毕而后罢(故事片《钢铁巨人》)。十时,洗足就寝。十二时及翌晨五时俱起溲。

4 月 16 日（三月初五日　壬辰）星期三（25°—10°）

晴。

五时溲后返床，迷迷胡胡，似睡非睡，至六时半，忽两膝以下腓肠轮作抽麻，难受极矣。挨至七时披衣强起，行步更感艰困，不知能否复元耳。强坐勉看《诂林》。目虽不济，而腓肠紧张乃渐舒。子臧见过，适湜儿以打针发烧在家休息，因介见之，谈久乃去。

十时，元鉴来同饭。饭后，刘洁至，元鉴去。予就榻小盹。三时半起。刘洁仍在，抵暮同进夜饭。顺林四时来，亦同夜饭。饭后，看电视。八时，顺林去。十时，电视毕（为话剧《风华正茂》），刘洁亦去。予乃就寝。十二时、三时均起溲。

4 月 17 日（三月初六日　癸巳）星期四（20°—7°）

晴间多云。入晚仍有风，转阴。

七时起，仍翠看《诂林》。十一时许，汉儿自黄村来，携到新摘枸杞头。彩英七时半即出排队购物，至十一时三刻乃归。午即烹杞头尝新，与汉、彩同饭，惜枸杞加糖真味全破，殊煞风景耳。

午后，予就榻小睡。彩英出就浴于宝泉堂。予四时起，彩亦归。六时，即与汉、彩同晚饭。盖彩得小文电话，七时十分朝外俱乐部有朝鲜新摄电影《延丰湖》放映，俟伊往看也。晚饭毕，彩英即行。予与汉及茂、芬两孙看电视，亦见到儿童节目，木偶、杂技、动画《东海小哨兵》及电影《艳阳天》。十时毕，（八时汉回小庄。）彩英始归。湜、修亦在琉璃井晚饭，踵彩英后归。十时半，茂孙独往永定门车站，乘京原线火车去原平视其姊绪芳，润儿送之上廿路公共汽车。及润归，予乃就寝。一时起溲。

4 月 18 日 (三月初七日　甲午) 星期五 (20°—10°)

阴转多云。

晨七时起。仍强看《诂林》。午后,彩英出购物,四时乃还。元鉴来,遂与同饭。七时看电视。八时元鉴去。今日新闻:柬埔寨首都解放,傀儡政府完全投降。朝鲜主席金日成今日应我国邀请,乘火车来京访问。故朝鲜影片又大放映,电视中得再看《摘苹果的时候》。十时始毕,即就寝。二时起溲。

4 月 19 日 (三月初八日　乙未) 星期六 (23°—11°)

晴。

七时起。七时半接茂昨日廿二点廿六分发电报,已安抵原平。是昨日灵丘转车必有延误,致已劳盼京原客运尚未统一调整耳。但愿早早就绪,行旅安顺也。

九时,汉儿自车站雇坐一乘小汽车来,予乃携杖出,同载以赴叶宅。圣陶、至善已在迎候,扶掖入坐。久不出门,尤疏访友,虽勉强行动,颇感乞力,而一切新鲜,心胸顿豁矣。有顷,平伯、元善及颉刚夫妇先后来集。五老聚首,互致欢慰。午前三午为予等在院中摄影,特为予一人连摄五影,空庭寂静,鸟语花香,朋辈感庆得地又承贤主人盛筵款待,更赞予择地之胜。午饮前,平伯出其先曾祖曲园先生日记两册,皆记同光间事,手书精整,绝无率笔,老辈典型,钦敬无既。寻其最后一年,距今恰已百年,予动议留志观题,遂由颉刚草一缘起,然后依年岁为序,首予,次元善、次颉刚、次圣陶,各识时年,俱八十以上人。平伯欣然收取,然后团坐合饮。予到叶家时,适葛志成在,因拉入席。凡十人五老外,有志成、颉夫人、至善、至美兄妹及汉儿。深谈浅酌，迩年希有之境也。阅时竟，散坐小憩，三时许，雁冰来叶家，盖甫自人大会堂参加庆祝金边解放大会，散后来看圣陶也。不期而遇，尤为难得，纵至四时，承其美意，乘其汽车先后送颉刚夫妇及予与汉儿归。本在雇车无从而凑巧如此，安得不感，无如匆匆，未暇邀其入坐耳。到家时，彩英已迎门相候，扶将而入。

五时，汉儿返小庄，以宗锟已自黄村返家矣。六时，与彩英同进晚餐，啜粥而已。七时，看电视新闻及朝鲜电影《延丰湖》。十时毕，就寝。二时起溲。

4 月 20 日（三月初九日　丙申）星期日（20°—10°）

阴。

五时起溲，返床喘嗽大作，彩英闻而起，调糖浆，予乃披衣倚枕坐而饮之，竟坐以待旦。七时，稍平，乃着衣起。八时后，润、湜、彩协同撤炉，卸窗帘，顺由湜擦玻璃，彩洗窗帘，劳扰至午未竟。予抽暇补记昨日日记。

晌午，潩儿及小安来，携到东四新开店烧卖，正值午饭，遂分享之。午后二时，汉儿、宗锟至，谓自张明西家饭而后来，亦携到广东点心。四时，汉、锟先去，潩、安留。以小安七时须往朝外看电影，六时即与潩、彩、安晚饭。当汉、锟去后，三午送昨所摄照片来，放大各照，大小至十馀张。日夕赶出送到，极感慰。坐谈半小时，即行。盖须再过顾家送照片也。

六时半，小安去。七时，看电视，而次媳戴佩华之弟崇尧来访，崇尧任职家乡（宁波）电子仪表厂，十馀年前曾旅住我家，今以来京出差，偕其厂长及另一同事，共乘飞机来，向所管部洽业务。不见多年,俨然一壮夫,活似其父叔道也。絮谈至近十时,乃返招待处。闻后日即须去武汉公干,再遄返上海,转甬,约明晚来饭,不知果否。

是夕,电视为沈阳杂技团在平壤演出,及京剧电〈影〉《杜鹃山》。濬儿看至九时去。予十时半就寝。二时起溲。

4 月 21 日(三月初十日　丁酉　谷雨)星期一(23°—8°)

晴

五时即起。彩英为晚间备饭,赶市场购菜,六时半出,八时半归。十时,农祥见过,闲谈移时,去。午与彩英啖面代饭,以即须治馔为应崇尧也。午后,又出购果脯两匣,备带与崇尧之女。予午后看湜儿借来刚主所藏抄本管庭芬《丱兮笔记》。六时许,崇尧来,因邀集润、湜辈同饮。饭后,仍看电视新闻及影片《渡江侦察记》。九时半,崇尧辞去。日内即将返甬云。十时半,电视毕,予亦就寝。十二时起溲。

4 月 22 日(三月十一日　戊戌)星期二(26°—10°)

阴转多云。下午间晴,西南风甚厉。

七时半起。早餐后,作书与元善,寄还诗件。又为芬孙题照,盖前日三午送来予照相十馀帧,其中一帧最自然,与予平日状态极符合,芬即指此乞取,予嘉其稚年亦知赏鉴,故乐为题背以赐之。彩英连日忙碌,竟致大发劳伤,晨起已勉强,八时后,即引被卧床。昌预昨夜值班,十一时径来小雅宝,幸是日文修厂休,乃得勉为治餐,与予及预同饭。饭后,昌预即去。

午后,予展阅刚主所藏抄本海昌管庭芬《芷湘笔乘》一册及

《虰兮笔记》(附《破铁网》)一册,穷半日力毕之。此两册系琉璃厂书估王子霖属书手过录以售与刚主者,字迹尚可观,而文理不甚通,故讹字迭出,至有匪夷所思之感。而刚主喜搜罗笔记,书估乃得中之耳。

六时半,彩英强起,与予各进小米粥。七时,仍看电视新闻及京剧电影《红色娘子军》。九时半,辍看,洗足就寝。十二时起溲。

4月23日(三月十二日　己亥)星期三(23°—9°)

多云转晴。仍有风。

七时起。十时,介泉见过,手持药水瓶,谓甫从医院来,以久不晤为念,特来访问云。故人情长而不便答访,歉甚。纵谈至十一时半乃去。接漱儿廿一号复信,备述弥同婚礼格于其姑云。竟致此排场,所谓形格势禁也。予亦照谅之,并附来弥、爱新婚照五帧,属予留其一,馀分赠濬、汉、润、湜。

午后小盹。盹后阅王益吾《汉书补注》,前曾阅而中辍,今取其字大或可适观,乃从头重看耳。究能看至何所,真莫能必也。

六时半,与彩英灯下啜粥,而濬儿挈安、熙来,谓在江苏餐厅已吃过小笼包子矣。濬再啜糖粥一碗,接看电视,顺告小安明晚即回青岛待分配插队。予仓卒无以为赠,将五元与之,俾自购所需也。八时一刻,濬等三人去。予乃专意看电影《沙家浜》。十时许完毕。予乃就寝。一时起溲。

4月24日(三月十三日　庚子)星期四(24°—10°)

多云间晴,仍有风。

晨七时起。九时,维洛见过,问史事,少坐即去。友琴继至,谈至近午乃去。午饭,饭顷,汉儿自黄村来,因同饭。饭后,汉、彩为更置丝棉袄往返于王府井及裁缝铺者屡。

农祥午后来,近晚乃去。六时夜饭。汉饭已即返小庄。今晚小安即返青岛,欲一会之也。七时,仍看电视,有儿童节目及曲艺等,近十时毕,乃就寝。是日,予颇感不适,形寒头胀,半夜起溲,竟添被,则又汗出透衫,仍不快。

4 月 25 日（三月十四日　辛丑）星期五（20°—8°）

阴,时有细雨,午后转多云间晴。

七时起。九时半,汉儿为予办妥裁制棉袄事。午间,彩英自打皮子裹馄饨作餐。饭后,汉儿往访农祥,五时许返,夜饭后归小庄。予仍看电视,渐感重复矣,但仍终局始罢。十时就寝。十二时起溲。是日,觉稍舒于昨日。

4 月 26 日（三月十五日　壬寅）星期六（20°—9°）

晴间多云。

晨七时半起。目仍昏,看《汉书补注》,夹行尚难了了,颇以为恨,乃转而看《艺文类聚》,勉能映目而已。是日,无客见过,方幸自如,而垂暮,小文至,彩英调炒米粉享之。坐移时归去。云其母兄在家候伊也。

六时半乃与彩英啜粥。七时三刻始看电视,有越剧《银针颂》及朝鲜影片《战友》。十时就卧。以汗渍难任,易衷衣,然又以形寒不敢取汤遍拭,仅除故易新而已。十二时起溲。

连日颇有来信,均以目昏不便视札,欠债多矣。

4月27日（三月十六日　癸卯）星期日（20°—12°）

晴间多云，仍有风。

七时起。竟日腰痛欲折，意兴索然，勉阅《艺文类聚》而已。汉、锟未来，大约别有所事。濬儿乃于夜饭后来，径约润谈，大约又为家庭琐事絮聒耳。予雅不欲闻也。看电视新闻及沪话剧《战船台》。完毕乃寝，已十一时。濬九时半去。湜、修琉璃井外家归来已十时。是夕竟未起小溲。

4月28日（三月十七日　甲辰）星期一（21°—9°）

晴。

五时起溲，返床听广播，咳喘虽作，幸未转剧。七时起，得畅解，腰痛为之一纾。写信复坚吾，馀暂阁，应所急也。阅毕《艺文类聚》四卷。十时后，汉儿来，锟已去黄村矣。

午与汉、润、彩、芬同饭。下午四时半，汉返小庄。五时，振甫见过。出《乾隆以来系年要录》排校清样一册，凡卷一至卷三，谓近由调孚江油寄来，属即转还予者。盖曩在开明编书时踵《廿五史补编》之后，首介由故友卢冀野得吴向之原稿，予为据《清实录》参校付排，当时调孚为出版部主任，排校各书都经其手，抗日军兴，其事未终，予竟忘之久矣。调孚有心人，故得收拾丛残，储之行箧，荏苒数十年，竟不之觉，及其退老就养，其少子于川北之江油年前又赋鳏居，伊郁寡，惟发箧陈书，遽见此册，遂承转邮振甫致予。其情可感，曷可意宣，当属振甫复书时致特为声谢，并告予老目昏眊，已难任笔札云。薄暮振甫去。予追维此事，当时开明图书馆初得《清实录》全部（东北印本），方拟从中摘辑关于四库修书原委，别成一书,而卢介吴稿适至,乃专从吴稿,参以《实录》,本图蔚成巨观,乃以时局推移,坐废前功。迄今回忆,不胜怅惘,仅存首三卷乎? 或尚有残馀乎? 转滋疑惑耳。

六时半夜饭。饭后,策杖诣南东两屋,视润、湜晚膳,略坐即行,仍须扶掖出。七时三刻,仍看电视转播舞剧影片《白毛女》,十时罢。少休后就寝。十二时半起溲。

4月29日(三月十八日 乙巳)星期二(23°—10°)

晴,有风。

五时起溲,返床听广播,乃藉为催眠之曲,竟薨然入睡。比醒,已七时一刻,乃着衣起。亦大幸也。

十时,汉儿来,为言潏家纠纷诸状,殊可浩叹。午饭后,汉出购物,旋归。四时返小庄。而孝达夫人至。有顷,湜、修先后归,别请晚膳。六时半,予与彩英共饭。饭已,扶予过南屋,少坐便返北屋看电视,为武术表演及影片《平原游击队》。八时,孝达夫人去。予看完电视,十时就寝。十二时起溲。

4月30日(三月十九日 丙午)星期三(23°—11°)

晴间多云。

晨七时起。九时半,刚主见过,谈至十一时许去。老去生涯惟老友能知之,常承存问,总切感慰也。仍勉阅《艺文类聚》,目力实不济,但不尔又将奈何? 写字亦复尔耳。

傍晚,外孙章心农至,盖自原平厂中出差来京,由副书记领导外出参观学习,前日已到京,一行八人,住虎坊桥工人俱乐部附近之旅馆,大约有一周耽阁云。因邀润、琴、芬及彩英同进晚餐。餐后,同看电视,茂孙同学田伟平来同观焉。电视新闻外,为电影《艳阳天》。十时观毕,伟平去,心农亦返虎坊桥。少选,予亦就寝。十二时起溲。五时又起溲。

是日下午四时,湜、修同往天津访问文豪家,五月二号晚乃归来云。

5月1日（三月二十日　丁未　国际劳动节）星期四（24°—13°）

晴间多云,有风。

七时起。芬孙参加中山公园园游会。九时半丽华来。有顷,升埁抱小辉至。十时半,心农至。中午,予与润、琴、彩、埁、丽、心在北屋同饭,并小饮。芬孙一时归,及饭。

午后,升埁先去看足球比赛。有顷,丽华、小辉亦去。四时,潸儿来。有顷,昌预、桂本、迎迎均至。五时,心农去。六时,予与彩、潸、预、桂、迎同饭。七时看电视,主要为体育馆转播节目,杂技、曲艺、武术、歌唱大会实况,皆拔萃之作,有新编舞狮,肩上扒杆,武术表演举大刀、开硬弓,空中体操,相声,空中飞人,等等,真有百戏杂陈,目不给赏之盛。尤难得竟再看到侯宝林、郭宝瑞合演之相声。十时半始毕。潸等一行四人乃归小庄。予亦就寝。十二时起溲。

5月2日（三月廿一日　戊申）星期五（21°—10°）

多云间晴,偶阴。

晨七时起。竟日无客,难得清静。润、琴、芬三人乘今日休假,八时即出游,由地铁去八大处,入晚始回。润挈家作竟日游,亦希有之事也。

予与彩英七时后仍看电视,得见不知名之越南电影,反映抗美之壮烈,摄影技术甚高,惜不能详悉其内容,一时只得存疑。此电影盖为庆祝西贡解放,越南全面胜利而发。至此,美帝之为纸老虎益灼然矣。十时就寝。十时三刻,湜、修自天津归。予十二时及翌晨四时俱起溲。

是日日中拭身易衷衣,夜看电影毕,又洗足易衬裤,于是,竟体舒畅得安睡。

5 月 3 日(三月廿二日　己酉)星期六(18°—11°)

多云间阴,傍晚转晴。夜半雨,有风。

晨七时起。十时,汉儿来,谓昨晚自窦店归,今已与垂杨柳医院接洽,明日将往彼处上班,为挂号工作,退休职工例得另找合适工作,并得取给差额工资云。同进午饭,而后去。

下午,予取《三希堂帖》宋人法书玩阅,虽字大拓清,终不免雾里看花之憾也。强忍而已。六时半,与湜、修、彩同夜饭。饭后,看电视儿童节目及越南抗美纪录片。最后看到电影《闪闪的红星》,顺询昨日越南影片之名,修媳、芬孙俱云都早看过,名《回乡之路》。可见老一辈之闻见竟不逮后辈之广泛耳。十时,电影毕,就寝。十二时起溲时尚未雨,故未之知。翌晨闻彩英言雨颇不小,听到檐溜云。

5 月 4 日(三月廿三日　庚戌)星期日(24°—13°)

多云转晴,以风故,气更料峭。

是日星期以移放二号,今补还。儿孙辈仍照常上班上学。晨七时起。上午强看《类聚》,目昏心闷,不知所云。午后小盹。起后只好打五关,亦红黑往往互混也。六时许,心农来,知将有外地参观之可能（蚌埠、南京、武汉、开封），待山西省方开出介绍信即可成行。润、湜亦均下班，因与共进晚餐，且小饮焉。七时半，看电视，升埙至，于是舅甥絮谈，予乃独看电视。主片为壮族话剧《主课》，大家早看过，已生厌，予遂专阅云尔。电视毕，与升埙、心农等共话，近十一时，伊等各归，予亦就寝。十二时及三时俱起溲。

5月5日（三月廿四日　辛亥）星期一（22°—11°）

晴间多云，仍刮风。今年可谓春风多漫矣。

七时起。早餐后，撰《乾隆以来系年要录》清样残本跋五百馀言。午后小憩后，书之册尾。时又果晴，汉儿亦来矣。四时三刻，有欧至培者以元善之介，来访谈问故，阅半小时即行。盖其女夫现任职故宫博物院，与唐兰同组。六时夜饭。饭后，仍看电视，为天津市文工团表演之歌舞及影片《战洪图》。九时，汉归去。十时，予就寝。一时起溲。

5月6日（三月廿五日　壬子　立夏）星期二（25°—10°）

晴，仍有风。

七时起。写新撰跋文于《庋架偶识》，看报外，以眼糊不任多翻书，抹牌打五关而已。午前九时，汉儿来。十时，友琴见过，为予带到所中所发学习资料三种。长谈，近午乃行，假去冯氏《金石索》中之《金索》。

下午二时，汉儿归小庄。彩英与之偕出采购副食品，兼付电话各费。五时乃返。

六时半，晚粥。尝今年新渍盐鸭蛋，颇不恶。粥后，正在看电视，而心农偕其厂中同事、主任及安师傅来访，以元孙在厂故，特来访问,可感也。润、琴、湜等与之长谈。十时半乃与心农同去虎坊桥旅馆。是夕,电视为电影《壮志踏破万重山》及各地杂技选辑,以有客在坐,不免大减注意力耳。十一时就寝。一时起溲。

5 月 7 日 (三月廿六日　癸丑) 星期三 (23°—12°)

晴,仍有风,但转暖矣。

晨七时起。上午无人来访。下午三时,彩英出购物。四时半,瀋儿来。五时半,彩英归。遂与瀋同饭。饭后,看电视《青松岭》。九时,瀋归去。十时,电视完,予乃就寝。十二时许起溲。是夕,又感冷,加盖毯子则出冷汗,颇不适。

5 月 8 日 (三月廿七日　甲寅) 星期四 (24°—10°)

晴,略有风。气颇鏖糟。

晨七时起。琴媳见告南屋屋顶有裂缝,且戛戛作声,大有危象,因急赴房管处修理段报告。其负责人老尹带工匠来视察,并电话通知管理员老曹亦到场,决定非拆建不可。遂电话招回润儿,俾拾掇搬出家具。一面工匠略略爬梳中间,屋顶即掀去,天光大露,破败可怕。一时尘飞土扬,乱作一团。润之同事张宗炜,茂之同学杨惠敏俱来协助,当由工段暂拨松树院老屋三间属润家安顿。明日起,将派匠动工翻修。预估须三星期始能葳事,此一期间将抢攘不安,眠食都受影响耳。

午后三时,汉儿来。五时,心农来,因与汉、润、琴、芬及彩、心同进晚餐。餐后仍看电视,历乱不宁,真不知所云也。八时半,汉先归小庄。九时,心农去。十时,润、琴往宿松树院,芬孙则留与彩英同睡。是夕,予命湜儿持《乾隆以来系年要录》清样及《遣兴丛

钞》各一册往访振甫,意欲属伊加题也。十一时许,予就寝。一时
许起溲。

5月9日(三月廿八日　乙卯)星期五(22°—12°)

晴间多云。

晨七时起。修屋工匠未来,空待颇不好过,恐如此情形能拖一
阵也。十时,潆儿来,谓小安已分配在胶县插队云。十一时去。午
后无聊,眼匡作痛,想系多淌泪之故,不能看书,只好抹牌打五关,
而红黑点子亦每混淆矣。傍晚,接芳、茂两孙来信,知茂畅游天涯
山、石鼓寺及太原晋祠等处,将于十五日归来。予以家中正乏人照
料,属润发电报促茂归,并另作详信复芳孙。予竟不任作字,且惮
于运思耳。夜饭后,看电视,影片《打击侵略者》。十时就寝。一
时许起溲。

5月10日(三月廿九日　丙辰)星期六(25°—12°)

多云间晴。

晨六时即起。匠工仍未来,明日例假更不待言,是真所谓白
日尝尝足可惜者矣。十时许,心农偕其厂中刘师傅来访,心农等
明晚乘车去开封参观,将所存各物取去,约明日来小雅宝盘桓
云。午后小盹,目昏不任看书,只得以五关为遣,无聊甚矣。六
时半夜饭。饭后,看电视科教片《武昌鱼》及总政文工团演出之
歌舞节目。润、琴夜饭后往城外新建旅馆答访心农厂中来京参
观之各师傅,十时归。予等方观毕电视,稍谈后,润、琴去松树院
宿。予亦就寝。十二时半起溲。翌晨五时半又起溲。遂披衣倚
枕以待旦。

5 月 11 日①(四月初一日　丁巳朔)星期日 (26°—10°)

多云,时阴,微有风,晚晴。

七时起。前接小安胶县城南公社来信,知已派在该社北辛置大队排队。庆其得所,即属芬孙代笔复慰之,今晨付邮。修缮工匠仍未来,空盼无济,徒滋焦虑而已。茂孙旅原平已多日,前日以拆屋重建,须人照料,润儿曾电招速返,今日计可到京,亦竟未至,不免悬念。

下午三时,临时有电视节目,为第三届解放军全国运动会开幕式在工人体育场举行,因而转播实况,予等在家诸人俱得分享入场式军事表演外,并有工、农、民兵及学生配合组成之团体操,背景标语、山河、人像纯由参加体操人员构成,变换迅疾,动作整齐,令人惊叹不止,至五时始完毕。四时后,潜儿、心农先后来,亦获共观揽得尾声焉。

六时半晚饭。湜、修亦与。饭罢,闲谈,予乃不看电视。八时,潜去。九时半,心农亦行,将会同同行诸人于十二时后在永定门上车,赴汴参观云。十时,润、琴去松树院,予等乃就寝。一时起溲。

5 月 12 日(四月初二日　戊午)星期一

阴。

五时起溲,仍返床入睡。六时半起。茂孙仍未至,颇萦念。八时,匠工四人至。润、琴皆上班,芬孙亦上学,照料匠人只得全

---

①底本为:“一九七五年五月至七月六日日记”。

由彩英任之。十时许雨，茂孙偕淑莲之妹红云自大同来，谓接电后即行，今晨途经八达岭刚四时，下车登眺长城，然后再附车到北京站，步行到家云。午后，匠工虽来，时雨时止，并打雷，有檐溜，坐憩茶谈而已。然，乘隙亦将屋顶及南墙拆除矣。终较不上工好也。

振甫清晨来访予，尚未起，湜儿接晤，承将题就之《乾隆以来系年要录》及《遣兴丛钞》各册送来，知予未起，匆匆去。其为人之诚笃，即此可见，佩之！其题《丛钞》为两首七律诗，意概括所钞内容及诸人题跋之意，颇见组织之工。《要录》则书一长跋，能将四十年前共事情况再加叙述，且有补茞予文之未逮者，大可感。然则，此跋非此人不能作，予属伊加跋，洵为得人矣！抚读再三，有馀欣焉。

汉儿下午来，与红云等同夜饭。饭后，看电视，九时去小庄。是夕，茂孙、芬孙俱宿松树院。红云则留与彩英同榻。予十时就寝。十二时起溲。

5月13日（四月初三日　己未）星期二（24°—11°）

多云转晴。

晨四时起溲，返床复睡，七时乃起。

八时半，汉儿来伴红云游故宫，午间归饭。午后，予小盹，起后仍只抹牌打五关。汉儿二时返小庄。是日，匠工来六人，应拆者已基本撤去。惟堆积垃圾尚待清除，然后可以施工。大约尚须时日乃得砌墙耳。六时半晚饭。饭后仍看电视，为曲艺及话剧《小将》。十时就寝。十二时起溲。

是日，为彩英复信其女伟芳及接戴崇尧信，知已公毕返甬。

5 月 14 日 (四月初四日　庚申) 星期三 (26°—11°)

晴间多云。

五时起溲。六时半起。茂孙前往小庄借车，予为红云闲谈，其人较乃姊倜傥，知其外祖父善画，亦颇治国史，四年前逝世云。九时三刻，茂假得昌硕旧车推归，大修始得用。十时半乃与红云联骑出游，仅在四近及天安门等处领略一番，然后归饭。午后，茂、云出看电影，五时返。

是日，匠人来八人，有干部参加，居然将垃圾撤清，明日当可着手砌墙矣。予乘清除已了，由彩英扶掖闯然出南墙基，访问茂孙同学杨惠敏家，少坐即返。设非拆屋，决不会贸然串到别院也，亦老夫奇遇矣。

夜饭后，仍看电视，十时就寝。湜、修去琉璃井归来，予已入睡。十二时起溲。

5 月 15 日 (四月初五日　辛酉) 星期四 (26°—11°)

晴间多云。

五时起溲，返床不复入睡。六时半即起。九时，平伯见过。十时，友琴见过。共谈有顷，平伯先行。湜儿适感冒休息在家，即以《乾隆以来系年要录》残存清样请其题识，遂携去。友琴则留谈别事，近午方去。

汉儿午前来，饭后去王府井购物，四时后方归。二时半，叔湘、泗原同来访，盖车中相值，故同道见过也。长谈至四时，叔湘行，泗原则五时乃行。

茂孙、红云今晨出游十三陵，四时半归来。六时夜饭。饭后汉即返小庄。予等仍看电视,儿童歌舞及电影《向阳院》。十时就寝。十二时起溲。

5 月 16 日（四月初六日　壬戌）星期五（26°—13°）

晴间多云,微有风。

晨六时半起。上午十时,中华书局赵诚来访,知渠半年来,在部队工作,协写关于汉初儒法斗争之小册子,拟邀予前往为部队干部讲《史记》大概,予以体力目力两俱不胜,辞渠,竟坚约登门就谈,大概不免强受干扰矣。移时赵诚辞去。

十一时,汉儿至,乃共裹馄饨与彩英、红云同餐。午后一时半,汉偕红云往游天坛,傍晚始归。

是日,匠工树屋架墙,亦砌二尺许矣。七时半,始得晚餐。以临时包饺子故。餐后,予仍看电视,八时,汉返小庄。十时,予就寝。三时起溲。

5 月 17 日（四月初七日　癸亥）星期六（23°—13°）

晴间多云,向晚有微雨。

晨五时三刻起溲,返床倚枕听广播,六时半起。是日,匠工来十馀人,南墙及屋架已基本就绪,若照此进行,似乎预期三星期内可以完成也。

上午,茂孙偕红云游天安门及中山公园。晚七时,修媳偕红云往公安部礼堂看话剧。下午四时,潏儿来,夜饭后共看电视,至八时半去。是夕,电视有广东歌舞团演出,十时始完。予十时后就寝。修、云归,予已入睡。十二时及三时俱起溲。

5 月 18 日（四月初八日　甲子）**星期日**（25°—12°）

多云转晴。

晨六时半起。八时，茂孙、芬孙偕红云及杨惠敏、刁凯兄妹同乘地下铁道去八大处游览。下午四时半始归。

匠工又来十馀人，东侧一间屋面已盖好，若照此进行，不出十日，必完工矣。

予左目内障发展至速，每日记此数行都如雾中捉花，而不有所观，心终闷闷。昨日以求古山房所印《近代碑帖大观》十六册为遣，今则以影印《飞鸿堂印谱》前后题跋玩索之，因各体俱备，致足赏览也。非印文却已不能全览矣。嗟哉！何及闷损之至。

六时半，晚饭。饭后看电视，主要为京剧《杜鹃山》电影，虽影影绰绰，不甚了了，而始终其事。十时乃寝。十二时起溲。

5 月 19 日（四月初九日　乙丑）**星期一**（28°—14°）

晴间多云。

晨五时起溲，返床倚枕坐。六时半乃起。修屋匠工仍来七八人，屋盖已基本就绪。予仍展玩《近代碑帖大观》。接漱儿十七号信。

下午，彩英陪红云出购物，傍晚始归。晚饭后，看电视，话剧《山村新人谱》，知识青年上山下乡事。九时三刻完。十时就寝。十二时起溲。

是夕，湜、修看粤剧《杜鹃山》，十一时始返。

5 月 20 日（四月初十日　丙寅）星期二（29°—14°）

晴间多云。

五时起溲，返床倚枕坐。六时穿衣起。早餐后，奋笔作长书复漱儿，一抒积郁，颇怪外地小辈均懒于写信，必待老人再三促问，始有答，故不顾日昏，勉书以儆之。仍玩帖及抹牌以遣闷怀。

下午五时半，汉儿来，谓甫自垂杨柳医院下班也。晚饭后，茂、芬两孙及红云去工人体育馆看球赛。予仍看电视。八时，汉儿归小庄。十时，电视完，红云亦归，乃各就寝。十二时及三时俱起溲。

是日，南屋屋顶已竣工。中夜北邻对街一屋经房管处抢修，将临街之墙拆除。终夜有声，影响附近诸家甚巨，然为公不为私，人亦不以为嫌也。

5 月 21 日（四月十一日　丁卯）星期三（29°—13°）

晴间多云。

晨五时半即起。茂孙、红云偕惠敏往游颐和园，傍晚始归。

予仍惟玩帖及抹牌，心终不怿，恐沉痼难起矣。晚饭后，仍勉看电视解放军运动会开幕式及故事影片《艳阳天》，近十时毕。红云晚饭后就浴于宝泉堂，十时尚未归，亟令茂孙骑车迎候之，遇之途，遂偕归。予始放心就寝。平白来一远戚，使人又增精神负担，殊无谓。十一时、十二时俱起溲。

5 月 22 日（四月十二日　戊辰　小满）星期四（26°—13°）

阴。

　　五时起溲,倚枕至六时三刻起。八时后,强作看帖,见张廉亭撰书之《重修南宫县学记》中有斥科举毒害语,极痛切,不图同光之际已有此切论,为移录于《畸叟杂钞续编》中,并发挥数言。时天又放晴矣。

　　下午三时,润儿偕其馆原工宣队成员赵、李二女同志来访问,谈武则天史实,移时乃辞去。假去《通鉴纪事本末》唐五代部分,及《明史纪事本末》全部。其中,李同志为厂医,为予计量血压,又为 200/100。属加服降压灵,再再珍重而别。

　　是日下午,茂孙偕红云往白石桥首都体育馆参观球赛。夜饭后,观电视,话剧《山村新人》。十时就寝。三时起溲。

5 月 23 日(四月十三日　己巳)星期五(30°—15°)

　　晴。

　　六时起。是日匠工将北屋门脸拆除,改建矮墙,上安络络窗,一时土木坌集,尘土飞扬,予只得退处西厢屋隅,饱听砾落丁丁之声,颇感烦苦。而木工贾师傅极卖力,茂孙及其同学刁凯佐之安装门窗,配置玻璃等基本完成,独两堵矮墙则砌三砖即拂手去,盖水木工不协作,有意拿翘耳。可见,团结之必要,少有分歧,便酿恶果也。可胜叹哉!

　　上午十一时许,友琴自所中下班见过,顺告冠英、道衡、德政诸人均被文化部借调,集中住西郊,赶作注释事项云。傍晚,小文来,送票与彩英看歌舞。彩英不能行,文修往看之。茂孙、红云则往劳动人民文化宫看杂技。十时,予就寝。修、茂、云均于十时半归。一时起溲。

5 月 24 日（四月十四日　庚午）星期六（30°—15°）

晴。略感风燥。

五时半即起。是日，匠工齐力将北屋门脸建成，门窗、矮垣俱毕工。只须钉装窗纱及鬃漆矣。南屋亦大体落成，再阅一周，润等必可搬回矣。心头为之一舒。而下午甫黑，旧生赵公绂来访，前岁回苏后，今来京视其子女，特来谒候，畅谈至暮乃辞去，尤为忻慰。

上午，高尔松偕芝九之子来访，以南社始末见询。予粗述梗概，属向上海图书馆一问，当可详悉。盖金山高、姚二氏之书，今入该馆，宜可于此中揽得要领也。

夜饭后，北屋电线经茂孙修复，仍得一看电视，为湖南军区文工团演出之歌舞节目。十时就寝。十二时起溲。天时骤热，始撤去两褥犹袭重茵也。

5 月 25 日（四月十五日　辛未）星期日（30°—16°）

多云间晴。

今日星期，例假匠工停歇，满拟可以少减劳，乃十时许，元镇挈小岷突如其来，谓甫自长治返京，抵小庄楗门无人，故转诣予，不知汉儿辈究何往。有顷，潩儿至，谓得约伊下午二时在首都剧场看电影，决不远去者，因留共午饭。饭后，潩往首都剧场，而小岷午睡，稍见清静。三时半，得汉儿来电话，元镇接听，属即来会。又有顷，昌预、迎迎来，谓桂本下班后亦将来饭也。四时许，汉、锟、鉴等四人来，潩当然偕来，历乱之状难以名状。移时，汉、锟、镇、鉴等一行六人返小庄去。潩、预、迎留待桂本。六时，桂本亦至。猝难具膳，只得赶买肉馅饨皮包馄饨作夜餐。扰攘不宁至于如此，乌望清静养神之馀地乎？是夕,电视放送解放军第三届运动会闭幕式,当然聚看第一,又延至九时半,瀋等四人乃归去。十时,予就寝。

5 月 26 日(四月十六日 壬申)星期一(29°—16°)

晴间多云。

五时起溲,倚枕至六时半起。是日木工只一人于下午来,北屋气窗装好,玻璃尚未配,南屋三门俱装好,扫尾工作转不如正式工作之上劲,势使然乎？

夜饭后,仍看电视,新疆维吾歌剧《红灯记》,动作表情一如样板京剧,只唱词对白俱用维吾尔语,吾辈但感啁哳耳。十时,洗足易衣就寝。二时起溲。是夕,湜、修住琉璃井未归。

5 月 27 日(四月十七日 癸酉)星期二(28°—14°)

多云转阴,有小雨,向晚晴。

五时起溲,少须即穿衣起。是日,匠工将南北屋门窗玻璃配置完毕,润儿下午即动手搬回。茂孙偕红云游动物园,午后四时乃归。其同学刁凯、杨惠敏却来襄助,予乘便属将书案易向,仍面向西,使光从左侧来,或稍好观书乎。栗六至晚乃定。整理案头则有待矣。

夜饭后,仍勉看电视,抗美援朝故事片《激战无名川》。十时始完,即寝。三时前起溲。

是日,接云章信,知曾患喘。

5 月 28 日(四月十八日 甲戌)星期三(28°—14°)

多云转晴。

　　五时半起。是日，匠工未来，扫尾工作势将推迟，幸南屋已大
致搬定，虽雨亦无大妨。此役多赖茂孙同学之助，如杨惠敏、田伟
平、刁凯皆出力。午间，因留共饭，老少同餐，虽拘局不光，而心情
却无隔阂，殊痛快。此次翻修，大加搬动，发见予旧藏诸灵璧石及
盆盎之类，不少被损，拟俟稍稍整理，再为处理。

　　接漱儿廿六号来信，复予前书，并告滋儿适自合肥出差在沪，
逗留三四天，即返皖云。

　　夜饭后，看电视，为豫剧《红灯记》，未终局即关止。九时半
就寝。

　　竟日便秘，目力大昏，漱信竟由人代读始了了。一时许起溲。

5 月 29 日（四月十九日　乙亥）星期四（26°—14°）

　　晴。下午曾阴，有细雨，即止。

　　六时起。七时后，两次大解，始渐感通畅。早餐后，勉写一信，
寄复云章。下午三时，袁行云来谈，以所藏精钞本《唐末三忠集》
及道光李宗瀚翻刻《虞书庙堂碑》、《初拓金书细校本》见示，相与
赏玩久之。并知于思伯、容希白、孙海波、胡厚宣四人及其它不知
名多人奉召整理甲骨文，以郭沫若总其成。又悉俞振飞近亦在京，
请其录音四曲云云。五时半始辞去。把谈甚快，所惜目翳不克谛
赏，实有遗憾耳。

　　六时半夜饭。七时半看电视，为粤剧《杜鹃山》，由京剧移植，
一切架势开打毫无二致，独唱白仍粤讴，方言不通如予者，终嫌扞
格也。十时就寝。十二时起溲。

5 月 30 日（四月二十日　丙子）**星期五（29°—13°）**

晴。

五时起便，旋返床倚枕，至六时半起。上午无事。下午，木匠工人一马姓、一王姓来修厨房门，即以原北屋之门移置之，所有应装之门窗铁纱则尚须时日耳。予拟一表扬感谢工人同志信稿，将属儿辈用大字报形式书红纸以张贴于该管工段之工场。

傍晚，汉儿偕丁士秋来，元镇亦挈其子小岷来。未几晚饭，元镇父子谓已吃过，未肯与。予则与汉、秋、彩、云同餐。餐后，少坐，七时三刻，秋及汉、镇、岷分道归去。十时后，茂孙与同学三人送红云上车，盖是晚十二时许乘永定门开出之京原车直往灵邱，再转车归原平也。一晃兼旬，彩英为之一松。予仍看电视，为湖南剧团歌舞。十时半就寝。十二时半始闻茂孙在窗外告归也。二时，予起溲。

5 月 31 日（四月廿一日　丁丑）**星期六（28°—14°）**

阴，旋有雨，禺中日出，傍晚雷雨，未几即止，仍见夕照。夜半又大雷，为之惊觉。

晨五时起溲，六时即穿衣起坐。早餐后写信复漱儿，并为彩英书告其女伟芳、慧，因未写毕而刚主见过，遂辍作，与长谈。近十一时，刚主辞去，乃写竟封发。

午后就榻小休。三时起，摸索抹牌。茂孙为予修治架座，用乳胶胶合之，焕然复原，心喜甚，惜目力不济，不能遥赏耳。彩英利用旧书架改作菜橱，虽仅可蔽尘，也费匠心不少矣。

七时夜饭。饭后，仍看电视，已重复累累，人多不大愿看，予却譬如雾中冥行,亦足消遣无聊,竟独坐至九时半而罢。十时就寝。十二时,为惊雷所扰,因起溲,四时左右又起溲。

6 月 1 日(四月廿二日　戊寅)星期日(27°—13°)

晴,暖。

晨六时起。九时,命湜儿往谒平伯、刚主,以示答访。十一时,元锴、翠英夫妇挈小红、会来来,盖自房山于庄中学请假来城省亲,兼治痔也。因留同饭,谈悉调到于庄后,一切顺手,为之大慰。饭后,锴等一行去小庄,予乃就榻小盹。三时起,打五关为遣,无聊中自寻乐地耳。

四时半,韵启来,多时不见,知公忙牵率,连数周不克抽闲也。留共夜饭。饭后,看电视,以今日为国际儿童节,所播有中山公园中外儿童园游会实况,及电影《闪闪的红星》,虽雾里看花,烟云满眼,而随众俯仰,不求甚解,亦无所谓也。韵启九时半去。予十时洗足就寝。

是夕,湜、修偕出访友,亦十时后始归。十二时半起溲。

6 月 2 日(四月廿三日　己卯)星期一(28°—14°)

晴。

五时起溲,返床听广播,六时半起。竟日无客至,午后小休。打五关外,勉作董玄宰草书《琵琶行》跋语数百言,于启元白临写之迹深致赞叹,深憾不克装池,以资保藏。明晨将漫书之,不必而成字与否也。夜饭后仍看电视,新改电影《艳阳天》。十时就寝。十二时起溲。

6 月 3 日（四月廿四日　庚辰）星期二（28°—15°）

阴，偶有细雨。

晨五时半起，又大犯喘逆，饮糖浆而止。

八时写昨所撰《琵琶行》跋，目昏且痛，勉力乱涂，甫及半而圣陶偕其孙永和来访，盖前日甫自南京返，备述此次南游所见所闻，由青岛浮海至沪，复由沪至杭，乘内河小轮抵苏，各逗留四五天，然后抵宁，小住乃归京。往返几一月，可谓畅游矣。予闻言欢叹，相谈至十一时许乃与永和归去。时已微雨，彩英急送伞追与之。予亦乘砚墨未干，足成书跋，诚不知所云耳。午后小憩，三时起，打五关为遣。

接滋儿六月一号合肥书，知将去大别山区学习，须廿天后返省云。又接红云一号信，告安返原平。

六时半夜饭。饭已，潏儿至，谓曾去房山探昌硕，去彼疗养颇好。七时，看电视陕西歌咏舞蹈节目，盖亦应部调上演者。八时半，潏去。十时半乃寝。

是日燠闷，夜饭后即拭身易衷衣，始得安坐看电视。虽目力昏耗，而体中尚适，亦暂安之计耳。十二时起溲。

是夕十时，琴媳公出，去大寨参观，润、茂送之上车。

6 月 4 日（四月廿五日　辛巳）星期三（28°—14°）

多云间晴。

晨五时起溲，返床听广播，六时半穿衣起坐。竟日闷闷，强以唐碑为遣，而题志都不能辨晰，徒增恶绪。午后，就榻小憩，乃梦魇剧作，久之困甚，后经彩英奔视，始唤醒。可怕亦可哂耳。六时即晚餐,仍例啜粥。七时半,看电视,为吉林省调演之京剧《五把钥匙》,亦农村中阶级斗争之实例也。十时就寝。十二时起溲。

6月5日(四月廿六日　壬午)星期四(26°—15°)

多云,时阴,偶见雨,即止。闷损,类南中黄梅天。

晨五时起溲,返床听广播。六时三刻披衣起,就餐。目昏益盛,写此竟如闭眼画符。终日无聊,玩唐碑及打五关耳。夜饭后,仍勉看电视四川话剧《九龙滩》。十时半始就寝。一时许起溲。

6月6日(四月廿七日　癸未　芒种)星期五(28°—15°)

阴转多云,向晚发风,夕阳映壁矣。

五时起溲,返床听广播,六时半起。玩碑抹牌,强自排遣,终难拂心头闷闷也。下午小休,三时即起。五时,士秋来辞行,谓已与父母说通,依其婿谢蒙建议,于下周内接二老去宁常住云。予深许谢蒙之英断,士秋之勇义,晓先可谓中郎有女矣。赞叹久之。士秋留此便饭而去。予仍看电视,为吉林延边表演之歌舞,咏叹祖国之伟大,不失朝鲜民族之风格,其自治州之芳标乎?十时半乃毕,洗足就寝。是午拭身,易汗衫。中夜十二时起溲,湜儿犹在灯下钞书钬。成癖矣,颇嫌其过分耳。三时半又起溲。

6月7日(四月廿八日　甲申)星期六(31°—15°)

晴,下午有雷阵,未致大雨。

晨五时起溲,少选即穿衣起坐。七时半,彩英出购物。八时后有原平元孙同事二人出差来京,特承过访,茂孙接待之。有顷,房管处曹姓偕一人同来丈量房屋,因南屋翻成瓦顶,须再加房租云。

晤谈后,并原平客人皆去。

十一时许,汉儿、宗锟、元锴、元镇、增祥、增祐三代六人来,一时无措,而彩英又未归,幸汉带馄饨皮及肉馅来,乃得凑合午餐。彩英十一时半返。

午后,汉等俱去,彩英以接昌预电话,知将来小雅宝,遂亦偕汉同出顺买肉菜。彩英未及归,潘儿、桂本、昌预、迎迎即至,有顷,彩英归,乃安排晚餐。昌预为予量血压,为 190°/79°。后放瞳孔检视左眼水晶体四周,已发见白内障渐扩之象,只得点药水,使目眦不发炎已足云云。予既知确症,则亦安之,今日本试服圣陶所传之方,用草决明子泡以代茶,两相结合,聊以自慰也已。夜饭后,潘等去。彩英与芬孙仍看电视,予则借以休目,在旁闭眼静养而已。十时后,就寝。二时起溲。

6 月 8 日 (四月廿九日　乙酉) 星期日 (32°—17°)

晴。

六时起。竟日昏昏,精神不振。傍晚,潘至,同夜〈饭〉,八时半,潘去。予略看电视,九时三刻即寝。乃数十年未发之失眠今夕迸发,历数时钟计点,通宵不曾入寐,屡起便旋,达六次,虚汗淋漓,沾裳濡衾,至为不适,殆催命之兆乎?

6 月 9 日 (四月三十日　丙戌　入霉) 星期一 (32°—18°)

晴,有风。

六时勉起,精神颓然,目昏滋甚,固在意中。午后小盹,尚能入睡片晌。四时,鸣时见访,长谈至暮乃去。汉儿五时后来,知锴、镇俱已归去。六时同饭。饭后仍勉看电视,为第三届解放军运动会开幕闭幕式合影。十时就寝,幸积倦不支,竟入睡。中夜仅醒一次,亦未一起溲溺,欠眠得尝,稍用自慰矣。

6 月 10 日(五月　丁亥朔)星期二(32°—18°)

晴间多云,午后南风颇大。

五时半起。九时半,房管所曹、种二同志来,复量北屋,顺还房租本据,告从前北屋有量错,故东屋多估事现已报告上级,请更正,目前,仍凭原租本照缴,俟将来统算云。予只求负担明确,一切尊政策办理为宜。谈明即送走。

午后小休,三时后起。仍恃玩索唐碑及抹牌打五关,眼昏益甚,无如之何也。

六时半夜饭。饭后,仍强看电视,先为黄河考察,继为湘剧《送货路上》,宣传勤俭节约,颇风趣。十一时始寝。十二时半起溲。几又失眠,幸俄延未久,居然入寐。

6 月 11 日(五月初二日　戊子)星期三(28°—17°)

晴。

晨六时即起。痴坐无聊,仍摩挲唐碑,并曩年所购得日本出版之《法帖大系》,亦雾里撩花之极思耳。下午小盹,三时后,木匠王姓来装纱门及钉铁纱,抵晚始竣,临走时说,明日即来为南屋南面三窗钉纱,于是,只剩油漆未了矣。此次修治之速,殊出意料,房管所办事认真可记也。

四时,小文见过,留与共进晚饭而后去。七时半,仍看电视《青松岭》。十时洗足易亵衣就寝。四时许起溲。

6 月 12 日(五月初三日　己丑)星期四(33°—18°)

晴,南风。

晨六时半起。上午,王匠来为南房钉铁纱,不多时即毕工,在北屋休息,与予长谈。其人为转业军人,颇晓时事,安次人。可见解放军作育人材之力甚大也。

接为民寄到我所托买之茶叶(五级碧螺春两斤)及蔡君另贻龙井一小盒,当即泡饮,一试新茶矣。

下午小盹,起后玩索唐五代帖,其实昏昏冥冥,慰情聊胜而已。夜饭后,仍看电视《杜鹃山》,殆听看都茫茫矣。十时就寝。十二时起溲。

6 月 13 日(五月初四日　庚寅)星期五(39°—19°)

晴间多云,起阵未果。

六时起。竟日强为玩帖。上午居然写出两信,一复为民寄茶叶,一即附谢蔡嘉南者。欹斜不成字,亦不之顾矣。

午后小憩。木匠王姓来为南房及厨房搭一小斜雨披,今后承溜可以稍好。午前,尹同志率二匠来扫除东西房灰顶积尘,加喷沥青,似为预防雨季渗漏之需耳。虽补苴,未必有大济,终比不问为好也。

夜饭后,看电视,曲艺,最后有马季相声,颇受观众欢迎。十时就寝。十二时起溲。

6 月 14 日(五月初五日　辛卯　端阳节)星期六(31°—18°)

晴而多云,闷而不雨,殊损人也。

晨五时半即起。九时，友琴见过，告为开门办所，伊等即将下厂工作，除病号及前有工作者外，都在动员中；伊本人则在怀柔牛栏山维尼纶厂，须一个半月至两个月始返城云。有顷，维洛来访，友琴先行。维洛又问近代史事若干则，近午乃去。

午饭时，湜儿归，谓忽感腹痛，恐尿道结石症又发耳。昨夜伊为赶校样，故在印刷厂加夜班，一时许始宿于百万庄文修姨母家，今晨上班如故，抵午乃不能支而还。

下午，予仍小憩，起后展玩碑帖，汗沉淋漓，乃抹牌打五关。六时半晚餐。七时后看电视，仍为曲艺，今以重看，乃得细数节目，有苏州弹词、上海讲故事、河南坠子、天津时调、湖北小曲、京韵大鼓等等，最后仍以马季相声作结。就寝已十一时。二时许起溲。

6 月 15 日（五月初六　壬辰）星期日（28°—19°）

多云，遏塞，下午及夜都有雨。

六时起。七时得文修电话，彩英听之。谓昨夜三时，湜腹痛加剧，伊即伴同湜儿前往协和医院求急诊，经过尚好，现俟八时后拍摄照片乃克归。予等竟未先觉，见告乃悉，颇为惊讶。十时，潜儿来。有顷，湜儿始归，文修及小朱继至，知湜经透视，无所发见，腹痛亦渐止，且休为佳云。

彩英上街买菜，途遇友琴，以所假《金石索》上半部交伊带还，并告明日即去牛栏山不再走辞也。午饭后，潜即归去。三时后，汉儿、宗锟来，闲谈至五时亦去。升域来邀茂孙同出，往六部口选购元件处理品。七时许，茂归，遂与同进夜饭。润儿则往版本图书馆夜直。盖地震警报未解除，各机关干部仍须轮值，故今晚又轮到润儿也。芬孙今日偕同学携行装同去通县近郊支农，帮同麦收，大约在彼住二十天云。

是夕,仍看电视,为湖北调来汇报演出之话剧折子戏,居然亦消磨一黄昏也。十一时就寝。一时许起溲。是日,以阴雨,又骤降气温,夜又改用较厚之被矣。

6 月 16 日 (五月初七日　癸巳) 星期一 (28°—17°)

多云,偶有雨,午后转晴。温差又突变。

六时起。九时,濬儿及昌硕来谒。少顷,介泉踵至。介泉本健谈,近更多话,无论次与濬闲谈,刺刺不自休,吾恐其又将发病也。抵午已雨,留之饭,不肯,乃假伞而后行。临行出抄得孟实近作《答李乃仁》诗见示。孟实,朱氏,名光潜,相城人,北大老教授,治美学有声,予夙稔之友也。久违积年,今得其诗,讽之有味,爰录之。

> 述美区区岂学玄,遗讥投阁却非冤。世人尚有候芭在,过誉毋乃夔怜蚿。老去依然忙里过,难得浮生半日闲。常忆闭门陈正字,不拈枯笔闯诗关。

> 其人年已七十八,乃仁为北大旧生,赏及孟实之门,笔名荒芜者也(现在外文研究所)。情怀可想。

濬、硕母子饭后即返小庄,予乃就榻小休。四时后起,强玩晋帖为遣。雾翳四笼,难驱昏昏恶魔也。六时半,晚饭。七时后,仍看电视,为调演曲艺之另一组。有苏州评弹、沪剧、浦东小戏、快板、大鼓等,独无相声耳。十时后毕。予洗足就寝。十二时及翌晨五时俱起溲。

6 月 17 日 (五月初八日　甲午) 星期二 (30°—17°)

晴间多云,向晚闷热,有阵雨。

晨六时起。十时，介泉来还伞，顺谈移时乃去。接漱儿十五号复书，言组青近状，其老病殆难痊复云。午饭后小休。三时后，彩英裹粽子，予嗜此物也，恶借节名起哄，故过后酌补之。五时，汉儿下班来同夜饭。饭后看电视，世界乒乓赛及昨所见调演节目。八时半，汉返小庄。十一时，予乃就寝。十二时起溲后始入睡。

6月18日（五月初九日　乙未）星期三（34°—19°）

晴，偶见云翳，入晚似起阵未果。

晨六时起。八时，彩英出购物。九时，刚主见过，以《畸叟杂钞续编》还予。并滕以题辞两纸，字迹娟秀，饶有春夏气。七十老人有此法，当享大年也。十一时许，彩英归，刚主亦去。少顷，即午饭。今日以昨裹肉粽代饭，晨、午各啖三枚。午后小休，起后仍玩帖，取至虹楼张得天所临诸迹，看之亦大有佳趣也。六时夜膳，啜粥两碗。方食罢，汉儿至，乃以肉粽四枚享之。食后仍看电视，八时，汉即返小庄，予却看毕乃已。是夕所放为影片《中原作战》。十时就寝。十二时及翌晨四时俱起溲。

6月19日（五月初十日　丙申）星期四（31°—17°）

晴间多云，虽有风，而闷。傍晚似起阵，终于月临前庭，竟是夏夜景色。

晨六时半起。上午，接本市袁行云书，商榷韩冬郎诗。下午，接太原清儿书，告爱农工作已调至新华印刷厂，即将正式报到。又接原平元孙书，知工作极忙，兼告京原线将于八月一号直接通车联运，不须再在灵丘中转云。是夕，初出庭中纳凉，未久即返室，以目不舒，暂辍电视，默坐至九时半就寝。十二时起溲。

6 月 20 日 (五月十一日　丁未) 星期五 (37°—20°)

晴间多云。傍晚雷阵,未致大雨,闷损甚。

晨六时起。九时,姚绍华来,告老友金子敦已于六月十五号逝世,将择日开追悼会,知予病废,不能出,意欲予表示悼念,予属代办花圈,并为圣陶亦如我送花圈。老成日凋,思之弥痛,花圈虚仪有何益哉? 谈次,知绍华亦已七十,六月一号始正式退休矣。十时半去。

午饭后小休。二时半起,玩帖、抹牌,俄延至五时,气愈闷,心益烦,雷声隐隐而不见大雨,更添愁思。六时即晚膳。七时,仍看电视,为《火红的年代》。十时就寝。十二时及四时俱起溲。

6 月 21 日 (五月十二日　戊戌) 星期六 (31°—18°)

晴间多云,气闷如昨,节气变化先中书人如此乎?

晨六时起。八时,勉写一信,告圣陶昨日绍华所云。下午四时半,接满子电话,润儿遂去旁代听,谓圣陶已动身飞东北,将去大连等地参观,未及见告,今函已悉,照予旨办理即可。

夜饭后,仍看电视《激战无名川》。十时洗足就寝。十二时及翌晨四时均起溲。

6 月 22 日 (五月十三日　己亥　夏至) 星期日 (30°—17°)

晴转多云,下午雷阵,傍晚大雨,檐溜飞腾,半年来未见之大雨矣。屋上积尘荡涤殆尽矣。

晨六时半起。颇感闷热,摩挲旧帖为遣。午饭后小休。二时半,次园至,有顷,公绂亦至,乃起与谈。三时,汉儿、宗锟至,宗锟在电话中知朱雷已往小庄访伊,即转身返候之。五时,潚儿至。次园以事先行。六时,予与公绂及潚、汉、湜、修、彩同进晚餐。与公绂畅谈五十年前甫里故实,如话天宝遗事,不觉年轻不少耳。目似为暂明。七时,公绂辞返其子舍,时雨未止,假伞以行。

八时,雨稍止,潚、汉亦归小庄去。予等仍看电视,初为湘中曲艺,继转台看《闪闪的红星》电影,虽阻雾隔尘,而潘冬子之甜脸生态依然能提撕我精神也。十时就寝。十二时及翌晨三时俱起溲。

6 月 23 日（五月十四日　庚子）星期一（30°—20°）

今晨六时起,改用网行补记昨日日记,纵勉强,犹胜前不书,将鞶持以至完全不见为止耳。

晴,有南风,下午空阵雷声隆隆,而无滴雨,气乃闷甚。

饭后小休。三时起,抹牌打五关,一切昏然,十分无聊。晚饭后,仍鞶看电视,为中央乐团演出。十时就寝。十二时、二时、四时迭起解溲,睡颇不宁。

6 月 24 日（五月十五日　辛丑）星期二（30°—20°）

晴。

晨五时起溲,又大喘逆,咳痰不止,只得唤起彩英调灵芝糖浆饮之。六时起。八时,绍华来报,今日上午十时,在八宝山礼堂为金子敦开追悼会,已代办花圈致奠,并及圣陶、颉刚皆代办,因予力不济,谢亲往,特来汇报云云。盛意极可感。留谈至近九时,辞去。午后,仍就榻小憩。三时起,看帖抹牌,糊涂捱过。六时半晚饭,夜仍观电视,为广西话剧《主课》。十时洗足就寝。仍起溲两次。

6 月 25 日（五月十六日　壬寅）星期三（32°—24°）

晴。

六时起。午前出箧藏精印《宋拓淳化阁帖》备玩索，乃目翳昏如一片，模糊为之。掩卷三叹，闷抑之至。

饭后小休，午饭时，汉儿来与同饭。三时予起，汉儿言返小庄。四时，颉刚偕其次女洪来访，盖闻予不良前视，特来见慰者。洪送到即行，渭六时再来接归。予与颉刚交游已达七十年，垂老同客京华，居又甚近，乃以衰病相缠，未克时晤。今奋然来看我，足征怀念之切，相对感慨，倾吐生平，不觉言之未尽，六时已届，洪来接去，转感茫茫。

六时半，夜饭。七时，勉看电视，放送朝鲜电影《为了新的一代》，盖朝鲜新建民主主义共和国已届廿五周年，宜有此纪念作品耳。十时就寝。仍起溲两次。

6 月 26 日（五月十七日　癸卯）星期四（36°—22°）

晴，燠。

晨六时半起。昏昏度日，午后小休，三时起。知茂孙被学校召去，告以永定门外泡沫塑料厂已收取茂为学徒，伊颇合心意，家下都为此高兴也。四时，泗原见过，长谈至六时乃去。谈次知与子敦有文字因缘。伤逝话昔，倍增凄切，其人盖笃厚君子也。

夜饭后，方看电视，吴振华来访，知其母曾蹉跌致伤，故伊闻讯从井陉请假遄返，相与嗟咨久之。九时许，辞去。湜儿于晚饭后往候颉刚，亦于九时归。携到顾氏旧藏旧拓汉碑七种，属供予翻玩，尚有多种可资轮赏云。老友关怀如此，真感激不可名言矣。虽目不给赏,厚谊顾可恝置耶? 明日起,当勉为展读之。十时,洗足拭身就寝。十二时起溲。

6月 27 日（五月十八日　甲辰）星期五(29°—20°)

昙,热。

五时起溲,六时半穿衣起。早餐后,展玩颉刚所假汉碑,烟云满眼,倒也好。九时,平伯见过,谈移时去。知所中开门办所,留者转无事等于放假云。十时,维洛来问字,杂谈数十事,近午乃行。

十二时,汉儿、宗锟来,因共饭,谈悉黄村近日发现虎迹,有关部门正设法兜捕中。据闻来自房山西边山中。一牝一牡挟一幼子,为金钱豹,已食去圈猪数头云。都市而有此奇象,至堪惊讶。

午后,予就榻小休。宗锟有事先行。三时予起,汉儿亦行,闻往省吴振华之母也,且知曾有雷雨一阵云。

六时半,晚饭。七时半看电视,为电影《打击侵略者》。十时就寝。十二时起溲。

6月 28 日（五月十九日　乙巳）星期六(30°—18°)

晴,下午渐阴,四时许雷阵,而雨滴甚微,岂止不能破坏,抑且未足止扬起积尘也。六时许,反夕阳照射,更感闷苦矣。

六时即起。九时,昌硕来,为予画像,潏儿踵至,因同午饭。饭后,潏、硕母子返小庄午睡。予亦就榻小休。三时起,看顾假汉碑数种。六时半夜饭。七时看电视。是夕为欢迎登山队胜利归来大会在首都体育馆转播实况,以须主持人莅场,待至八时后乃始举行。讲话仪式过后,为文艺演出,有歌舞、杂技、弹奏诸节目,十时始散。予洗足就寝。中夜起溲两次。日间接二中革委会表扬芬孙信,知在通县学农表现尚佳云。

6 月 29 日(五月二十日　丙午)星期日(31°—18°)

晴,热。傍晚起阵未果。

晨六时半起。上午出三希堂之明人帖看之,亦聊换口味之计。其实终不脱浓雾笼罩耳。午后小休。四时后,韵启来,知为援外事忙极,竟影响眠食云。留共夜饭。饭后,移坐庭中闲谈。九时,韵启乃去。予亦入室少坐,近十时就寝。是夕,始在庭前纳凉,且辍看电视。十二时起溲。

6 月 30 日(五月廿一日　丁未)星期一(26°—16°)

破晓雷雨,七时放晴。

予六时半起。二中有电话招茂孙去。有顷归来,取得泡沫塑料厂录取通知,属午后二时半前往报到。饭后,予小休,茂孙偕同学诣厂报到,四时回。知明日厂休,后日上班,先参加学习,然后再分派工作云。夜饭后,仍看电视,乃宣传卫生工作,集各地防治疾病之事状,为普遍教育之需,亦及时措施也。

湜儿下班归,带回次园所题《遣兴丛钞》。次园为集《清仪阁杂咏》及其附录各作之句题此册,宛转切题,妙造自然,视振甫所作更见巧胜,惜老眼生翳,不能谛赏,为可憾耳。十时洗足就寝。是夕,睡未安,数起溲,都非佳征。

7 月 1 日(五月廿二日　戊申)星期二(26°—18°)

阴晴倏变,中夜乃雨,湿气渐充而燥氛依然。鼻端气不舒,胸次便不宁,较南方梅天为△致。

晨六时起,强玩元人鲜于伯机帖。毫端起落变化万千,致足赏也。所惜眼花缭乱,认不真切耳。午后小休,三时后起。六时半晚饭。七时后仍勉看电视《艳阳天》。十时后就寝,枕上听雨,起溲两度。是日上午,房管所曹姓来谈,所拟调整报告已送市级候批。想能不久落实也。

7月2日（五月廿三日　己酉）星期三（28°—19°）

昙闷如昨,屡欲致雨而未果。

晨六时起。七时前,茂孙赴厂上班。十时半,芬孙自通县郊区归,盖学农阶段告小结,准备就试放暑假矣。午与之同饭。饭后小休,三时前起。琴媳自武汉公毕返家。彩英诣市购物,六时,彩始归。茂孙亦下班归来,知该厂系属北京市第二轻工业局塑料公司,参加同时新到之人学习三数天后,再分派工种云。

是日午前,吴慧来访,还所借吕著《秦汉史》及陈著《国史旧闻》,并知伊工作将自商业部调到北京市也。且告近几月来,已草成《桑弘羊评传》数十万言。亦勇矣哉。

七时前夜饭。饭后,即看电视,今晚视力更差,竟难辨人物矣。十时洗足就寝。仍起溲两度。

7月3日（五月廿四日　庚戌）星期四（32°—19°）

昙阴互作,未届伏暑,先来溽蒸。

六时起。彩英蒸糯米作粢饭,以油条裹入,予竟啖两小态,香滑可口,老而弥馋,不自觉其听怨之狼狈也。因作铭自嘲云:

居处安（指新修门脸窗纱豁亮）,饮食香,孙辈工作有所（指茂孙新上班）。老朽扶授有方,悦豫且康未渠央。

顽钝苟安,强忘疾苦,抑何可笑。

玩董香光帖。晚〔午〕饭后小休。五时,潗儿来。彩英三时出购物,六时乃归。七时夜饭,与潗、彩共。饭后不看电视,坐纱门旁纳凉。八时,潗去。十时就寝。中宵仍起溲两次。

是日,接黔中澄儿书。

7 月 4 日(五月廿五日　辛亥)星期五(30°—20°)

昙闷如昨,偶见微雨。

晨六时起。十时,汉儿自黄村来,因共饭。饭后小休。三时起,行云来访,适湜儿因临媳感冒,亦请假在家,乃与汉、湜共话。谈次,出携来孙渊如、包慎伯两七言联相示,俱真精。孙联为汉隶,不多见;包联为行楷,不失厚重本色。予爱其联语俊伟,爰录之。

孙联云:

　　水之江汉星之斗,心是菩提骨是仙。

包联云:

　　齿牙吐慧艳山雪,肝胆照人清若秋。

相与叹赏久之。傍晚携去。

六时,与汉、彩同进夜饭。饭后,汉即返小庄。孙辈看电视,朝鲜影片《为了新的一代》。予以眼不舒,独坐窗下延凉。十时始就寝。仍起溲两回。

7 月 5 日(五月廿六日　壬子)星期六(32°—20°)

晴,偶阴。

六时起。汉、锟午来为予代购食饵数事,因共饭。饭后,汉往访满子,同赴百万庄看蕴庄。宗锟径返小庄。予乃就榻小憩。三时半起。强玩鲜于帖,并抹牌打五关。六时,与彩英同饭。升埸来。今晚电视为足球赛,故埸乘假入城而不得票,故迁就来看电视耳。予因辍看。移机南屋,俾茂孙等爱好者得聚而畅观也。九时三刻,电视完,观众亦散。予亦洗足就卧。仍两度起溲。

7月6日（五月廿七日　癸丑）星期日（32°—20°）

晴热。

晨六时起。竟日无客至。午后小寝。夜饭后纳凉庭中。略看电视木偶影片《小八路》。九时半即就寝。仍起溲两度。

7月6日（五月廿八日　甲寅）星期一（28°—21°）

晴,偶多云,夜雨即止。气闷热。

六时起。十一时,潏儿来同饭。饭已,予睡,潏归去。小休起,玩宋人帖。

夜饭后,听雨看电视,时事,京剧广西瑶山解放情形,不知剧名及剧团何属。盖非从头看起耳。十时就寝。以右足老跗泛痛,抹油上床,影响睡眠匪细。十二时后起溲两次,始渐入梦。

是日,湜儿为予粘完《惊鸿集》馀札,散钱入串,颇欣慰。

7月8日（五月廿九日　乙卯　小暑）星期二（29°—18°）

多云间晴,夜半后雨,气闷不失霉令风光也。

六时起。早餐后努力写三信,分别复黔中澄儿、晋阳达婿、清儿及沪滨潄儿。为升埸得生之子取名及报道茂孙分配工作事。近午始了,心头为之一松。十一时半,孝达夫人就医过视湜、修,因共午饭。

午后小休。三时起。四时许,孝达其次子文杰、媳秀珍、孙女欣同至,遂与长谈。六时,湜儿招其外舅等就庭中晚餐,予为屋内啜粥。七时后,孝达夫人等看电视,予以畏光默坐而已。九时,客去。予亦移坐略看,乃知舞剧《沂蒙颂》,未几即终。十时就寝。仍起溲。

7 月 9 日（六月　丙辰朔）星期三（27°—20°）

阴,细雨。

晨六时喘作即起。湜儿以予交下粘贴之照相册呈还,谓文修连日赶贴刻已竣事云。此册与《惊鸿集》先后毕工,顿感了却一事,殊快。昨日发出三信,颇怪滋儿去大别山后杳无消息,薄暮即接其公毕回省垣信,今日颇思复之,而目滋昏,竟提不起兴也。

上午,小文来谒,还所借《艺舟双楫》,并出所临颜字请教,予嘉其临池学书,因大谈书道,且与共饭。饭后,小文辞去,予亦就榻小休。天又放晴矣。

五时,茂孙自厂下班归,携回所发工作服及毛巾、肥皂等物。予家先世务农,自先祖子芳公入城读书,投师学幕,遂跻士列,自兹以降,四代相仍,尸名物替,而予又忝教上庠,滥厕学府,俨然士夫。其实数十年蹉跎岁月,于祖国文化宝库非但无所阐发,抑且未涉藩篱,行既不能敦俗,学又未足荣身,每闻人以知识分子相许,心切皇愧。盖知识分子云云,世实以轻薄相加,而在予则认真对待,却深负此知识两字耳。七八年前,芳孙以景山学校学生下放至山西,插队于原平平地泉农村,服畴五年始被收为原平汽车配件厂学徒,荏苒两岁,行将出师。今茂孙又以二中高中毕业见招为今厂徒工,贸然为工人阶级,不且一洗知识分子之厚誉乎？顾此工服,油然生羡，不禁大快矣。

六时晚饭。七时后仍看电视，为科教片二场，一为云南野生动物，考察当地鸟兽虫鱼俱得告致解剖——考其生态辨其食性，真能于实践中获得真知者。又其一为黄河全貌探源，沿流于河域、名胜、故迹、农牧、今昔水利枢纽、新兴工业，莫不详悉介绍，恍然置身其间长途旅行。无意中消磨三四小时，未觉费时，但感受益。询现代化之文娱矣。所惜忘其片子之名，而恨予目不给赏耳。十时后就寝。仍起溲两回。

7 月 10 日（六月初二日　丁巳）星期四（29°—19°）

晴，南风颇大。

六时起。九时，圣陶偕其孙永和至。盖一昨甫自东北归来也。据谈此次旅行住沈阳八日，住大连十日，途中耗两日，凡廿一天，参观所及为工厂及旅顺军港，并亲登潜艇一看舱位云。同行者为徐楚波、葛志成、张纪元、吴文藻、严景耀、雷洁琼、费孝通等。又闻此次参观共分五路，一东北，二西南，三西北，四山东，五河北云。长谈至十一时辞归。知永和即将遄返汉中工厂也。

晚饭后小休，二时半起。正记昨日日记，而升埨至，有顷，丽华及小辉亦至，乃辍记与谈，共进夜饭。饭后，升埨即行，以须赴白石桥体育馆看球赛也。九时许，丽华挈小辉归孟家，明晨伊等即返延庆矣。

茂孙今日上中班，下午二时至夜十时，知将做一周然后再倒班云。上班前出购西瓜三枚，一献予，一献其父母，一献其叔父母，以第一次拿到工资，乐而为此。物虽微意却深长也，予颇为嘉悦。是夕未看电视，坐南窗下纳凉。十时后，洗足就寝。十一时，茂孙下班到家。予仍起溲两次。

7 月 11 日(六月初三日　戊午)星期五(34°—20°)

晴,热,少风。

晨六时起。九时半,汉儿、宗锟自黄村来,坐谈未久,友琴来,知因胃疾自牛栏山送回,馀人须八月底乃还云。近午,友琴去,予与汉等同饭。饭后各小休。三时起,啖瓜,即昨茂孙所献者也。五时许,汉、锟返小庄。六时半,予与彩英同进晚餐。七时半,看电视淮剧《年老心红》及越剧《半篮花生》。随人俯仰而已。十时就寝。十一时茂孙下班归。十二时及二时俱起溲。

7 月 12 日(六月初四日　己未　出霉)星期六(37°—21°)

晴,热。

晨六时起。竟日无客至。玩元人帖,强遣昏眼。午后小休,仍多梦扰,三时起。六时半,夜饭。饭后,仍强看电视《青松岭》,十时罢即寝。茂孙十一时下班归。十二时、二时俱起溲。

7 月 13 日(六月初五日　庚申　初伏)星期日(37°—24°)

晴,热,黄昏后雷阵雨。

晨六时起。九时后,汉儿、宗锟来。十时,韵启来,因共午饭。饭后小休。三时后,汉、锟、韵同去。五时,潜儿来,同夜饭。饭后移坐庭中纳凉。雨点时作,移坐出入者数四,终不能久于露坐。七时后,潜儿返小庄。金永祺来访,顺告子敦追悼会事,少谈便行。十时就寝。十时三刻,茂孙下班归,值雨,栉风沐雨之劳,在工作中初尝之矣。正一大好锻炼也。

7月14日（六月初六日　辛酉）星期一（35°—20°）

晴，热。

晨六时起。九时，均正见过，谈老友情况，数及调孚、君立、佳生诸人坎坷状，相与喟然而已。十一时，均正去。午饭后小休。三时，接满子电话，知研因今日上午在北京医院逝世，老成凋谢又弱一个矣。六时半，晚饭。饭后，看电视，为影片《湘黔铁路完成通车》及沈阳调演之辽宁文工团之歌舞。十时就寝。湜、修俱在琉璃井串戚，十一时，与茂孙下班相值，踵接归家。予仍数起溲。

日间阅颉刚所假与之大字写本《文选》白文。此书开本特大，半页七行，行十一字，字如钱大，虽昏眼亦能强认。老友推重慨借，诚可感也。闻此书为乡前辈曹叔彦先生遗物。先生名元弼，为吴中经学宿儒，著有《九经学》，尝任存古学堂经学总教，先师孙伯南先生尝佐之者。其晚年目亦失明，殆亦白内障之故。其家素封，爱倩写官就家移录经史要籍，特为大楷，俾便翻读。先后写成《九经》、《四史》、《文选》等书，身后无人克守，全部归于颉刚。此《文选》白文即其故物也。抚卷伤逝，百感交并矣。

7月15日（六月初七日　壬戌）星期二（33°—20°）

晴，热。

晨六时起。午前写信复为民，谓有茶叶可购，此间颇有需要，可买寄数斤。顺告其母秋凉后或可回南一行。午饭后小休。三时后，接漱儿十三号复信，知亦为我购寄黄山炒青茶叶二斤，虽新茶已过时，而后运尚佳，可喜也。今日茂孙厂休，明日起，将改上午班一星期，自清晨六时至下午二时工作，则五时前即须出门，午后三

四时始得归家云。七时夜饭。饭已,看电视,为上海京剧团演出之
《磐石湾》,武功颇有可观。十时,洗足就卧。湿气又大发,趾洼俱
滋粘水。仍起溲三次。

7 月 16 日 (六月初八日　癸亥) **星期三**(34°—21°)

多云,闷热。

晨五时即醒,又发喘,亟起。早食后少安。展玩大字写本《文
选》,仍有冥搜苦索之感,只得时时掩卷叹息,真莫奈何也。

下午四时,汉儿自黄村来,夜饭后归小庄。茂孙五时乃归,盖
学习后,又在厂耽阁也。是夕,看电视转播在陶然亭表演之游泳及
跳水与水球等,极精采,惜予目力不济,徒趁人兴感笑叹随众耳。
十时就卧。

北京连日夕闷热,用席子两夜矣。大家都叫热,可见非一人之
独感也。中夜起溲,竟夕未盖毛巾被。

7 月 17 日 (六月初九日　甲子) **星期四**(34°—24°)

昙阴兼作。日现则炎歊,日隐则溽蒸,较南方霉天更难受。

晨六时起。闲坐摇扇不辍,犹汗沉沾衫也,昏昏终日。夜饭
后,移坐庭中。茂孙为予移置电视机于户外,乘凉看之,较闷处室
中优越多矣。节目为中央乐团演出之歌唱,亦足愉也。十时就寝。
终宵浴汗,频起溲。

7 月 18 日 (六月初十日　乙丑) **星期五**(31°—22°)

晴,偶多云。炎热郁蒸。天气预报谓下午有雷阵,夜有中雨到
大雨,乃竟未果。

　　晨六时起。闷坐终日,下午得民进电话,知研因病逝北京医院后,明日下午举行告别式,询参加否?交通工具自备,当然不能成行也。傍晚又接政协为吴治丧小组通知,廿一号在八宝山举行追悼会,予虽欲参加,奈体力何,徒滋遗憾而已。

　　六时半夜饭。饭后仍移坐庭中纳凉,惟恐影响茂孙睡眠,未看电视。十时,洗足就寝。浴汗起溲如昨。

7月19日(六月十一日　丙寅)星期六(34°—22°)

　　晨六时起。昙闷如昨。早餐打一电话与叶至善,属代告政协为予送一花圈致奠研因,追悼会则未能参加矣。

　　九时半,汉儿、宗锟及小云来,共进午饭。饭后啖瓜,瓜后汉等返小庄。闻小云今晚即须遄返石家庄也。予小休,起后无聊,勉抹牌打五关。六时夜饭。饭后,坐庭中招凉,湿闷难堪。十时,入室就寝。手不停扇,竟夕浴汗。起溲两回。

7月20日(六月十二日　丁卯)星期日(32°—23°)

　　入伏以来,天天晨昙,禺中微阳,亭午日炙如焚,午后复阴翳。偶亦闻雷,或洒雨数点,致湿蒸不散,甚于南中霉天。谚云山糊海满,热煞老汉。审矣。

　　六时起。九时后,湜儿为予剪须理发。午前,润儿为予修脚。午饭后小休,以难贴席,二时即起。四时半,韵启来,留共晚饭。饭后,移坐庭中纳凉。九时,韵启去。十时,予就寝,仍浴汗,屡溲。

7 月 21 日（六月十三日　戊辰）星期一（33°—21°）

晴,热。

晨六时起。九时,房管所同志赵、曹两君来,了解我对住房意见,予坦率告以服从政策,无别念。谈移时去。

次园见过,仍同湜儿往谒颉刚。

午饭后,小休。起后打五关。夜饭后,仍坐庭中招凉。九时,洗足拭身,复坐至十时乃就寝。十二时、二时俱起溲,且多恶梦。

7 月 22 日（六月十四日　己巳）星期二（30°—20°）

昙闷,近午晴。

六时起。八时半,小援自邮局下夜班见过,告其父西民已于四月底解放回家,一切都好云。谈移时归去。

昨日接元孙信,知工忙加甚,且近以山西大旱,各工矿俱奉命停工若干日,电力支援抗旱,伊已参加支援行列,随队出发抗旱,小结后或能请假归省云。

午饭后小休。三时起。彩英出购物。潜儿来,夜饭后去。予仍坐庭前招凉,今晚有风,炎感少戢。乃润、琴以细固吵嘴,喧吼不欢。勉过十时,乃就寝。起溲一次。

是日,茂孙厂休,清晨往北大宿舍访问旧佣李妈,因从小保控,今长大而初得工作,特购瓜果存问之。予深嘉其懂事,乃至则其主家告李妈已于三月前辞返故里顺义乡间矣。废然而返,予亦为之怅然。

7 月 23 日 (六月十五日　庚午　大暑　中伏) 星期三 (31°—20°)

晴,热。

晨六时半起,呆坐至午。午饭后小休。起后勉为抹牌,摸打五关。夜饭后,又看电视,为北京杂技团部分表现殊精彩,予虽不能谛观,而随人笑乐亦复自安。十时就寝。起溲两次。

7 月 24 日 (六月十六日　辛未) 星期四 (31°—22°)

晴,热。

六时半起。八时半,有徐章良者来访,谓是钱仰之之子洪基之妻兄,出差来京,托带糖果等及分致琴珠、慧英信。谈有顷,辞去。十时,刚主见过,为湜儿题手钞芷湘笔记三种,顺以送来。炎夏烦人,至为不安。谈至十一时许去。

接漱儿廿二号复信,复汉代予所作者,知怀之夫人将俟彩英回南返京时同来。

午饭后,小休。起后勉看大字写本《文选》。夜饭后,坐庭中纳凉,未看电视。十时,洗足就寝。起溲二回。

7 月 25 日 (六月十七日　壬申) 星期五 (34°—21°)

晴,热。

六时起。勉阅大字写本《文选》。午后小休。晚饭后,看电视广播文工团曲艺,侯宝林相声作殿,甚过瘾。十时就寝。起溲两次。偶思上海油炸豆瓣,命湜儿书复漱儿,属为买就,交林宜带回。

7 月 26 日（六月十八日　癸酉）星期六（33°—21°）

晴,热。

六时起。九时,潧儿来。十时后,汉儿、宗锟、元鉴同至,因共午饭。饭后小休。三时,宗锟去。四时,潧、汉、鉴亦去。有顷,农祥来,知渠曾回南两月,谈移时去(此则应列昨日)。

是日,街道工作者宣传卫生,以置毒立饵属药苍蝇,但不能尽家家谨守也。予家白猫误食邻家毒饵,几致失生,幸受毒尚浅,呕吐后,又润、茂父子生捣菜豆汁灌救得免。此等举措流弊滋大,一不慎,卫生之效未见,而戕生事故出矣。为此,予乘凉默叹,颇为不怡。

十时入寝。中夜起溲两次。

7 月 27 日（六月十九日　甲戌）星期日（33°—21°）

晴,热。

六时起。看启元白为予所题《遣兴丛钞》跋语及署检,盖昨日湜儿往访取回者。又前所临香光学书《琵琶行》长卷,亦承转属荣宝斋稔友连缀成卷(价九元)携回见告,更见惠我之深矣。

午后小休,二时半,胡丙岩见访,丙岩为开明旧人,予女倩章达先之从妹,倩解放后即任新华书店北京崇文区店主任以讫,故今可见其为人稳重矣。多年未晤,今特来访,话旧久之。四时许,辞去。假去五八年《人民手册》,欲查国务院所颁退休条例,大约其所属人员有及退休者,但其自身亦届六旬矣。岁月侵寻,人我俱老,都不自觉,亦可笑也。夜饭后,仍纳凉前庭。十时洗足就寝。仍起溲两次。

7月28日(六月二十日　乙亥)星期一(31°—22°)

晴,热。

六时起。十时,汉儿、宗锟自黄村来,午饭后去小庄。是晨,有孟娜者来访,谓自贵阳来,为澄儿同事,托带冰糖来。谈少顷即辞去。其人住和平中学,下月二十号返黔云。

午后四时,桂本携迎迎至,谓昌预下班后亦来,至六时果至。因同进夜饭。饭后,坐庭中纳凉,啖瓜。九时,伊等返小庄。十时,予亦洗足就卧。仍起溲两回。

7月29日(六月廿一日　丙子)星期二(28°—20°)

晨即濛雨,午后渐大,傍晚后大雨如注,延绵达旦。

六时半起。九时许,濮秀丽来访,长谈家常,近午乃去。午后小休。起后听雨。入夜屋为之漏,东屋湮房卧床所及北屋东侧向北窗沿一带俱渗水,一时纷然大忙,予虽看电视,心不在焉。十时,强自就卧,仍两次起溲。二时后,雨始收声。

7月30日(六月廿二日　丁丑)星期三(26°—20°)

上午阴,下午放晴。

六时半起。九时,平伯见过,谈移时去。一早,湮儿往房管处工段报屋漏。二时许,匠人来,言天晴后始可葺。十一时,汉儿来共饭。饭后小休。四时,汉回小庄。六时半晚饭。饭后,看电视。十时就卧。起溲两次。

7 月 31 日(六月廿三日　戊寅)星期四

晴,热。早晚已稍凉。

六时起。默坐为多。午后小休。三时起,泗原见过,酬谈至六时辞去。泗原之来,每喜聆予谈掌故,予每晤必搜索枯肠与酬答,然精神反觉辣动也。

夜饭后,坐庭前纳凉,九时即入室。十时就寝。又失寐,屡起溲。

8 月 1 日(六月廿四日　己卯)星期五(32°—20°)

晴。

晨六时半起。在广播中知前日大雨大有好处,华北大片地区都喜得透雨,积久旱象得基本解除云。十时许,友琴见过,谈移时去。临行假去《石索》全帙。午饭后小休。夜饭后,看电视,为纪念八一建军节,播送解放军专辑,并有内蒙文工团歌舞节目。十时就寝。起溲三次。

8 月 2 日(六月廿五日　庚辰)星期六(34°—20°)

晴,热。

晨六时半起。九时,有木渎电讯器材厂出差干部毛济民、顾根兴二人来访彩英,盖其人与彩侄女良芳同事,特托捎钱代购什物者也。坐有顷,寄顿行囊而行,谓今日傍晚即起程回南,临行再来取件云。十一时,汉儿、宗锟来,因共饭。饭后,汉、锟去。予小休,四时起。四时半,毛、顾两人来取行囊去车站,彩英托带一手提包与其家。六时半夜饭。饭后,看电视,为转播北京国际游泳跳水邀请赛开幕式实况,并有歌舞、武术、体操、杂技等表演。十时终,即寝。屡起溲失寐,十二时后加服安宁片一枚,始于一时后入睡。

8月3日(六月廿六日　辛巳)星期日(34°—21°)

晴,热。

五时半起溲,气逆大咳,饮灵芝糖浆不能宁。六时半起坐,至七时后始稍稍定。苦累甚矣。十时半,潘儿来,午饭后去。予午后小休。晚饭后,看电视,歌舞节目。

十时洗足就寝。是日以咳甚,致喉音嘶哑,可笑可笑。夜仍起溲二次。

8月4日(六月廿七日　壬午)星期一(34°—21°)

昙闷,还潮,偶见小雨。

晨六时起。十时,友琴偕夏瞿禅(承焘)见过。夏新从杭州来,虽曾通讯,睹面乃第一次。其人已七十六矣。三人互谈至近午,辞去。予既病废不任步行,近又目力加昏,竟无由答访,只得预道歉忱,并属友琴为达意。午后小休。起后感闷,摇扇不止。夜坐庭前纳凉,放弃电视不看,亦无从道暑。虽露坐,仍摇扇不止也。十时入室就寝。仍起溲两次。

8月5日(六月廿八日　癸未)星期二(32°—21°)

昙闷犹昨。

六时起。九时,接漱儿复书,知林宜已晤及,滋处仍无消息,意者休假在当涂乎?

午后小休。夜饭后,看电视。十时就寝。中夜起溲三次。

7〔8〕月 6 日(六月廿九日　甲申)**星期三**

昙闷类霉季。

六时起。午后小休。夜饭后,看电视。十时就寝。

是日,房管处派人来看,谓明日即来油漆,属腾出地位。果尔,则修房纷扰可以告一结束矣。

8 月 7 日①(七月初一日　乙酉朔)**星期四**

阴。下午大雨,半夜乃止。

六时起。八时,漆匠四人来,分头糅治南北两屋新装门窗。休息时与工人谈,知四,人两男,一姓刘,一姓蔡;二女,一姓王,一姓刘,俱初中生毕业分配者。午前,初步完成,午后大雨,辍工未来。雨声竟未见漏。是日前之修补得到考验矣。午后小休,夜饭后,仍看电视,其实看不见,借此硬遣而已。十时就寝。夜起溲三次。

8 月 8 日(七月初二日　丙戌)**星期五**

霁。午后放晴。

六时起。八时,漆工四人续来,至午后即毕工。

予午后小休。夜饭后,移坐庭中。九时半入寝。是夕,气逆大作,兼以油漆气味,更使睡眠不宁。数起小便,难忍至晓。

8 月 9 日(七月初三日　丁亥)**星期六**至 8 月 14 日(七月

初八日　壬辰)**星期四**

此六日间昙阴晴雨,都表见到。总之溽暑郁蒸,令人气别

---

①底本为:“一九七五年八月七日至二十九日日记”。

而已。

此数日中,汉儿、宗锟两度来省,外孙元锴及姨蔡顺林亦先后来省。平伯、圣陶、满子、鸣时、小文亦都先后来访。前泗原示予所撰随笔一大帖,及所假张冷僧(宗祥)抄校本《越绝书》悉交托圣陶转还之。在此期间,又得平伯所撰写之予手抄本《吴歈百绝》跋文,及附录《闽中岁时杂咏》之长律一首,仅由湜儿读与予听,不能谛视手迹,弥增恚情也。

8 月 15 日 (七月初九日　癸巳) **星期五**

晴,热。

午后小休。三时起。公绂来访,为湜儿所作《桐桥倚棹图》亲送来,予不敢展视,恐一视莫睹惹起恚恨也。心中苦不可言,闲话别事而已。谈移时,辞去。此心歉然。夜饭后,看电视,为第三届全军运动会纪录片,徒听步伐声、轰隆声、欢笑声耳。十时就寝。

8 月 16 日 (七月初十日　甲午) **星期六**

晴,热。

六时起。振华、汉儿、宗锟、友琴先后来。友琴告予学部近况,知工宣队已欢送撤去,即将展开业务。古代组长已改由张伯山负责云。十一时半去。汉等三人留此午饭。饭后,予小休。汉等亦去。

夜饭后,移坐庭中纳凉。孙辈则看电视。十时洗足就寝。一时起溲。

8 月 17 日 (七月十一日　乙未) **星期**

晴,热。

六时起。茂孙与同学三人往游香山,薄暮始归。知曾畅游樱
桃沟,而碧云寺迄未开放也。午后小休。夜饭后,仍坐庭中纳凉。
九时三刻入室就寝。二时起溲。

8 月 18 日（七月十二日　丙申）星期一

晴,热。
竟日无客。

8 月 19 日（七月十三日　丁酉）星期二

晴,热。
下午三时半,农祥见告,已得其妇亦秀来信,谓当事对伊宣告
撤销原决议,恢复公职,十五号返校。该校同时亦有公函知照农祥
也。五年沉冤,一旦获雪,足征政策之逐渐落实,固不仅农祥夫妇
之私幸!

8 月 20 日（七月十四日　戊戌）星期三

晴,热。入晚稍感风凉。
十时,鸣时偕鸣鹤来访,鸣鹤已近十年不见,近亦与绍华同时
退休。闲话至近午乃辞去。是夕,湜儿为予洗濯股脚,得半浴已大
快矣。老去生活事事需人,可叹也。

8 月 21 日（七月十五日　己亥）星期四

晴,热。
上午友琴见过,谓明日学部新领导人胡绳等正式履任。在复
外党校礼堂开大会欢迎。伊知予不能前往,已承代为说明却回通

知。惟例须填一职员登记表携交属填云。谈移时去。

晚饭后,露坐取凉,十时始入寝。

8 月 22 日(七月十六日　庚子)星期五

晴,热。

上午,茂孙为予填表,即交润儿,属于下午送所。虽例行事,心实不愉也。夜饭后,仍露坐招凉。十时入寝。

8 月 23 日(七月十七日　辛丑)星期六

午间热,早晚已稍凉。

十时,汉儿、宗锟来省,与共饭。饭后小休。汉、锟去。三时,友琴来谈。知所中工作将展开。《唐诗解》一项即由伊及水照、象钟、赓舜四人共任。五时,始辞去。予即以唐仲言《唐诗解》廿四册假之。

是夕,看电视,以今日为罗马尼亚国解放卅一年,故所播为罗马尼亚新闻汇辑及故事片《巴布什卡历险记》。茂同学及邻人聚视室内,竟达十六人之多。近十时散,予乃洗足就寝。茂孙以感冒发烧,经诊治给假两日,故今明两天可得休息。

8 月 24 日(七月十八日　壬寅　处暑)星期

8 月 27 日(七月廿一日　乙巳)星期三

晴,较凉。连日闷热,神思昏昏,今乃渐爽,颇以为快。先期约友琴邀瞿禅来饭,今日上午九时,刘洁来,即属帮彩英料理餐事。十一时,瞿禅、友琴偕至,适湜儿就医早返,亦参与午饭。饭后,再略谈,夏、陈二公即去。予亦就床小休。六时半晚饭,与刘洁同进。饭后,看电视《历险记》及《创业》,又多聚观,颇热闹,近十时散。予乃拭身就寝。

傍晚,有韩姓来看彩英,盖其女婿伟明之兄,在浒关五金厂工作,来京出差,住沙河,特来探望云。七时前去。

前数日昏然默度,但有两三事可追记:一,忽就想起生活态度应如何,得一枕意如次:已往的事,不要怀念它,未来的事,不必猜想它,当前的事,必须正确对待它。坚持取舍,取是积极的,要接受什么,或争取什么;舍是消极的,要放弃什么、拒绝什么,都须有个精当的抉择,不可含糊。此一想法可以演成一表,奈目力无济,不克写出。二,是对中国旧学的范围亦有较成熟的概念。凡文字、训诂、历象、声韵、历代章制因革、地理沿变以至学术流别、艺林掌故、图籍聚散、金石存佚、目录版本之属,均须浅涉藩篱,粗举要略,始能择一专精,左右逢源,即所谓积厚流光,触类旁通也。往日谈此者,约举之曰国故,侈言之曰国粹,固非所宜,而盲然不肯深思者,概以其"旧"而鄙弃之,则不免病狂矣。每思作一《旧学辨》,以敷陈之,力不逮也。今则已矣,姑留志于此。三,默坐中偶思尝见一旧联云:旧学商量加邃密,新知涵养转深沉。深弊于心,惜忘之出于谁民矣,亦值得一记。

8 月 28 日(七月廿二日　丙午)星期四

阴。晨有细雨。

晨起,湜儿告予尿结石已随溺排出,积年心头压力为之一轻。因属附往医院检实,即不须照膀胱镜等手术,徒受苦痛矣。午后小休。夜仍强看电视,十时洗足就寝。

8 月 29 日（七月廿三日　丁未）星期五

晴，较昨还热。

六时起。八时，元孙自车站来，请假归家，已暌离八九月矣。心中为之一快。但目如翳云，竟不辨肥瘠，又不竞为之懊恨。九时，平伯见过，存问，谈移时去。十时，潜儿来。午饭后，予小休，三时半，潜去。夜饭后，看电视影片《车轮滚滚》。十时就寝。

8 月 30 日（七月廿四日　丙申）星期六①

①原稿至此结束。